货币的力量

金钱观念如何塑造现代世界

[美] 罗伯特·普林格 (Robert Pringle) 著
彭相珍 译

THE POWER OF MONEY

HOW IDEAS ABOUT MONEY
SHAPED THE MODERN WORLD

中国出版集团
中译出版社

图书在版编目（CIP）数据

货币的力量：金钱观念如何塑造现代世界 /（美）罗伯特·普林格著；彭相珍译 . -- 北京：中译出版社，2022.6（2022.10 重印）

书名原文：The Power of Money: How Ideas about Money Shaped the Modern World

ISBN 978-7-5001-7101-0

Ⅰ. ①货… Ⅱ. ①罗… ②彭… Ⅲ. ①货币—研究 Ⅳ. ① F82

中国版本图书馆 CIP 数据核字（2022）第 098773 号

First published in English under the title
The Power of Money: How Ideas about Money Shaped the Modern World
by Robert Pringle, edition: 1
Copyright © Robert Pringle under exclusive license to
Springer Nature Switzerland AG, 2019 *
This edition has been translated and published under licence from
Springer Nature Switzerland AG.
Springer Nature Switzerland AG takes no responsibility and shall not be made liable
for the accuracy of the translation.
The simplified Chinese translation copyright © 2022 by China Translation and Publishing House
ALL RIGHTS RESERVED

著作权合同登记号：图字 01-2022-2700

货币的力量：金钱观念如何塑造现代世界
HUOBI DE LILIANG: JINQIAN GUANNIAN RUHE SUZAO XIANDAI SHIJIE

著　　者：[美] 罗伯特·普林格
译　　者：彭相珍
策划编辑：于　宇　李晟月
责任编辑：李晟月
营销编辑：杨　菲

出版发行：中译出版社
地　　址：北京市西城区新街口外大街 28 号 102 号楼 4 层
电　　话：（010）68002494（编辑部）
邮　　编：100088
电子邮箱：book@ctph.com.cn
网　　址：http://www.ctph.com.cn

印　　刷：北京顶佳世纪印刷有限公司
经　　销：新华书店
规　　格：710 mm×1000 mm　1/16
印　　张：23.75
字　　数：296 千字
版　　次：2022 年 7 月第 1 版
印　　次：2022 年 10 月第 2 次印刷

ISBN 978-7-5001-7101-0　　定价：79.00 元

版权所有　侵权必究
中译出版社

献 给 我 的 父 亲

致　谢

在这本书的开始，我要先特别感谢两个人——布伦丹·布朗（Brendan Brown）和亚历山德罗·罗塞利（Alessandro Roselli）。如果没有他们的鼓励，本书可能永远无法付梓。多年来，与他们两位持续不断的对话使我受益匪浅。此外，还要感谢他们阅读了本书各章，并提出了富有启发性的意见。

我的前同事格雷姆·本那克（Graham Bannock）和艾伦·多兰（Alan Doran）在本书撰稿的早期阶段，提供了急需的"事实核查"方面的支持。迈克尔·保度（Michael Bordo）也同样提供了有益的意见和建议。彼得·乌尔巴赫（Peter Urbach）审读了本书的大部分草稿，不仅指出了推理中的一些逻辑缺陷，还提供了许多文体上的改进建议。与另一位前同事福田晴子（Haruko Fukuda）的长期友谊和对话，使我对银行和投资界最近的变化，尤其是其奇怪的薪酬制度有了许多新看法。

在此，要特别感谢我们国际货币问题的非正式电子邮件研究小组的成员，包括沃伦·高茨（Warren Coats）、约瑟夫·波特凡（Joseph Potvin）、雷恩娜·厄谢尔（Leanne Ussher）和拉里·怀特（Larry White），感谢他们与我的对话。在过去的十年里，我们的交流不断激发新的观点，令人愉悦。

在本书所涉及的广泛领域中，我也从不同的专家和学者那里学到了很多东西,其中包括以下几位:克劳迪奥·博里奥(Claudio Borio)、福雷斯特·卡皮(Forrest Capie)、约翰·乔恩(John Chown)、莱利克·休斯·黑尔(Lync Hughes Hale)、史蒂夫·汉克(Steve Hanke)、大卫·哈里森(David Harrison)、基思·哈特(Keith Hart)、广江生子(Ikuko Hiroe)、杰弗里·英格汉姆(Geoffrey Ingham)、汤姆·朱普(Tom Jupp)、马丁·克洛斯特费尔德(Martin Klosterfelde)、安德鲁·麦克纳利(Andrew McNally)、罗伯特·蒙代尔(Robert Mundell)、玛格丽特·奥尼尔(Margaret O'Neill)、大野木启人(Hiroto Oonogi)、威尔·普林格(Will Pringle)、休·桑德曼(Hugh Sandeman)、朱迪·谢尔顿(Judy Shelton)、安德鲁·沈(Andrew Sheng)、白川方明(Masaaki Shirakawa)、罗伯特·斯派西尔(Robert Spicer)、武进中卫(Toshikazu Takei)、马克·于藏(Marc Uzan)、弗兰克·沃格尔(Frank Vogl)、锦户渡边(Ryo Watabe)、威廉·怀特(William White)、山中京都(Toyokuni Yamanaka)和紧缩俱乐部的成员。我向已故的艾伦·梅尔策(Allan Meltzer)表示敬意,他是一位伟大的导师和朋友,我与他通信多年,学到了很多人生的经验。还有已故的大卫·亨德森(David Henderson),他经常与我在汉普斯特德吃午餐,为我不断产生的想法提供了精彩的评论,尽管偶尔尖刻,但总是机智和富有建设性。

中央银行出版公司所建立的货币经济学家、中央银行家和评论员的远距离沟通机制,为本书提供了非常宝贵的意见和建议。与出版商尼可·卡夫(Nick Carver)、编辑克里斯·杰夫里(Chris Jeffery)以及与其他员工和公司编辑顾问委员会成员的定期接触,也令我受益匪浅。

我还要感谢改革俱乐部(Reform Club)图书管理员西蒙·布伦德尔(Simon Blundell),感谢他维护了一个伟大的图书馆,感谢他教我怎么能以迅雷不及掩耳之势获取书籍的技巧,感谢他教我推荐可能与我

致　谢

的研究有关的作品。感谢我的父亲约翰·普林格（John Pringle）——大英帝国勋章获得者，从他那里，我继承了他对过去、现在和未来文明的热情，而且还有一份未发表的手稿，概述了他对"科学和人类生存"的思考。我在第20章讨论自由主义的时候，就借鉴了这一点。

书籍往往由相对成功的人写给相对成功的人，但这有可能使整个分析出现偏差。我的父亲在1972年创立的精神健康慈善机构——反思精神疾病（Rethink Mental Illness）的工作，让他对严重精神疾病患者及其家庭所经历的痛苦有了特殊的看法。按照世俗的标准，很多患者并不是单纯的相对不成功，而是可能完全无法满足现代社会的要求。我希望文中的一些章节，特别是在讨论"局外人"时，能从他的见解中受益。

罗伯特·普林格

目　录

第一章　绪　言
　　一、概述　002
　　二、目标　004
　　三、概览　010
　　四、定义、局限和方法　013
　　五、三大主题　016

第一部分
历史时期：思想推动行动

第二章　1914 年之前的欧洲货币与文化
　　一、德国的浪漫主义者　024
　　二、德国人如何看待自己　026
　　三、为何德国作家托马斯·曼会支持这场战争　030
　　四、更广泛的文化分裂的一部分　031

第三章　20世纪20年代：魏玛共和国的教训

一、魏玛共和国的失败并非天生注定　036

二、战争赔偿和战争罪　037

三、恶性通货膨胀　039

四、复苏后的再一次崩溃　042

五、金钱支配下的民主　043

六、德国不可磨灭的贡献　044

七、哪些教训没有被吸取到　047

八、德国致力于稳健货币的缘起　047

九、民主的悲剧性崩溃　049

第四章　爵士时代：20世纪20年代的美国

一、大众文化的诞生　053

二、女性构建了新角色　054

三、爵士时代的社会评论家　055

四、大崩盘及其遗留后果　059

五、支持增长　063

第五章　仇视金钱的人：货币试验

一、20世纪的金钱信条　066

二、所有的一切是如何开始的　067

三、如何发挥作用　069

四、通往奴役之路　071

五、被取代的旧秩序　072

第六章　两次世界大战之间的欧洲：不同思想的发酵与碰撞

一、新思想是如何萌芽的　075

二、重新想象金钱　078

三、凯恩斯和"布鲁姆斯伯里团体"　080

四、法国的意识形态冲突　082

五、自由主义的重新想象　083

　　六、新自由主义　085

　　七、日内瓦学派　086

　　八、芝加哥学派　089

　　九、波兰尼 VS 哈耶克　090

　　十、哈耶克：警惕主权国家　092

　　十一、思想家留下的深远影响　095

第七章　20世纪40年代和50年代：欧洲文化如何使金钱得到控制

　　一、货币领域之外　099

　　二、自上而下的经济管理　101

　　三、金钱作为惰性物质　102

第八章　新世界的新货币

　　一、推动民主的金钱　105

　　二、一个新的边疆　107

　　三、凯恩斯、萨缪尔森和GDP的时代　108

　　四、美国企业和银行引领美国在国际上的扩张　109

第九章　二战后的美国文化和美元

　　一、金钱的腐蚀和破坏作用　112

　　二、好莱坞缔造的伟大时代　114

　　三、关于金钱的大众社会学研究　115

　　四、忠诚的妻子　118

　　五、种族排斥　119

第十章　20世纪的铰链（20世纪60年代中期到20世纪70年代后期）

　　一、几种引领的趋势　122

　　二、美国带来的挑战　123

三、欧洲的反美主义　124

四、英国的社会与文化　126

五、对市场的恐惧，将其视为"一种地狱"　128

六、变革的种子　129

七、利用金钱推动的增长　131

八、铰链　132

第十一章　全球货币空间的创立（1980—2000 年）

一、历史意义　135

二、放任自由的金融　137

三、美国里根总统和英国撒切尔首相统治的十年　139

四、金钱打开了世界的大门　142

五、通往湮灭的垫脚石？　144

结论：思想推动行动　146

第二部分
现代时期：行动导致后果

第十二章　全球货币文化

一、职业道德　155

二、共同目标　155

三、压力应激症状在文化层面的表现　155

四、新的全球文化与公共部门　156

五、金钱激化的情感问题　156

六、首选自治　157

七、全球货币文化启示　158

八、全球范围的接管　159
　　九、高压之下的体系　159
　　十、失去了灵魂的全球文化　160

第十三章　金钱的幻觉与金融崩溃（2000—2010年）
　　一、强压之下的民众　164
　　二、导致金融崩溃的虚幻希望　167
　　三、数学能够管控风险吗　168
　　四、金钱病毒　169
　　五、小说家有话说　170
　　六、高等教育　171
　　七、沉迷价格目标而遗忘本职的中央银行家　174
　　八、当美联储也对危险视而不见　176

第十四章　货币作为国家工具
　　一、各国央行试图抵御紧缩　181
　　二、金钱作为国家武器　182
　　三、金钱政治化的后果　183
　　四、公众的复仇　184

第十五章　欧元：规模最大的货币实验
　　一、"权钱交易的市场"　188
　　二、讨价还价、捏造篡改、行贿受贿　192
　　三、欧元"让你更富有"　193
　　四、欧元在2000—2018年的表现　194
　　五、疑虑犹存，但欧元将继续前进　195

第十六章　2010年以来的唯亲资本主义和犯罪资本主义
　　一、各种畸形资本主义形式　200
　　二、当畸形的资本主义形式成为常态　202

三、美国将何去何从　203
　　四、英国紧随其后　205
　　五、银行业的可悲衰落　206
　　六、一个贿赂无处不在的世界　207
　　七、援助的死亡　207
　　八、俄罗斯和印度：恐惧滋生镇压的地方　209
　　九、金钱含义的变化　210

第十七章　全球货币：局内人和局外人

　　一、局内人　215
　　二、金钱权力的等级制度　215
　　三、超级精英阶层　216
　　四、局外人　217
　　五、反对者　218
　　六、被遗弃者　223
　　七、其他局外人　224

　　结论：行动导致后果　226

第三部分

未来时期：后果催生新思想

第十八章　嫉妒的民族国家和货币的未来

　　一、为何比特币重要　235
　　二、抢尽风头的 libra　237
　　三、关于现金未来的争斗　238
　　四、支付习惯的变化　242

五、黄金与国家　244
　　六、私人货币：稳定的货币？　250
　　七、一个野心勃勃的"现代货币"理论　253

第十九章　货币的新社会学
　　一、为何我们会遭受金钱错觉的折磨　258
　　二、金钱的未来是开放的　261
　　三、将金钱为己所用　263
　　四、货币作为公私合资的企业　266
　　五、更多值得学习的观点　269

第二十章　货币与古典自由主义的衰落
　　一、缺乏历史意识　273
　　二、技术和金钱并不能造就一个社会　275
　　三、社会个体发生了什么并不重要？　277
　　四、"社会"权力的扩张　279
　　五、自由主义的糟粕　279
　　六、回归本质　280
　　七、"大卫·休谟的当代意义"　280
　　八、繁荣作为一种副产物　281
　　九、反叛的理由？　282

第二十一章　我们可以从日本文化中学到什么
　　一、日本的商业文化　284
　　二、日常生活中对金钱的顽固抵触　285
　　三、日本人的金钱观　287
　　四、传统的社会结构和武士道精神　288
　　五、"日本资本主义之父"　290
　　六、日本选择的不同道路会被容忍吗　291
　　七、一个离经叛道的美国观点　292

第二十二章　现代艺术：迈向"看待"金钱的新方式

　　一、约翰·伯格的教诲　298
　　二、为局外人服务的艺术　299
　　三、焦虑助长了需求　301
　　四、金钱领域的伯格人在何方　302
　　五、超奢艺术品的肮脏市场　303
　　六、金钱、艺术和时间　304
　　七、重新审视金钱和技术　308

总结：后果催生新思想　311

第四部分
终　章

第二十三章　应得的金钱

　　一、濒临险境的进步　319
　　二、当代金钱出了什么问题　328
　　三、助力健康社会的金钱　332

注　释　341
参考书目　351

第一章

绪　言

本书包含了关于战争、革命、社会瘫痪、文化冲突、社会主义、妄想行为、技术发展、艺术、历史、社会学和许多其他主题的文章。每篇文章都从金钱所折射的问题进行论述，说明金钱是如何与我们生活的方方面面交织在一起的。金钱，就像婚姻一样，既是一种社会制度，又是一个非常私人化的话题。人们对金钱的态度往往强烈而鲜明，父母会将关于金钱的态度、价值观和管理方式传递给他们的孩子。在个人层面，金钱构成了每个人生活的一个方面；但作为一种社会教义，金钱往往面临诸多争议，这是因为不同的社会，金钱的管理方式千差万别。至少在过去的100年里，没有哪个国家管理金钱的方式能长期保持不变。此外，在20世纪和21世纪初发生的许多重大冲突中，在关键的历史时刻和转折点，各种不同的货币哲学扮演了重要的角色。在许多方面，这些关于货币的哲学帮助塑造了现代世界。

了解货币的力量及其局限性，在当下变得尤为重要，因为复杂的货币和技术网络，将全人类紧密地联系在一起。我们共同生活在一个全球性的货币空间里，因此我们日益依赖并共享着共同的全球前景（类似术语的定义，详见下文）。这种前景对全球的绝对影响是过去120年里最重要的发展。我们做了一个假设，即这个前景的利远远大于其弊，并以此作赌注，押上了我们社会的未来。因为这是一个高风险的战略，所以希望我们没下错注。

一、概述

一些章节讲述了自1900年到现在不同阶段充分体现金钱力量的历史事件和社会更迭事件，例如：

- 尽管德国在两次世界大战中惨败，但少数德国思想家的非凡影响力不仅塑造了20世纪关于货币的观念，而且还影响了实际发生的历史事件；
- 货币创新起源于美国，在塑造现代大众消费社会和在20世纪20年代出现的拥有新选举权的强大中产阶级女性购物者中，发挥了重要的作用；
- 致命的货币系统缺陷导致了魏玛共和国[①]的垮台和希特勒的崛起，这些缺陷包括盟军对战争赔偿的过度要求、恶性通货膨胀、华尔街崩盘后美国贷款的撤出和拒绝及时重振经济；
- 德国思想家从魏玛政府的失败中吸取了必须保持稳定价格的重要教训，这些教训对战后德国，尤其是两德和欧洲中央银行的设计，产生了深远而持久的影响；他们本应（但未能）

---

① 是指1918年至1933年期间采用共和宪政政体的德国，于德意志帝国在第一次世界大战中战败、霍亨索伦王朝崩溃后成立。魏玛共和国这一称呼是后世历史学家对它的称呼，不是政府的正式用名。——译者注

第一章　绪　言

从战争赔偿中吸取的另一个重要教训是如何对待一个主权债务国（如 2015 年的希腊）；
- 苏联以及其他一些国家付出了巨大的努力，试图从根本上取消货币，但最终却是徒劳，付出了巨大的代价；
- 经济史学家一致认为，货币的管理不善是导致 20 世纪 30 年代大萧条的主要原因。但在货币管理不善的问题上，到底是创造了刺激危机前泡沫繁荣的过多信贷和货币，还是在大萧条来临和银行开始破产之际未能创造足够的信贷和货币，尚且存在分歧。

其他的章节则探讨了具体事件背后的原因，例如：

- 少数天才的经济学家如何力挽狂澜拯救了资本主义——前提是社会已经准备好了接受这些信息和理念的条件；
- 西方的货币理念为何在两次世界大战之后才得以盛行；
- 在二战后，美国如何利用其货币的力量，为其资本主义理念创造了一个安全的世界，并建立了新的世界秩序；70 年后的中国，又是如何紧随其后，通过利用全球有史以来最激进的金钱力量，实现了迎头赶上；
- 国际社会对金钱在生活中相对不重要地位的共识以及银行家在社会中较低的地位，如何为国家对金钱的控制以及对利率和市场的压制提供支持，并实现了对一代人金钱力量的抑制；
- 私营部门的创新，如何在 20 世纪 70 年代和 80 年代，通过对政府施加压力，实现了货币和资本的自由流动，并形成了一个全球的货币空间，使得货币有可能轻松且低成本地流动；
- 为何新的货币带来的浪潮能够侵蚀以苏联为首的集团经济铸

造的壁垒；
- 西方胜利主义的理念和"历史终结"的说法，如何在21世纪90年代导致金融领域的狂妄自大情绪和金钱幻觉，进而导致过度借贷和金融危机；
- 为何欧元的推出被视为20世纪末典型的"金钱幻觉"代表；
- 为什么资本主义主要的形式，如国家资本主义、唯亲资本主义和监控资本主义，被视为资本主义最腐败的形式；
- 为什么反资本主义和反金钱的言论依然具有蛊惑人心的力量；
- 各国的中央银行如何最终学会合理地控制货币价值，防止过度的通货膨胀或通货紧缩，以及为什么这需要付出多种资产泡沫和财富不平等现象加剧的高昂代价。

我们得出的一个结论是，各个社会可以改变他们的货币规划，而且改得相当迅速。货币的规则或程序并不是静态的、难以调整的、不灵活的，哪怕它表现出类似的假象。也许因为这种欺骗性的表象，我们会觉得只能盲目地接受这些既定的体系。但正如我们所说，这些表象是欺骗性的，人们的确可以改革货币，不仅仅是官方的体系，如汇率制度和中央银行等，还可以改革与金钱有关的非正式习惯、规范和道德行为标准等。实现金钱的变革需要什么？最重要的并非经济方面的专业知识，而是想象力、决心和对社会优先事项和需求的认识。

二、目标

整体而言，本书有三个主要目的：第一，描述和解释全球货币空间和社会的出现过程；第二，展示这些发展带来的广泛影响，包括其弊端；第三，为我们展望的深层次变革提供充分理由。我认为，我们可以从社会学、哲学和视觉艺术等领域，寻找支撑观念变化的想法。其中，思想、信念和态度将起到至关重要的作用。我认为，思想——在这里指的是关于金钱的思想——对事件的影响力，完全不亚于物质利益的影响力。为此，现在我们比以往任何时候，都更需要新的金钱观念。

的确，从很多方面来看，金钱不过是一种技术，然而它绝不仅仅是一种工具。金钱将使其拥有者掌握可能支配其他工具的力量。金钱在我们的生活中扮演了如此重要的角色，以至于它可能对我们产生过度的影响，以我们不希望看到的方式塑造我们的未来。我相信，这就是我们当前面临的状况，是一个危险的时刻，但作为个人，我们可以找回对金钱的掌控权。同理，我们的社会也是如此。前提是我们需要更深入地了解金钱如何塑造我们生活的世界。

如果我们将1900年的世界与现在的世界进行对比，会发现当时和现在一样，社会进步的信号无处不在：人们看到了防治疾病方面的进步，获得了更纯净的水、更干净的城市街道、电灯、连接相距数百甚至数千英里地点的铁路，以及由复杂的电报电缆网促成的快速洲际通信。看起来，人们几乎每天都能看到一些新的技术奇迹诞生。人们认为，这样飞速发展的进程应该能够长期持续。[1] 但作为后来者，我们知道这个世界发展的脚步很快就被第一次世界大战打断，而这次全球性的冲突也破坏了作为社会文明支柱的货币体系。经过100多年的时间和许多的社会实践，一个可行的全球货币体系才得以重塑，并通过技术网络再度将全世界的人联系起来。但此刻的我们是否正在重蹈前人的覆辙，在不知不觉中走向毁灭？我们用金钱和想象力构建的这个世界体系，是否也会被证明是不可持续的？毕竟，当前世界体系的外表裂缝已经出现，正如第一次世界大战爆发之前那样。

在当前这个被市场和货币网络捆绑在一起的世界里，人们已经感觉到有些东西出现了根本性的问题，我们的社会体系正朝着错误的方向发展，但我们也不应因此而感到绝望。

（一）独特的全球文化

"全球货币空间"的出现及紧随其后诞生的广泛共享的文化，均被认为促进了世界的进步。在20世纪后半叶，它们在西欧和北美的资本主义中心地带出现，并在2007—2009年金融风暴后的十年中，获得了现在（2020年）的形态和全球影响力。它们是各个国家和私营部门在几十年前行动的意外结果，许多因素可以追溯到具体的特定事件和历史创新。

在本书中，我将证明，自1900年以来，几乎每一个十年都留下了具有影响力的印记。那些构成了现行制度的创新、理论和做法，在最初引入时，往往令人震惊或引发诸多争议。当时人们认为理所当然的自然和正常的条件，后来往往被证明是不稳定的和转瞬即逝的。至于我们的全球文化，历史表明，其中的一些元素将持续存在，但我们无法确定是哪些元素。[2] 同样，我们也无法确定，金钱观念在未来将以何种形式存在。

我们的文化已经达到了前所未有的影响范围和全球影响力。诚然，商业精神在历史上的许多时代都很盛行，比如中世纪晚期的威尼斯、文艺复兴时期的城邦、荷兰的黄金时代，以及流行强盗男爵时代的美国。但那些时代和我们的时代有很大的不同。在以前那些时代，商业价值与其他价值、习俗和信仰并存，不同的群体有着不同的生活方式，比如军队、神职人员、地主贵族、农民、工匠、专业团体和行会，以及在工业革命后出现的传统工人阶级，每一个群体都有其独特的道德标准。现在,所有这些相互竞争但并存的人生观和生活方式,都让位于一种单一的、统一的方式,且这种方式还依附于一个金融、工业和商业体系,其范围和权力比以往任何时候都大。

(二)全球电子商务

全球电子商务是促使参与者接受具有共同特征的世界观的一个普遍影响因素。我个人曾遭遇过电子商务的一些难题,[3]但很多人在这方面付出努力并获得了成功。在全球范围内,创业精神正在蓬勃发展;无论何时,参与创业的人数都达数亿,其中许多人的原料来源和/或产品和服务,都是跨越国界流动的。全球各地的政府也为初创企业和较成熟的企业创造了有利于电子商务进行的条件。它们当前面临的问题是:如何在知识经济中实现生存和繁荣发展。[4]

(三)这些发展带来的影响和潜在的危险

这些发展和变化带来了很多值得肯定的地方。对于几百万人来说,货币空间的拓展被视为一种解放。一家追踪和倡导企业精神打击的企业将自己描述为"一个信奉创业变革效益的不断增长的信徒群体"(《2019年全球企业观察》)。

"变革性效益"?确实如此。然而在看到这些变革带来的好处的同时,我们也不能忽视其缺陷,其中就包括前文提到的"金钱幻想"心态导致的连带责任,以及公共和私人利益对金钱的不良操纵。这反过来又助长了前所未有的严峻的金融犯罪、腐朽政府和贪污腐败,整个货币系统已经变得畸形。此外,还有新型全球文化对个人心理的影响,很多人几乎完全依赖货币和技术网络生存,导致了持续的紧张和焦虑。另外,当前的全球文化将社会分成了局内人和局外人两大群体，而这不仅仅是一个简单的财富和收入不平等的问题。我认为，这种畸形不仅是文化的不良副产品（会随着时间的推移而被消除），而且是这种全球文化的典型表现。

（四）各种改革

改革也解释了为什么左派和右派都没能提出可信的补救措施。左派通常都在呼吁采取更多的国家行动（包括支持弱势群体，采取更强硬的反垄断行动，支持防止剥削的监管、最低工资政策和全新的社会契约及严格的管制），右派则存在着不切实际的民族主义幻想，但两派都受控于同样的文化和思维方式。事实上，金钱病毒（体现金钱的影响，渗透社会和国家政治体制的一个隐喻）的一个手段是将所有问题政治化，进而分化其反抗者，形成了所谓的左派和右派。当左派和右派之间的斗争持续下去的时候，关于金钱力量的辩论就会陷入僵局，导致有效的改革措施无法实施。同时，各个社区和其他支持性的社会结构，连同其独特的谬误、伦理和前景，一并解体。

（五）论点：观念的重要性

本书提出的另一个重要主张是，在全球过去120年的历史进程中，关于金钱的观念及其在社会生活中扮演的角色——以及应该扮演的角色——是持续推动变革的最强大的观念之一，包括革命、战争和其他特征，无论好坏。当然，在这个过程中，不同的人群、阶级和国家都会遵循自身的利益行事，因此最终的历史结果将由不同的思想和利益之间复杂的相互作用决定。正如社会学奠基人马克斯·韦伯（Max Weber，1864—1920）所言，思想作用，类似铁路线上的转折点，"很多时候，由思想创造的'世界形象'，就像扳道

第一章 绪 言

工一样,决定了由利益驱动的行动的前进轨迹。"(韦伯,1922)即使是在人们使用金钱满足自身需求的时候,思想的影响也往往与物质利益同样重要。

为此,我们应从社会、政治和意识形态的角度来看待货币。在过去,金钱通常仅被视为广泛的政治、经济和社会哲学中的一个要素。1900 年的自由主义、自由贸易和自由资本运动时代,被 20 世纪的各种"主义"所继承,最后以"新自由主义"作为结束。但在 2007 至 2009 年的金融危机中,这种意识形态遭受了重创,切断了金钱与基本政治哲学之间的联系。贯穿这一时期的一条重要线索是一种特定的货币观念以及货币如何增值的理论,这就是货币国定论。从 19 世纪末的德国开始,经过删减和调整后,这个理论也服务于许多政府的治理需求,并被主要的经济学家采纳,形成了这一时期官方货币管理体系的主要理论支撑。

货币作为一种社会制度,其未来始终是开放的。我们关于货币的定义、对其秉持的信念、赋予的价值,以及为管理货币做出的安排,都会不断发生变化。在任何时候可能都无法轻易察觉这些变化,这使得货币看似静止不变。事实上,为了适应来自各方不断变化的压力,货币也经历着持续的调整。无论现行的货币管理体系是什么都会受到挑战。在现行货币体系中获利的人群,总是试图终结关于货币体系的讨论,但他们的此类行动应该被抵制。

经过分析,我们将自然而然地找到未来前进的可行方向,即(再一次)改变我们关于金钱的观念,将其作为文化变革的一部分。简单地采用技术解决方案是行不通的,无论是宗教信仰,还是传统的道德观念,都不具备足够的行为约束能力。然而我们可以在某些地方找到一些有用的见解和建议性的想法,包括社会学家近期的研究成果。我们也可以通过研究不同的文化来吸取教训,在这些文化中人们对金钱的地位持不同的观念。例如，我们有望从当代艺术中获得一种"看待"金钱的新方法。这样的文化改革方法与本书提出的货币观念相吻合，即将货币与广泛的社会趋势联系起来。一旦社会发现了看待金钱的新方式，经济学家就可以想办法将其付诸实践。

三、概览

每一章的内容自成一体，可以拆分阅读，但所有章节都包含一个统一的思想。尽管在不同章节中，我从不同的角度进行了论述，但在每个部分的终章，我都进行汇总论述。例如，在进行了历史性研究的章节"历史时期"（第一部分）中，我选取了十个不同时期，按时间顺序排列，对本书的研究目标进行了论述。这些章节的内容都是用来说明货币的观念是如何塑造现代世界的，以及每个时期留下了哪些问题或造成了哪些影响。在许多情况下，这些遗留的因素成了现行的货币观念和独特的货币安排的决定因素。这些论述包括了从第二章至第十一章的内容。

"现代时期"（第二部分）则聚焦于过去20年的状况，探讨了全球前景的影响和意义。这部分内容讨论了现代金钱及其文化如何逐渐淘汰地方、区域和国家社区及家庭关系。想要在全球市场中生存是艰难的，很可能会耗费一个人大量的时间、脑力和体力。经济学家和央行前行长拉古拉迈·拉詹（Raghuram Rajan）呼吁将"社区"打造为仅次于国家和市场的资本主义的第三支柱（拉詹，2019）。

第二部分的章节首先回顾了基于第一部分的分析，这个令人震惊的现代全球社会以及赋予货币和货币关系的突出作用是如何出现

第一章 绪　言

的。然后概述了这个新社会和新前景的典型特征。我认为，这个新前景受到了 2007 至 2009 年金融危机的严重影响。这场危机是由"金钱幻觉"造成的，而这种幻觉恰恰是这种前景的自然产物（第十三章）。金钱已经成为国际间角力的武器，在现代货币造成了国际角力的情况下，它还能够确保金融稳定吗（第十四章）？

欧元，作为人类有史以来最雄心勃勃的官方货币实验，充分说明了现代社会在金钱上进行惊人赌博的意愿。它是我们这个时代的典型代表，显示了政治领导人对想象中的货币的坚定信心。这些政治领导人承诺，要实现一个特定的货币梦想，并认为这将确保能够构建必要的政治和制度框架，使其发挥作用（第十五章）。尽管人们试图通过做出通货膨胀的承诺来确保价格的稳定，但现代货币依然是"非锚定的"。摆脱了社会控制的货币很容易一发而不可收，这也帮助解释了为什么一些令人不安的现代社会现象日益加剧，如唯亲资本主义、日益扩大的不平等、民粹主义的兴起，以及唐纳德·特朗普（Donald Trump）的当选和英国脱欧等政治冲击。对许多人来说，金钱的诱惑力主要体现在其政治力量（而非购买力）（第十六章）。货币总是有两面性：益处和弊端、主权和市场、集体和个人、统一和分裂，所有这些对立的因素，同时具备了积极和消极的潜力。现在，货币的负面潜力开始崭露头角，并不可避免地造成了局外人的出现，导致了社会反抗（第十七章）。

"未来时期"（第三部分）首先从我们在应对虚拟货币的到来所面临的困境说起。以比特币为代表的加密货币资产已经引发了典型的资产泡沫，它自身似乎（以传统的货币思维方式来看）不具备任何经济价值基础。然而，很多人觉得，虚拟货币给社会带来了希望，将金钱从"既得利益者"，即那些控制和滥用金钱的精英群体手中夺回。所谓的稳定币，如 libra，被视为对现行货币安排更有效的挑战。然而，私人加密货币也面临着许多障碍，首要障碍就是现代国家体制。追逐权力的国家体制将不遗余力地与任何可能瓜分其统治权力的障碍做斗争，从它对现金、黄金和加密货币的全力抵抗运动中就可以看出这一点（第十八章）。第十九章将论述社会学家最近的研究成果，它们增进了我们对货币本质的理解。这些研究，调查了一些重要的主题，如国家、金融利益和更广泛的社会在货币生产中的权力关系，为什么货币经常被用作（和滥用为）社会进步的工具，为什么现代货币似乎经常让我们受制于人（第十九章）。第二十章讨论了自由主义知识分子带来的影响，他们对古典自由主义的冲击促进了金钱文化的兴起，因为古典自由主义将金钱作为所有权工具进行合法化，并应对目前的不满负有一定的责任（第二十章）。

重新设定货币的安排，需要社会态度和观念的深层次改变。社会应该确定变革的方向：作为一种社会制度，我们希望利用金钱实现什么目标。通过研究不同的社会，即那些在过去使人们能够将金钱放在特定地方的社会，我们可以学到一些经验或教训，在这里我们将以日本为例（第二十一章）来说明。后续的章节将转到一个完全不同的领域，探讨通过当代艺术，学习以新方法"看待"金钱的可能性。约翰·伯格（John Berger，1926—2017）是一位先锋艺术评论家，他帮助我们以新的方式来"看"艺术。在经济领域，我们需要一个约翰·伯格来帮助我们获得"看待"金钱的新方式（第二十二章）。尽管，借用一个不那么令人喜爱，但富有表现力，且在某种程度上不可缺少的德语词汇 *Weltanschauung*（世界观），这就是我们需要转变的东西。然而，需要注意的是，一个以货币收益最大化为目标的全球意识形态，即便存在诸多弊端，依然比20世纪那些可怕而残酷的意识形态要好得多，因为当时民族主义、法西斯主义等是控制货币力量的主要手段（第二十三章）。

未来的货币：第三部分的每一章都在讨论如何利用新的理念来更新货币观念，包括从其他社会学习以及通过货币创新等方式。然而货币国定学说与所需的改革，是相容的还是相斥的？我认为，当前对货币的态度所造成的危害，与全球变暖所造成的危害一样，具有潜在的社会破坏性。它们虽然难以察觉，但对居民的影响完全不亚于气候变化。为此，我们需要彻底改变对金钱的观念、价值观和信念。金钱可以也应该成为改善人类状况的众多努力的一部分，这就要求我们致力于为金钱提供一个新的、自然的归属和立足点。

四、定义、局限和方法

（一）货币的广义定义

下文将描述过去 120 年中发生的各种代表性历史事件，我们将看到货币作为一种社会制度，与之相关的许多不同描述。鉴于它们之间存在诸多不同的关联，我们有必要在货币的常规经济定义上进行的拓展。经济学家把货币定义为一种记账单位（用于衡量和传递价值的数字）、支付手段和价值储藏手段。就经济分析而言，这个定义是可以接受的，但这是一个狭隘的货币概念——对于经济学家的特殊分析方法，以及经济学作为一门科学的主张来说，这个狭义的定义是必要的，但它却摒弃了货币所承载的许多其他内容和蕴含的意义，至少在我看来是如此。货币具备浓厚的道德和象征性的联系，其可能性和潜力是丰富多样的。我相信，只有通过研究货币这个词的使用方式，才能理解它在特定时间和地点的意义。如果说货币是一种社会的发明物，是一种惯例，那么它也是一个不断被重新定义的概念。货币的具体性体现的是虚幻的吗？从一个角度看是这样,但从另一个角度看,它又是我们必须面对的现实。由于这种复杂性,我们就不应限制货币这个词的定义。

事实上,在没有特别注明的情况下,本书使用的是最广泛的货币概念。它有时被用作货币体系、货币制度和其他此类似术语的简称。[5]

(二)货币空间和货币文化

货币空间和货币文化尽管在第一部分中偶有提及,但在第二部分中进行了详细的介绍。货币空间,是指个人、公司和政府(包括中央银行等官方机构)可以方便地,以相对较低的成本,进行货币支付和接收的领域。简而言之,货币空间就是一个货币应该方便、迅速流动的领域。注意,货币空间并不能指代财政和货币政策的操控或操纵空间。货币文化,是关于货币的信念和价值观,以及对货币态度的组合,关于货币在社会和个人生活中扮演或应该扮演的角色。

(三)相关思想的广泛范围

相应地,关于货币的思想包括但不限于经济学家的思想。事实上,本书提出的一个关键的论点是,在更广泛的社会中流传的思想和情绪,特别是知识分子和意见领袖的思想和情绪,往往对实际发生的历史事件产生强大的影响。有时候,这些思想和情绪会融入群众运动,如社会主义的运动,但在其他情况下,往往只是提供一种背景的意识形态"态度",过滤了经济学家和金融专家的想法,但决策者会受到这些舆论氛围的影响。

在这里,我需要提出几点说明。首先,本书的目标不是撰写一部20世纪的金融史,只想探讨人类看待货币的各种方式。其次,

第一章　绪　言

这不是一部知识史，也不是一部思想史；读者不会在本书中找到主要经济学家提出的货币理论的详细描述，也不会发现经济学家关于这些理论的详尽辩论（尽管在需要的地方，提供了简要的描述，并参考了相关文献）。思想史通常会集中论述各路观点和思想，而本书的文章更多地聚焦于需求方面的研究，即考虑到社会不断变化的需求、优先事项和价值观，社会想要从其货币中得到什么。[6] 最后，一些出乎很多非经济领域专家意料之外的是，我在本书中提及一个事实，即在经济学家用来解释资本主义的模型中，货币并不是重要因素。[7] 在特定时段可能会被视为至关重要，但很快被解决，且没有影响到事件的广泛性的货币问题的争论没有在这里提及。这是一个相关的社会学事实，而关于在理论上，货币是否只是一层面纱的抽象辩论，并不是一个社会学事实。[8]

（四）多学科和多元文化的

本书的分析借鉴了若干学科，特别是经济学、社会学、历史学，以及文学、当代艺术和其他来自不同文化传统的文化产品。这种不拘一格的信息混搭可能会让一些人感到不快。在此，请允许我为自己的鲁莽表示歉意，因为涉及的领域如此之广，行文过程中或许会存在事实和解释上的错误。为此，我恳请诸位读者像对待一首诗（实际上是金钱！）一样，怀抱"姑妄听之"的态度来审读。

（五）证据来源

各个国家和社会阶层都有关于货币的独特思想传统，这些传统指导着他们的日常行为和人际关系，也帮助形成了他们独特的身份认知，塑造了他们在世界上存在的方式。为了找出在特定的时间和地点货币对人们在这些方面的意义，我利用小说、戏剧、诗歌、社会和政治著作,以及(有时)利用视觉艺术和音乐等领域的素材作为证据。通过这样的方法,我希望可以尽可能真实地还原当时人们的想法,他们的关注和希望,特别是他们在货币上附加的象征意义。显然,这些素材的选择非常个人化。事实上,我偶尔还会引用自己作为一个金融和经济评论家和企业家的个人经验作为佐证(但往往以脚注形式呈现,以便不感兴趣的读者轻松略过)。

五、三大主题

本书分为三大部分,每个部分的各个章节都由一个共同的论题或主题松散地串联在一起。每一个主题都可以用下面的小标题来总结表述。

第一部分的论题关键词是"思想推动行动"。也就是说,人们在任何时候所持有的价值观、信仰和态度,对他们的行动乃至对历史的发展,都产生了强大的影响。即使是金钱,即我们用来追求物质目标、满足营养需求、在公共和个人层面规划未来的工具,也是由思想塑造的。考察各种关于金钱的观念就可以论证这一点。20世纪,可谓是一个金钱理念的实验室。在这个实验室里,许多不同的想法——疯狂的、糟糕的、伟大的、平庸的——都被逐一尝试过。第二部分的主题关键词是"行动导致后果"。这些后果可能是直接的、可见的,也可能是间接的、难以辨别的,有些是有意的,有些是无意的,有些只是短期的影响,有些则长期潜伏,直到其后果在多年或几十年后才显现出来。要辨别行动的长期后果,并不是一件简单的事情。第三部分的主题关键词是"后果催生新思想"。行动会带来长期和短期的影响,当前的人们必须对这些影响做出反应,但他们对自己应该做出何种反应的想法,可能截然不同于那些发起行动并导致这些影响的人。因为身处当下的人们总是要面对新的局面。货币和货币体系,作为客观事实,要求人们面对,这是他们必须接受的现实。然而,本书每一部分的分析都表明,货币、货币的运作方式,以及与之相关的观念、符号和价值,都在不断地变化。如果是这样的话,社会就不能否定其对金钱的责任,就像一个成年人不能推卸他或她自身的金钱责任一样——个体不仅要对自己的金钱负责,而且要对自己在塑造他人的金钱中发挥的作用负责。本书试图传达的信息是,得到正确解读的历史,应该能够激励人们去改变和革新。金钱的作用是好是坏,最终还是取决于我们自己。

此外,每一部分都有一个章节专门对前面章节论述的假设检验结果进行简要的总结。这些总结性章节分别在第十一章、第十七章和第二十二章的最后。

由于货币的特殊性,一些哲学问题也会随之出现,即货币存在于个人与社会,个人与非个人,自然与人为,主体与客体,抽象与具体,艺术与科学,过去、现在与未来的交叉点。

第一部分
历史时期：思想推动行动

第二章

1914年之前的欧洲货币与文化

在维多利亚时期，人们在货币问题上非常具有创造力。他们不仅创造了一个理想的全球货币神话（国际金本位制度），还提出了革命性的想法，挑战了货币的普遍作用，以及支持这一作用的阶级社会。这导致20世纪的人大部分时间都在为这两方面的理念进行激烈的争斗，往往导致谋杀性的冲突。这也说明了货币的观念如何影响历史事件的发生，以及引发民众对货币的反应。

以国际金本位形式出现的货币被认为是广泛的、人道的、进步的政治哲学，即古典自由主义的自然产物。货币应该根植于一个强大的、道德的、以信仰为基础的文化。尽管货币很重要，但其地位应该是有限的，有着明确的定义，并得到充分的理解。在维多利亚时期的英国，伦敦市作为金融中心，影响力非常强大，但不会对当时的政府发号施令；许多的银行家和商人变得富有，但依然要争取与其他群体——尤其是贵族、专业阶层和顶级的学者和科学家——相当的尊严和地位。可以肯定的是，维多利亚时期的社会存在许多弊端，但与其辉煌的成就相比，其弊端就显得无足轻重了。

货币的执政理念体现了一种明确的学说。哲学家约翰·洛克（John Locke，1632—1704）在 17 世纪末提出，货币应该是一种不变的标准，其价值不应受到通货膨胀的影响。经验表明，只有贵金属才能提供这样的标准。事实上，贵金属就是价值的标准，[1]它最好被视为高于政府或国家的存在，被视为一种自然的秩序，而且主权国家无权篡改它。对洛克来说，货币具有道德价值，因为它使原本闲置的资产能够得到利用。通过使用货币，人们可以用过剩的易腐物品，换取能维持更长时间的物品。黄金和白银不会腐烂，因此可以囤积起来（而不会对任何人造成伤害）。值得注意的是，洛克已经意识到，引入具有固定黄金价值的货币会导致更大的财富不平等，因为人们既有动力也有能力去积累贵金属。

洛克坚持，这就是为什么人们必须"基于普遍的同意"做出共同的"质押"，向使用者保证，他们将得到同样有价值的东西作为货币的置换（洛克，1695）。法律规定，即使在支票上或纸币上书写或印刷数字，也不能赋予货币内在价值，其价值依然由金银赋予。洛克抨击了通过贬值来削弱造币价值的建议（例如，国家提高一定重量的黄金或白银的官价）。这种行动就像是地主应该被迫接受少于原本约定的黄金量结算合同——这是对他们的欺骗。洛克承认，社会最初给定特定重量的银币或金币的价值是想象的，且在某种意义上是任意的。但他认为，只要在价值设定之后，社会能够坚持这个价值，那么设定的标准是否是任意的并不重要。因此社会不会因国家或主权者行使专断权力而受到威胁。这就是为什么货币不能仅仅是国家的创造物，不能根据政府的意愿随意改变其价值和原因，而且它必须属于一个更高的领域——自然（马丁，2013）。金钱被当作潜在的政治哲学，这种联系在当时看来是颠覆性的，但作为世界上有史以来促进经济最大发展的货币方面的原因，这种联系

第二章 1914年之前的欧洲货币与文化

将持续下去。

在19世纪末之前，洛克的货币理论一直得到认可——1896年的第一部《帕尔格雷夫经济学词典》就认可了这一理论。但在欧洲大陆上，不同的思想却在不断地发展。1905年，德国经济学家弗里德里希·克纳普（Friedrich Knapp，1842—1926）出版了《货币国定论》（*The State Theory of Money*）。他在书中宣称，货币的价值是由政府创造，而不是由它的金/银含量来确定（克纳普，1905）。显然，这一理论将国家在为社会提供货币方面的作用提升到了比洛克的概念中提到的更核心的位置（洛克认为，货币是一个东西、一个商品，立足于自然）。意识形态和态度的变化开启了欧洲大陆和英国之间就货币定义和作用的重大分歧。本书随后的许多章节都提到了货币国定论。尽管在20世纪的不同时期，这一理论具体存在的表现形式不同，但这就是20世纪里关于货币如何获得价值的主流理论。

维多利亚时代的作家也对同时期的金钱文化进行了批判，如查尔斯·狄更斯（Charles Dickens），他1854年的小说《艰难岁月》（*Hard Times*）就是对资本主义社会影响的严厉控诉，还有著名的社会批评家马修·阿诺德（Matthew Arnold），也对全球金钱文化进行了批判。阿诺德在1869年出版的《文化与无政府主义》（*Culture and Anarchy*）一书中，将"庸人"（Philistine）一词推广开来，用来形容那些痴迷于以积累金钱为目标的生活麻木、机械的人。人们总是倾向于把财富看作是一种至高无上的目标，这个现象很常见，但文化却能帮助我们以不同的方式看待金钱和财富。

现在，文化的用途在于帮助我们通过其完美的精神标准，把财富看作一种机器。我们不应该仅仅是口头上说把财富看作机器，而是要真正地如此认为和感觉。

这就是文化作为金钱的救赎。

如果没有文化对我们思想的净化作用，整个世界，无论是在现在，还是未来，都将不可避免地属于庸人。（阿诺德，1869）

一、德国的浪漫主义者

19世纪的德国哲学家借鉴了德国经济学的早期传统，发展了一种替代古典货币观念的方法。正如哲学家以赛亚·柏林（Isaiah Berlin，1909—1997）在1965年关于浪漫主义的演讲中，有些风趣而嘲讽地指出："竟然存在浪漫主义经济学这种东西，特别是在德国。"德国哲学家费希特（Fichte，1762—1814）和德国经济学历史学派的创始人利斯特（List，1789—1846）等人，相信必须建立一个"孤立的"国家，即封闭的贸易国（der geschlossene Handelsstaat）。在这样的国家里，"一个国家真正的精神力量，是可以发挥自己的作用，而不被其他国家所冲击。"对于这些德国经济学家来说，"经济学的目的，货币和贸易的目的，是人在精神上的自我完善，并不遵从经济学层面所谓的牢不可破的规律……"（柏林1999，第146页）。

柏林所提出的德国浪漫经济学，反对自由放任主义和洛克提出的冷酷的货币观念。经济学领域并没有类似于自然规律的不变铁律。相反，经济和货币机构应该提倡人们共同生活，在精神上不断发展进步的理念。在这样的情况下，经济学家以对经济学和国家作用的不同态度，挑战了英国人关于货币的观念（以洛克为代表）。卡尔·马克思（Karl Marx，1818—1883）尽管也坚持某种传统的货币理论，但在19世纪40年代，以道德家的身份发表了反对金钱崇拜的言论：

第二章 1914年之前的欧洲货币与文化

金钱凌驾于人类所有的神灵之上，将所有神灵都变成商品……金钱是人类的工作和存在的疏离本质，这种异己的本质支配了人类，但人类崇拜金钱。（马克思，1843）

这就引入了一些概念，这些概念在整个20世纪乃至现在依然会引发争论和斗争。金钱这种"疏离本质"或异化，指向的是人与其工作、真性情以及与周围社会的分离、疏离和隔离。金钱导致的异化已成为无数学术研究和新闻评论的主题，虽然后来它逐渐沦为一个万能的词（一个被滥用的词），用来描述分析者不赞成的任何状态，但它依然具有持久的力量。在马克思及其无数追随者看来，金钱摧毁了真正的价值。它把人和自然的真实力量转化为抽象的概念以及不完美——转化为"折磨人的怪物"。金钱导致我们不再思考自己真正的需求，而是沉迷如何获得更多的金钱。马克思认为，使资本主义运作的个人已经不再是完全的人（见卡汉，2010）。金钱是让人变得非人化的罪魁祸首，是商业社会的起源。但非人性化的程度，本应在人类控制下——但归根结底，这一切都是因为金钱。金钱摧毁了社会，马克思指责犹太教和基督教传播了对财富的追逐，但中世纪的牧师会呼吁他的会众放弃对玛门（希伯来语，指金钱）的崇拜，回归上帝，而马克思则呼吁人类，同时放弃上帝和玛门这两个幻想，来进行一场革命。他讥讽了英国经济学家杰里米·本瑟姆（Jeremy Bentham，1748—1832），因为后者认为现代商店的店主，尤其是英国的商店主是"正常人"。

继承了这些传统，我们不妨看看后来的德国文化如何看待金钱。作曲家理查德·瓦格纳（Richard Wagner，1813—1883）反对基督教，也讨厌金钱财产。财富的分配变得极其不公正和随意。对于瓦格纳而言，"对于一无所有的人来说，生活变得艰难和痛苦，有时甚至难以生存"（麦基，2000）。金钱几乎决定了一个人生活的一切，这实际上是错误的。肥猫们（有钱有势的人）"能够继续统治世界，只要金钱仍然是人类所有活动都要服从的力量。"瓦格纳的歌剧《尼伯龙根的指环》（*The Ring of the Niebelung*）是有史以来对金钱（黄金）作为人类行动的动力源泉的最大谴责之一。这个共同的主题，即针对金钱力量的绝望抗议，把马克思、瓦格纳、尼采，甚至我们将要看到的更冷静的马克斯·韦伯，联系在一起。

二、德国人如何看待自己

在19世纪后期和20世纪头十年，随着大国之间的竞争加剧，不同的理念也变得更加根深蒂固。在努力避免刻板成见的同时，不同的国家对自己身份的看法也开始出现分化，即他们主张什么、珍视什么样的价值观，以及他们对人类进步的贡献开始变得不一样。如果说英国人感到自豪的东西是他们的帝国、法治、基督教的传播、科学和技术，那么德国人则认为，他们更关注的是精神目标、文化、深刻的诗歌和音乐以及自由。

德国的学者反对金融的统治，他们认为自己是德国特殊性的守护者。正如历史学家保罗·肯尼迪（Paul Kennedy）所言，在德国评论家看来，英国和法国的社会科学不过是"人类原子论和唯物主义观点的另一种表现"（肯尼迪，1988）。英国的亲德派（Germanophiles）之所以欣赏德国人，是因为他们自己对"经济人"的厌恶——继承了柯勒律治和阿诺德的传统，并指责英国的文化浅薄。各方都宣称在为自由而战，但对自由的含义却又有不同的看法。许多文化素养高的德国人都怀念"社区"高于"社会"的旧时光，并对旧时光充满了浪漫的憧憬。德国社会学家斐迪南·滕尼斯

第二章 1914年之前的欧洲货币与文化

(Ferdinand Tonnies, 1855—1936)在他的《社区与社会》(*Community and Society*)(1887)一书中,对这一观点进行了经典的论述。他在书中推崇工业化前的欧洲,认为该有机共同体由"女性"的情感维系;而在男性主导的工业社会下,女性却被疏离了自己的本性。被这种思想灌输的女人会变得"开明、冷酷、知性",但"没有什么比她本质的性格更异化,没有什么比这更有害。"

另外一位对德国货币观念的发展产生重要影响的思想家是格奥尔格·齐美尔(Georg Simmel, 1858—1915)。在《论社会差异》(*On Social Differentiation*)一文中,齐美尔对所谓的客观文化和主观文化进行了区分,前者是哲学、书籍和艺术的世界,后者则是银行家和商人构成的更贫瘠的世界。1900年,他出版了《货币哲学》(*Die Philosophie des Geldes*)。在这本书中,齐美尔认为,货币是"分裂和孤立的",但同时也是统一的,它把"本来没有任何联系的"社会元素联系在一起。齐美尔将金钱与卖淫相提并论,表示"因为人们对金钱使用的漠不关心,也因为金钱与任何个人无关,因此对任何个人缺乏依恋,金钱固有的客观性……排除了任何情感关系的本质……使金钱和卖淫产生了不祥的类比"(齐美尔,1900;沃森,2010)。他认为,金钱往往限制了创造力,偏爱非个人的对象,并使丰富多样的个人经验变得平淡。沃森评论说,齐美尔的社会学,特别是在他的后期作品中,对大城市的抨击是魏玛共和国的一个主题,为国家社会主义的意识形态铺平了道路。然而,齐美尔对货币社会学的贡献仍然具有影响力。

德国对金钱的态度无疑也受到了对英国崛起的嫉妒情绪的影响,类似二战后欧洲的反美主义那样。但不可否认的是,英吉利海峡的地理划分也体现了文化方面的鸿沟之深。承载着欧洲思想和理想主义的最高传统的德国文化,对英国的金钱和经济观念表现出严重的敌意，特别是1871年法国战败后，德国人开始宣扬自己独特的文化观念。他们推崇歌德、费希特和康德等德国文化领袖提倡的理念，反对以格莱斯顿为代表的英国浅薄的原子主义社会。哲学家黑格尔和历史学家兰克曾提出逐步推广德国特性和优越性观念的想法。瓦尔特·拉特瑙（Walter Rathenau），一个修养很高的犹太工业家和政治家（他曾在魏玛共和国时期担任外交部长），渴望一个"灵魂的帝国"，因为"当前资本主宰了社会，但总有一天，社会将主宰资本"［见弗里茨·斯特恩：《爱因斯坦的德国世界》（Einstein's German World），2001］。在1914年第一次世界大战爆发时，拉特瑙说："德国人的心中充满了神圣的喜悦。"盎格鲁-撒克逊人将粗暴的个人主义文化置于其世界观的中心，而德国人则会拥护教化——精神的解放。从德国作为诗人和思想家国家的形象出发，许多德国公共知识分子对英国和美国持有一种优越感（拉德卡，2005）。早在1918年，伟大的历史学家弗里德里希·迈内基（Friederich Meinecke）就谴责了德国敌人的"野蛮的"贪婪。

在19世纪90年代，亲英派思想家马克斯·韦伯曾支持德国海军的扩张，因为海军力量将决定"每个国家在全球经济中控制的份额，从而决定其人民的收入"。但是他当时并没有意识到，此举可能导致德国和英国之间的利益冲突。后来他认为战争将无法避免，因为德国已经被帝国主义列强锁定。到了1914年，韦伯认为，德国作为一个独立国家，其存在已经岌岌可危。虽然他私下主张德国应在阿尔萨斯-洛林（法国东北部地区）问题上向法国妥协，但在一战爆发时，时年50岁的韦伯表示："无论这场战争最终谁胜谁败，它本身都是伟大而美妙的。"韦伯对可追溯到中世纪的德国民族认同感充满激情，这种认同感与种族无关，更强调文化，而文化在德国的各个小省份和瑞士实现了最高水平的发展。韦伯将民族定义为荣誉和最高价值的承载者，因此德国和英国之间的差异在于信仰，而非种族。

对精神的渴求应该被概念化为对韦伯所描述的"世界除魅"的回应（Weber，1918）。现代资本主义社会已经将价值观只受经济计算支配的日常生活合理化。在这种情况下，寻找一种语言来表达人类的精神，成为一批有影响力的艺术家和知识分子以及宗教人士的重心，但并非所有的人都被这种疏离的情绪所触动，尽管人们普遍注意到，物质的安全与精神和道德层面的困惑并存。在19世纪末20世纪初，由金钱导致的破碎、疏离和异化的主题，对西方文化想象力产生了重大影响。在许多年轻人看来，资产阶级社会似乎已经失去了其精神。

对许多艺术家、知识分子和宗教领袖来说，第一次世界大战似乎为找回这种被遗失的精神提供了一个机会。教会领袖把战争当作宗教复兴的工具。韦伯也受到通过战争经验实现团结的承诺吸引（顺便说一下，弗洛伊德也是如此）。韦伯认为，在战场上创造的团结共同体，提供了可与宗教兄弟情谊相媲美的人生意义和动力。他说："对一个战士来说，战争在其具体的意义上是独一无二的，因为它使士兵体验到一种，只有在战争中死亡才具备的神圣的死亡意义。"相比之下，在一个理性化的世界里，死亡是没有意义的。1916年8月，韦伯在纽伦堡的一次演讲中说："如果我们没有勇气阻止俄国的野蛮、英国的单调和法国的华丽统治世界，那将是可耻的。这就是为什么要打这场战争的原因。"（拉德卡，2005）

在第一次世界大战的第一阶段，德国学术界普遍认为，德国是在保护欧洲的价值观和文化，以抵御俄国的野蛮主义和西方的物质主义的侵蚀。现在看来，这不过是宣扬国家主义的一层薄薄的遮羞布，其合理性也随着《九三宣言》（*Manifesto of the Ninety-Three*）

的发表达到了一个低点。这份声明发表于 1914 年 10 月 4 日,即第一次世界大战开始后约两个月,得到了 93 位德国著名科学家、学者和艺术家的赞同,明确地表明了他们对德国及到那时为止的军事行动的支持。这份声明否认战争由德国挑起,也否认德国残暴地对待比利时,并指出了俄国军队在东方进行的屠杀,它还为德国军队进行了如下辩护:

如果不是因为德国的军国主义,德国文明早已消亡。这一切都是为了保护产生在一片数百年来一直被强盗团伙所困扰土地上的文明,就像其他土地上的那样。

这份宣言获得了德国众多学校对战争的支持,但是它的一些签署者后来表示后悔签署了这份宣言。

三、为何德国作家托马斯·曼会支持这场战争

德国小说家托马斯·曼(Thomas Mann)支持第一次世界大战,认为这是为了保护德国的传统(文化、灵魂、自由、艺术)。他认为,德国的"掌权意志和对世俗伟大的追求(不是意志,而是命运和世界的需要),在其合法性和可能性上,完全不存在争议"。托马斯抨击民主制度或支持专制国家的"政治"(托马斯·曼,《一个非政治人的反思》,1918,但他随后自己推翻了这些观点)。

我认为,理解这种观点至关重要,因为它决定了一种完全不同的社会和金钱观念,不同于那些在我们的心中根深蒂固的、导致我们无法理解任何其他不同观念的既有观念。托马斯·曼,这位欧洲最伟大的小说家之一,坚持认为德国在第一次世界大战中的角

色，对于维护其文化是不可或缺的。尽管没有在《九三宣言》上签字，但在他自己的文章中，托马斯赞扬了第一次世界大战，将其称为"一种必要的净化经历"；他声称德国的行动是为了反映和捍卫更高级的文化。根据托马斯的观点，德国人必须抵御浅薄的西方文明，因其代表着"理性、启蒙、节制、道德化、怀疑主义、解体和心灵"，以及富裕和顺从，而德国的文化价值则关注世界特定秩序。因此，战争被托马斯赞颂为一种非常值得庆祝的行为，能够帮助德国摆脱文明富裕的诱惑，回归神秘的生活价值和保留德意志民族的特色。

《一个非政治人的反思》涉及了更广泛的论述，但同时继续遵循同样的思想目标。托马斯强调了德国所处的特殊的地理环境，对西方价值观的不认同，对新教传统（具有宗教和政治内涵）的重视，最后强调了德国的文化传统，特别是在音乐和哲学方面的传统。作为一个追求"精神富足的民族"，托马斯认为德国人是非政治的，甚至是反政治的，这也是他对自己的看法。托马斯强烈抨击了所谓的"文明写手"（Zivilisationsliterat）的概念，即主张进步或民主价值的文学，是一种不爱国或反德国的概念，因为它背叛了真正德国艺术的基础。

四、更广泛的文化分裂的一部分

总而言之，除了马克思主义者之外，许多欧洲人都对工业增长的影响感到反感，因为工业增长把社会变成了一台物质主义的机器，而这台机器的驱动力，无非是贪图钱财的、孤立的、个人主义的、自我主义的、精神空虚的人。（这被视为英国病，尽管许多英国小说家和社会批评家也表达了类似的厌恶。）在这里，值得一提的是，这种态度在第一次世界大战后仍然存在，甚至在法国也存在。法国著名作家弗朗索瓦·莫里亚克（Francois Mauriac，1885—1970）说："我不理解，也不喜欢英国人，除非他们死了……"在两次世界大战期间，法国出版的敌视英国的书籍也远远多于赞成英国的书籍。法国人认为英国已经过时了，在解决现代社会的问题方面的贡献有限，或完全没有贡献。即使在二战期间，许多法国人，对到底是英国还是德国将获得胜利，无动于衷。在1942年3月，一份由法国著名作家签署的宣言说，"英国，被看作是在一个贫困的全球环境中，唯一的百万富翁国家"，一个"总是对被它征服的殖民地人民表现出最深刻的蔑视"的国家。

许多法国知识分子和上层资产阶级则认为，德国是一个可以"把法国从唯物主义的统治中解放出来"的国家（泽尔丁，1980）。德国被视为一个实现了思想自由的国家。为什么？因为几乎每个德国农民都可以是音乐家！即使在贫困的村庄里，也有热爱文学和哲学的人。马克思、黑格尔和尼采都是哲学灵感的主要来源。德国对法国哲学的贡献无处不在，比英国人的贡献重要得多。虽然人们对德国人的恐惧和仇恨普遍存在，但法国的许多有识之士还是坚持福楼拜的观点，认为德国人是一个充满梦想的民族，即使法国在1870年的战争中，被俾斯麦羞辱地打败后，他们的观点也没有动摇。维克多·雨果（Victor Hugo）说："没有一个民族比德国更伟大。"只有德国的理想主义能够把法国从英国的经验主义中拯救出来——英国人可悲地把一切都归结为实用性和恳求性的计算，一切价值都用金钱来衡量。尽管1918年的《凡尔赛合约》给法国带来了巨大的痛苦，尽管法德两国之间存在着显著的敌意，仍有一些法国人主张与德国和解，并达成精神层面的联合。就个人而言，我的祖母是法国人，尽管在战争结束前的最后几周，她深爱的17岁弟弟死于德国狙击手的子弹之下,但她依然非常珍视她的瓦格纳的《坦豪瑟》钢琴转录曲,并经常弹奏这首曲子。

第一次世界大战是由不同的金钱观引起的文化冲突而造成的吗?并不是。然而,在我看来,许多欧洲大陆知识分子对金钱驱动的物质主义(被视为英国经济成功的核心原因)的反感,有助于解释为什么欧洲大陆受过教育的阶层对德国产生了令人惊讶的同情甚至支持,这甚至可以帮助解释,为什么德国人在第一次世界大战中,表现得好像德意志民族危在旦夕,又好像只有德国才可以维护整个欧洲的核心价值的原因。

第三章

20世纪20年代：魏玛共和国的教训

20世纪20年代的德国，因其恶性通货膨胀和战争赔偿的纠纷而臭名昭著，但这两段经历都能够提供重要的教训。然而人们吸取教训为时已晚，无法将德国从地狱的边缘拉回，且这些教训也没能应对第一次世界大战中因旧货币体系秩序崩溃而产生的问题。但这些教训将产生显著的影响，尤其是在第二次世界大战之后，它们继续影响着全球货币政策。此外，还有一些本可以从当时的情况中吸取的教训并没有被吸取。

第一次世界大战不仅给俄国、奥匈帝国和奥斯曼帝国等几个老牌帝国带来了沉重的打击，还击溃了整个自我调节经济及其货币的理念。这次世界大战使英国负债累累，还凸显了一些社会和政治力量，使任何国家都难以遵守旧制度的规则。这些力量包括工会和工党的兴起、男性的普选权利和部分女性的普选权利，以及民选政府。这场战争削弱了国家和民众对自由贸易的支持，农民开始要求保护粮食进口。随着劳工运动的兴起，工人阶级领袖拥有更大的权力，要求对进口制品征收关税。摆脱金本位的束缚之后，各国中央

第三章 20世纪20年代：魏玛共和国的教训

银行可以通过降低利率鼓励内需和产出，哪怕需要承担货币外部价值贬值的风险。但此时，没有人知道如何运行这样一种自由裁量的货币政策。

货币，应被视为自然秩序的一部分，并被置于好管闲事的政客无法触及的领域，还是应被当成一种工具，用于充分促进就业或支持国家开支？第一次世界大战带来的这个问题所引发的辩论一直持续至今。此外，观察者还意识到，战后的货币、经济和政治权力已经转移到大洋彼岸。新的（美国）联邦储备委员会（成立于1913年）对货币的看法与英格兰银行或法国银行不同。美联储的成立就是为了确保"弹性的"货币供应和应对金融危机。美国利用第一次世界大战将世界货币的领导权从英国夺走。之后，它打算怎么做呢？

回顾这段漫长的历史，我们可以得出结论：第一次世界大战，标志着一个长达100年的全球货币周期的结束，也标志着全新周期的开启，后者也将持续100年时间。第一个货币周期以金属货币为基础，所有的参与者均受到道德原则的约束，以及与道德原则挂钩的自我调控；第二个货币周期则以国家货币和金融监管为基础。第一个时期的货币政策符合当时的精神和动机理念，即着眼于长远、保证价值的可预测性、遵循公共秩序前提下的个人最大限度的自由、小规模的公共部门、国家受法律和货币规则的约束、国家与金融保持一定程度的分离、个人的道德责任、金融从业人员的自律，以及严格的金融行为准则。而持续了近100年的第二个货币周期，在经历了许多货币灾难之后，出乎意料地推动了全球货币空间的诞生。这将是人类历史上第一个覆盖整个世界，并连接大部分地球居民的货币空间。它将以货币国定说为基础且伴随着人们生活水平的惊人提高，以及健康、休闲时间、包容性、少数民族和妇女权利的进步和不断发展。

在这个过渡时期，1918年到1939年之间的欧洲成为一个严酷的试验之地。在这里，新旧思想与极端压力下的事件发生冲突和融合，迫使人们认识到，世界需要一种新的制度和新的货币。我们首先看看德国在20世纪20年代的经验，虽然好的新思想并没有及时出现，使其免于纳粹的摧残，但这一时期是德国的旧秩序向下一个秩序过渡的重要阶段。我们首先需要了解一些历史背景，才能够理解魏玛共和国的经验，与本研究的主题——货币的理念对历史进程的实际影响，以及全球货币空间和文化——如何关联。

一、魏玛共和国的失败并非天生注定

到了1918年，全球迫切需要一段和平时期，重建、恢复贸易，但战争持续的迹象无处不在。昔日的对手咬死了要惩罚战败国，因此和平谈判的重点从全球的战后重建转移到协约国能够从战败的德国人身上榨取多少钱财。战争的赔偿和协约国坚持要求德国承担战争造成的所有损失，这导致德国产生了一种强烈的不公正感。随后在德国出现的恶性通货膨胀充分证明了错误的金钱信念会如何摧毁一个社会。所有这些因素削弱了民众对新成立的共和国的信心。1919年于魏玛小镇成立的新共和国采用了民主的议会宪法制度。彼时的德国需要天降好运、经济复苏和稳定的政府，只有这样，才会有一线生机。但在其解体前的14年里，魏玛共和国遇到了许多问题，包括很多来自货币方面的挑战，最明显的就是战争赔偿、恶性通货膨胀、不稳定的货币和大量的资本流入。资本流入主要是在1927年至1929年从美国流入的资本。后来，更多的货币失误引发了华尔街的崩盘，导致美国人随后将资本从德国撤出，加上1929

年美国的大萧条蔓延到欧洲，造成居高不下的失业率。所有这一切反过来强化了纳粹党的力量，使得法西斯主义在德国的胜利成为一种必然。1933年，兴登堡任命希特勒为总理，他的上台也标志着魏玛共和国的终结。

但是，这个事件也带来了一些积极的影响，如下文所述，为了应对马克思主义提出的挑战，以及解决德国在20世纪20年代面临的困境，德国一些社会科学家挺身而出，对自由市场和资本主义生存所需的条件进行了更深入的思考。部分思想家从这些失败的经验中总结出教训，帮助德国形成了健全货币体系恢复所需的基础，也为二战后西德的经济奇迹奠定了基础，而这个经济奇迹又成为促进欧洲后续繁荣的基本要素。从这个角度来看，这些灾难间接地促进了20世纪后期全球货币社会的建立，但这其中至关重要的是，这些思想家从这场灾难中正确地吸取了教训。反面的例子就是，20世纪的许多其他国家并没有从灾难中正确地吸取教训，因此无可避免地经历了恶性通货膨胀。

二、战争赔偿和战争罪

《凡尔赛条约》要求德国承担战争期间造成的所有损失和破坏的责任，迫使德国解除武装，在领土上做出重大让步。德国还需根据第231条，即后来的"战争罪"条款，向协约国支付战争赔偿。法国东北部的大部分地区被战争和德国的"焦土战术"彻底摧毁——即德军在撤退时，彻底摧毁了该地区工业和农业体系，包括整个城镇和村庄。德国本身并没有被侵略，因此几乎没有遭受任何直接的重大损失。美国坚持要求德国偿还它借给盟军的作战经费，而盟军也坚持要求德国向他们付款。但在经济得以恢复之前，德国不可能承担得起如此巨额的赔款。当时的经济学家，特别是梅纳德·凯恩斯（Maynard Keynes）认为这个条约太过苛刻，且赔偿的数额过高，可能适得其反。然而，普鲁士在1870年取得胜利后，曾向法国索取赔款，并很快获得了这笔赔款；加上德国也在战前明确表示，希望战败国向其支付战争费用。这些原因导致有些人指责凯恩斯，认为他鼓励德国人对战争赔偿产生不满情绪，从而可能助长纳粹主义的崛起。

但不管怎样，协约国都没有政治意愿和共识，以武力行动迫使德国支付战争赔款，这一点从美国和英国谴责法国在1923年对德国鲁尔地区的占领上就可以看出。这是因为，一旦德国因为部分领土被他国侵占，或遭受海上封锁而陷入混乱，它还怎么能够支付协约国迫使其承诺的巨额款项呢？为此，前协约国只能采取胡萝卜而非大棒的政策。协约国还承诺，如果德国能够满足《凡尔赛条约》提出的各项条件，它还有机会重新加入国际社会。1924年出台的《道威斯计划》（*Dawes Plan*，第一次世界大战结束后，协约国于1924年制订的德国支付赔款的计划），减缓了协约国对赔付的进度要求，并规定可以通过在纽约市场上发行债券，为德国提供赔付贷款。这个计划提振了美国投资者对德国的信心，并带动了一波美国私人借款给德国的热潮。德国的经济得以迅速复苏，但潜在的问题依然存在——德国认为《道威斯计划》规定的偿还义务是临时性的，而协约国则担心，一旦德国成功重回国际社会，或许将立即成为欧洲最强大的国家。尽管最初规定的赔偿金额是1 320亿马克，但最终德国总共仅支付了大约210亿马克，约占其国民收入的2.1%。相较之下，德国从国外借到的钱比实际支付的赔款多，加上后来又违约，没有偿还贷款，最后德国收到的钱实际上多于其支付的战争赔款。

这一时期的一个典型现象就是政治谎言在民主国家的兴起。为了愚弄刚刚获得公民权的选民，这些民主国家的政客在赔偿问题上撒下弥天大谎。《凡尔赛条约》制定的巨额赔偿要求，其目的是欺骗法国和英国的公众舆论，使两国民众认为，德国已经受到了严厉的惩罚，而事实上，协约国并未打算全额收取赔偿。当然，这样的愚弄也导致了适得其反的后果，不切实际的高额索赔被德国民众当真了，激起了德国人的仇恨和反抗，最终导致少得可怜的战争赔偿也无法收取。事实上，以亚历山德罗·罗塞利（Alessandro Roselli）为代表的一些经济史学家，质疑了协约国是否真的曾期望收取仅占规定赔偿额度一小部分的 500 亿马克赔偿款，因为这依然是德国当时国民生产总值的 123%（罗塞利，2014）。

如果法国表现出足够的耐心，或许德国可以支付更多赔款。事实上，只要给予足够的时间，德国能够支付的赔款可能是无限的。如果，随着时间的推移，世界贸易得以恢复，德国商人得到解禁，并可以全面参与世界贸易，那么德国经济必然能够复苏。当时有充分的证据表明，德国愿意甚至是迫不及待地想要支付大量的赔款，前提是他们能够通过扩大出口、借贷或税收获得大量的金钱。然而，德国没有足够的时间去获取这些财富，因为法国已经等得不耐烦了，悍然出兵占领了德国的鲁尔地区，这就导致德国民众不愿意支付大额的战争赔款，其政府层面也不再具备任何赔偿的意愿。贪婪最终导致债权国失去了一切。

三、恶性通货膨胀

1914 年第一次世界大战爆发时，德国暂停施行金本位制度，其国内的通货膨胀不断加剧。然而，同样的情况也发生在其他参战国内。到1918年底，德国、英国和法国的批发价格分别涨到了战前水平的2.4、2.3和3.5倍（格雷厄姆，1930）。同样，在经历了大规模经济繁荣的美国，价格也翻了一番。然而，这种情况并非无药可救。随着汇率在战后不久下跌，马克对外币的汇率，在1920年3月至1922年5月期间，保持了相对稳定。但为了应对包括战争赔款在内的战后债务，德国政府越来越多地通过发行货币进行融资。而更多货币的发行导致德国的物价在1922年下半年飞涨了20倍。到了同年底，物价已经飞涨到战前水平的1 000倍。因为民众疯狂地想要抛售纸币，恶性通货膨胀（定义为价格每月上涨50%或更多）随之而来。这个过程在1923年8月至11月达到了疯狂的高潮，德国的物价最终飞升到战前水平的14 000亿倍。

尽管纸币的发行量剧增，但民众还是经历了严重的货币短缺。中央银行认为，印刷尽可能多的纸币来满足民众的需求是它们的责任，并为无法提供足够的钞票而感到抱歉。到了1923年，马克已经变得一文不值。没有外币就意味着无法购买进口商品。几位德国作家生动地描述了这对民众日常生活的影响，例如，购买一些日常用品，如一块面包或一张邮票就需要花1 000亿马克。这是纸币导致的一种全新的货币表象（撇开大革命时期的法国不谈）。在亚当·弗格森（Adam Fergusson）看来，日益增长的物质主义加剧了这种现象，即"社会越是物质主义，伤害就越是残酷"。公认的、传统的、值得信赖的交易媒介——衡量所有价值的货币——的崩溃，"释放出如此浓厚的贪婪、暴力、悲伤和仇恨，它们由恐惧中滋生出来，以至于没有一个社会能够不受损害而不发生改变生存下去"（弗格森，1975）。这种现象当然给德国和奥地利的中产阶级带来了灾难，但实体经济受到的影响并没有预期那般严重，德国的失业率低于英国或法国，虽然那些投资德国政府债务的人失去了一切,但德国的财政反而因为债务的消失收割了长期利益[1]。

关于这一现象根源的争论仍在继续。尽管货币供应量的剧增,以及流通速度的提高是触发因素已经得到认可,且几乎所有的恶性通货膨胀都是因政府过量印刷纸币以填平预算赤字而引起,但仍然有悬而未决的问题,包括:为何魏玛共和国的政府要选择这样的方式填补财政赤字?为什么不趁早削减预算赤字,或找到一种可能避免通货膨胀的融资方式?对货币错误但根深蒂固的信念再一次发挥了作用。德国国家银行的董事会认为,中央银行的职责是通过积极的货币政策促进商业发展,并确保汇率具有竞争力,"许多商业领袖都相信,通货膨胀是实现德国工业组织复兴的必经之路……"因此,德国政商两界没有真正采取任何实际的行动来打击恶性通货膨胀。

正如20世纪后期经常发生的场景那样,不同群体的利益也在其中发挥了作用。一些利益群体从通货膨胀中获利,尤其是那些拥有大量债务的群体,包括由银行贷款资助的企业、有抵押贷款的农民、各省和中央政府。这些群体向政府/中央银行施加压力,要求其增加货币印量。经验不足也是一个因素:欧洲人此前从来没有管理过纸币本位制(除了法国大革命期间命运多舛的纸券〈assignats:流通于1789至1796年法国大革命期间的纸币〉短暂试用外)。经过100多年的发展,现在看来,解决德国当时困境的方法非常简单:停止印刷纸币!然而,现在的我们难道没有感觉"被强迫参与"了一些有违常规货币政策(如量化宽松政策)的风险货币试验吗?(详见第十四章)这些政策的普及规模甚至会让魏玛共和国的中央银行家感到惊讶。

德国有没有可能避免这一场恶性通货膨胀呢?罗塞利谨慎地总结说,尽管德国政府有可能通过税收支付战争赔款,但它"拒绝采取这种方法，因为这极有可能导致社会动荡，并一定会导致严重的经济衰退。"为此，魏玛共和国的政府宁愿通过发行纸币填补财政赤字，因为"政府可能认为通货膨胀的程度是可控的。此外，外国对德国纸币的投机性投资也十分普遍。"罗塞利否认了这背后的阴谋论，并相信德国政府的货币政策背后隐藏着合理的国内政策目标。事实上他认为，"或许，通货膨胀的政策的确在一段时间内拯救了魏玛共和国，直至其彻底失控"（罗塞利，2014）。

四、复苏后的再一次崩溃

在德国的中央银行停止印刷货币之后，恶性通货膨胀几乎立即停止，随之而来的就是 1924 年的经济稳定及后续的强劲增长。华尔街很快发现了新德国的投资机会，美国的短期和长期资本开始大量流入，这使德国经济在短短几年内得到了提振，直到美国经济大萧条导致资本停止流入，然后进入资本逆流状态。美国的投资者和银行家收回了他们的贷款，抛售投资兑现，这彻底破坏了德国的经济和银行系统的运作。德国银行的存款从 1930 年初开始削减，在纳粹党势力明显抬头的 9 月选举后，资本外流加速。1931 年 5 月，奥地利安斯塔特信贷银行（Austria Bank Credit anstalt）倒闭，这也被认为是金融恐慌开始的标志性事件。德国在 1931 年 7 月和 8 月真正地放弃了金本位制。然而，当时的德国政府在总理布鲁宁的领导下，做出了一个注定招致灾祸的决策，即维持其通货紧缩政策，而不是贬值或允许货币汇率自由浮动。

1931 年夏天德国银行倒闭，这和纳粹党的上台之间有着密切的联系。金融危机的冲击增加了民众对反犹太主义的支持。纳粹成功地将民众的痛苦归咎于犹太人。处于金融危机中心的银行达姆施塔特国民银行（Danat Bank），是由一位著名的犹太银行家雅各布·戈尔德施密特（Jakob Goldschmidt）领导的。最近的一项研究表明，货币危机导致的这些影响是引发政治激进化的关键因素。由于达姆施塔特国民银行和德累斯登银行（DD）的倒闭而遭受损失的客户，成为这些银行所在城市或地区的纳粹党的忠实支持者。此外，当地的公司面临更高的破产风险，这直接增加了纳粹党的投票率，其影响力甚至超过了企业的收入下降导致的对投案率的直接影响。

随着金融危机的发生，纳粹似乎掌握了无可争议的证据，证明他们关于犹太人统治和毁灭的谬论是正确的。因为在20世纪30年代的德国，与其他许多国家一样，犹太人担任高级金融职务的比例大大超过了其他群体。（杜尔等人，2019）

上文简要概述的一些历史事件，显示了几种不同的货币理念如何在20世纪20年代凸现出来。这些理念包括：将货币作为战争惩罚手段，将货币作为自我毁灭的媒介，将货币控制视为社会的稳定器——结束恶性通货膨胀和恢复增长的手段，将货币视为导致破坏的外部媒介——华尔街崩溃后魏玛共和国的垮台，以及布鲁宁政府未能利用货币政策减缓大萧条的螺旋式下降。此外，1914年以前，德国知识分子的反货币哲学与战后乔治·西梅尔的社会学理念之间也存在一脉相承的连续性（如前一章所述）。

五、金钱支配下的民主

在21世纪，关于货币作用的另一个方面的争论也引起了共鸣，即货币的力量会不会总是支配着民主制度。奥斯瓦尔德·斯宾格勒

（Oswald Spengler）在《西方的没落》（*Decline of the West*，1918—1922）这本引发了全球激烈争论的书中表示，民主政体不可避免地受到媒体的操纵，且货币的力量在整个社会中的渗透标志着从文化到文明的转变。所有的民主国家都是财阀国家。世界改良者和自由教育者的"悲剧性贡献"是，他们不过是推动了金钱权力更有效地发挥作用。新闻自由需要金钱，因为它需要所有权，所以最终沦落到为金钱服务。选举由对政党提供捐款的人操纵，候选人所宣扬的意识形态，无论是社会主义还是自由主义，都是由金钱推动的，并最终只为金钱服务。斯宾格勒还指出，财富越是集中，政治权力的斗争就越是围绕着金钱进行，这一结论也引发了 21 世纪许多学者的共鸣。斯宾格勒认为，这既不是腐败，也不是堕落，而是成熟民主制度的必然结局。

在第十六章和第三部分的引言中，讨论唯亲资本主义时，我会再回过头讨论这个主题。虽然斯宾格勒的历史发展论断在历史学家那里没有什么可信度，就像其他那些"历史终结"的预言家如卡尔·马克思、阿诺德·汤因比和弗朗西斯·福山一样，但他们都回应了我们在历史中寻找意义的需要。有时，当前的事件发生了转折，似乎证明了他们中的某个理论是正确的，或许现在轮到斯宾格勒了，他关于民主不可避免地沦为财阀猎物的预言是否将卷土重来？

六、德国不可磨灭的贡献

我们不妨后退一步，从更广泛的层面分析一下这个问题：为什么德国会成为 20 世纪货币故事中的典型代表？背后似乎隐藏着几个原因。马克在 1873 年的推出被视为推动德国统一的决定性一步，

第三章　20世纪20年代：魏玛共和国的教训

而在同期的英国和法国，国家机制和货币体系的发展是同步的。德国的政治和货币理论建立在国家利益高于个人利益的基础之上。正如前一章所述，德国思想家创立"货币国定论"的理论和实践并非偶然，因为这种中央集权的货币制度呼应了民族国家的最高统治地位。为此，它能够取代分散的、半主动化的金本位货币体制不足为奇。如第二章所述，弗里德里希·克纳普提出的货币国定论，更适合大国、重税的时代，并在两次世界大战中得到了极大的推动，最终在21世纪延续了其主导地位。

克纳普的"货币国定论"显然旨在推翻和颠覆传统的货币理论，因为后者认为货币是自然演变的产物。一旦脱离金本位的货币证明其作为民族国家工具的价值，人们很快就抛弃了传统的货币观念。货币自此不再被视为一种强加的标准，它能够约束其使用者，包括民族国家，甚至包括发行货币的机构，即中央银行。货币国定论还刻意推翻了货币必须固定在某种贵金属上的观念，也不再将金银本身视为有价值的货币。克纳普的货币国定论的影响程度可以在凯恩斯后来出版的一本非常具有影响力的著作《论货币改革》（*A Tract on Monetary Reform*）中看出，凯恩斯表示"货币，不过是民族国家为了合法地解除货币契约，而不时发行的东西"（凯恩斯，1923）。对凯恩斯而言，我们都是克纳普理论的支持者和实践者。

二战后，随着德国马克（是西德〈1948—1990〉和统一德国〈1990—2002〉的官方货币，一直用到2002年，欧元登上历史舞台）的出现，货币成为（西）德民族身份的体现。对于哲学家尤尼根·哈贝马斯（Jurgen Habermas，德国当代最重要的哲学家之一）来说，"重塑国家在经济层面获得成功的信心"的象征，是联邦共和国货币的发行——他称之为"德国马克民族主义"现象。哈贝马斯这篇文章写于1990年，但不久之后，被他视为德国身份新象征的货币就因为欧元的统一使用而被废除了。在这十年期间，德国也在为填补其东西部统一的成本而挣扎，这又是一个挑战，一个号召，号召德国人为国家做出金钱上的牺牲。

此外，德国人对储蓄和节俭的品德尤为重视，凯恩斯主义的经济学革命并没有推翻德国民众对储蓄的热爱，储蓄仍被视为具有神圣的价值。当然，这时候的金钱或储蓄并不像盎格鲁-撒克逊（凯恩斯）的概念那样，是为了给投资和增长提供资金，而是为了在国家被要求做出进一步的牺牲时提供助力。德国必须拥有货币储备，才能够支撑其度过困难时期——无论是外部施加的，还是人民必须默默忍受的困境。通过学习储蓄尊重金钱，孩子也学会了审慎行动、勇敢面对牺牲和逆境。节约的品德被视为宗教信仰提倡的涤罪和释罪的现代化版本，要求民众必须接受。这就使得储蓄成为一种道德义务，成为新教伦理的一个宗旨。总而言之，重要的是，德国是一个与毗邻国家截然不同的存在。而且让盎格鲁-撒克逊经济学家感到困惑和失望的是，德国从未接受过凯恩斯主义，也没有忠于其对健全的货币和价格稳定的承诺。

当然，彼时的德国也没有太多的选择，只能抛弃其反金钱的文化。诚然，第一次世界大战本身并不足以促成这一切。只有在两次世界大战中战败后，德国才放弃了其独特的金钱理想。当德国在第二次世界大战中被四国占领后，认同了英美的世界观，才得以重回国际社会，并在美国的军事和意识形态统领下，实现了经济的蓬勃发展。为此，德国不得不牺牲自己的金钱观念，遵循英美的价值观，并压制自身的价值传统。在做到这一点后，作为竞争性市场经济的模范代表，德国就像日本一样，在英美主导的市场游戏中，后来者居上，打败了昔日的对手。

七、哪些教训没有被吸取到

德国未能从其20世纪20年代的经历中吸取的一个教训,就是在某些情况下,债权人要学会妥协,如债权人的索赔要求无法得到全额满足,或至少在债务人要求的时间内无法满足,且债务人坚持债权人的权利造成弊大于利时(除了经常被忽视的一点,即债权人对债务人的困境负有道德责任,因为它们不负责任地借给债务人太多的钱)。在2012到2015年的欧元区危机中,德国带头强硬反对希腊的债务减免要求,导致北方和南方(所谓的地中海俱乐部)国家之间的关系陷入僵局,这一点将在第十五章中详述。当然,尽管德国人确实从恶性通货膨胀的经历中吸取了教训,但许多其他国家,包括委内瑞拉在内,并没有吸取教训,哪怕造成恶性通胀的原因是显而易见的,而且总是货币性的(汉克和克鲁斯,2013)。另一方面,虽然国际社会学会了在某些情况下,需要重新安排主权债务的偿还期限,并且实际上学会了减记债务,但德国却没有。

八、德国致力于稳健货币的缘起

德国人从恶性通货膨胀的经历中吸取教训,进而对此类事件免疫,但这并不是他们在20世纪20年代学到的唯一教训。德国人还意识到,能够制定反通货膨胀的政策,在一个尊重公民自由的民主国家必须建立一个机构——这就意味着成立一个致力于确保价格稳定的独立的中央银行。

这股力量后来演变成"秩序自由主义"(ordoliberalism,在德国发展起来的一种新主义,介于社会自由主义和新自由主义之间),这也是德国在20世纪给经济哲学带来的一个最重要贡献。可以预见的是，这个主义被大多数英美的凯恩斯主义者唾弃，因为它在支持社会市场经济理想的同时，认为国家在制定国家层面的资本主义规则方面具有强大的作用。这个在20世纪30年代发展成为一种独特政治哲学的主义，可追溯到德国在20世纪20年代的经验。正如我将在第六章中进一步讨论的那样，它是由经济学家沃尔特·欧肯（Walter Eucken，1891—1950）和弗朗茨·波姆（Franz Bohm，1895—1977）等人开创的，是对不受管制的自由主义和法西斯主义的财政和货币干预主义的反应。秩序自由主义者相信，政府应监管但不应干预日常经济的运行。此外，政府对市场经济监管的目标应该是确保其结果接近竞争性市场所产生的自然结果（在竞争性市场中，没有任何一个行为者能够影响商品和服务的价格）。它反对在经济衰退时，使用扩张性政策来稳定商业周期，但这并不意味着它们要求政府对衰退导致的高失业率放任不管。相反，正如他的传记作者约翰·兹米拉克（John Zmirak）所言，"威廉·罗普克（Wilhem Ropke）意识到，极权主义在德国的吸引力……是因为魏玛共和国内长期存在不确定性、贫困和不公正等问题"。他认为国家保护主义是最大的罪恶，因为国际贸易自由是恢复经济繁荣的一个基本条件。纳粹和共产党都把他们的吸引力建立在承诺更公平地分配繁荣上。罗普克等人充分意识到，资本主义的形象在20世纪20年代几乎遭到灾难性的摧毁，为此他们决定将资本主义从其滥用中拯救出来，并将其重塑为"市场经济"（兹米拉克，2001）。他秉持的人道的基督教的方法，使他能够与德国自由主义运动的其他领袖和平相处。披着市场经济外衣的资本主义时代会到来，但这之前需要经历又一场世界大战。

除了主张建立独立的中央银行外，他们留给德国和欧洲联盟的主要遗产是强调强有力的反垄断政策、资本的国际自由流动、法治和司法独立。他们还反对操纵汇率,以确保国际收支达到平衡(维尔戈罗和皮科克,1988)。然而,秩序自由主义者和其他新自由主义学派的分析不够深入,他们没有充分认识到,问题在于货币体系,仅仅回归金本位不是解决之道。为此,本章试图提出的概念是,有时候,我们有必要完全重新想象货币。

德国在第一次世界大战后,未能为新的社会和政治宪法建立一个良好的基础,这有其自身的原因,但也是更广泛的国际失败的一部分。它反映了德国缺乏足够的能力来看清他们所面临的现实局势并聚焦真正的问题。当时的人们没有意识到第一次世界大战造成的破坏规模有多大,因此无法有效地应对挑战,因为这要求他们重新构想前所未见的全新的货币体系。这项任务的规模超出了他们的想象力或精神力量。对战争赔偿款争议的致命纠结,反映了国际社会普遍缺乏类似的理解力,凯恩斯差一点就成功了,但最终因其加剧了关于战争赔款的痛苦辩论,他的理论贡献最终弊大于利。尽管教训最终得到吸取,但不够及时,没能阻止整个国际社会再度堕入地狱。

九、民主的悲剧性崩溃

魏玛共和国的崩溃,在很大程度上归因于德国在货币方面犯下的错误,但德国朝着独裁统治方向的发展并非不可避免。人民因恶性通货膨胀而产生的怨怼情绪,战胜国要求德国承担的全部战争责任和罪名,要求对其最初的过度赔偿,以及在20世纪20年代末导致德国工业停止运行的美国私人贷款的急剧流失,都是推动独裁德国出现的原因。当然,德国的国家干预的失败、财政过度扩张的经济政策,也成为民主国家崩溃的助推因素。魏玛共和国的崩溃表明，一个民主根基薄弱、不习惯为自己进行政治思考的民族，是多么容易被贸易保护主义、贸易壁垒、外国侵略、经济自给自足和通过国家干预来拯救国家经济的承诺所吸引——尤其是在这些承诺与将货币的力量置于国家控制之下的理念产生关联的时候。

第四章

爵士时代：20 世纪 20 年代的美国

因为既有的货币秩序被第一次世界大战破坏，人们只得随机应变，尝试新的货币体系或理念。上一章探讨了德国进行的失败货币试验，下面几章将探讨三个寿命较长的试验，分别是美国（本章）、苏联（第五章）和欧洲（第六章）在一战后的货币试验。

正如我们将在下面这个故事的若干节点上观察到的那样，美国人曾将金钱视为实现理想和生活方式的一种手段。但是从 20 世纪初开始，美国人打破了传统，选择了一条新的货币道路，一条与欧洲的旧路线不同的道路。美国人将金钱视为一种工具，就像任何其他材料和技术那样，用于生产和商品分配，且与其他工具一样，货币也可以得到完善和改进，它也需要创新和技术。一战不仅使美国成为全球最强大的国家，也推动了一个急需信心和领导力的战后世界的产生。所以，带着些许的犹豫，美国人走上了世界舞台，承担起全球领导者的角色。其中，美国总统伍德罗·威尔逊（Woodrow Wilson，1913—1921 年任总统）通过世界合作的愿景，阐述的美国独特的理想主义品牌，也起到了一定的作用。与商业和金融利益相结合，这种新的美国式理想主义使美国人相信，战后的国际秩序需要重组，而他们就是主导重组的最佳人选。尽管美国人知道如何重构国际秩序，直到二战他们才充分展现这种能力，但其独特的国际主义立场，即融合了大资本、大理想和乐观主义的立场，形成的时间更早。为此，美国将自身塑造为20世纪的模范社会，不仅创造了一种全新的经济模式，还创造了一种全新的社会个体——以女性为主导的强大的购物者群体。美国人将向全世界展示，只要能富有想象力地使用金钱，就可以推动资本主义的发展。尽管最终以一场席卷全球的金融大崩溃告终，但20世纪20年代的美国依然为推动现代商业文化的发展做出了重要贡献，它的影响在100年后依然清晰可见。

当然，所有这些事件并非事先规划好的。关于货币的新态度、新政策和新观念，都是在反复的试验尝试和偶然中出现的。正如在艺术、音乐和文学中那样，以创新为标志的现代主义也是货币和金融事务领域的突出特色。对于这个时期的个人而言，金钱成为消费者支配权的象征和行使的一个手段：金钱一直以来都被视为一种记账单位，但现在金钱在促进价格形成方面的功能变成了一种手段，可以赋予商品和服务的相对吸引力，达到了前所未有的程度，使房地产和汽车等市场成为名副其实的聚宝盆。消费者发现，通过提出贷款需求，他们事实上可以要求银行以前所未有的规模发行货币。因此，金钱也提供了一种自我表达、自我发展和社会进步的手段。金钱成为数百万人通往新生活的捷径，然而这也意味着个体需要关注其自身的信用状况等问题，很多人以前并不关心这些问题。对于那些拥有足够金钱或信用的人来说，生活方式的选择、职业和家庭规划，这些本身就是新出现的概念，依然需要根据预算资金，包括未来的借贷能力等来进行调整。当然，这也是一个"炫耀性消费"的时代。(挪威裔美国社会学家托尔斯泰·韦布伦〈Thorstein Veblen, 1857—1929年〉创造的一个词)然而这也是有史以来第一次,谨慎的预算和仔细的长期财务规划成为数以百万计新兴中产阶级的日常事务。为迎合拥有银行账户人数剧增的局面,金融市场和金融机构迅速扩张,金融服务也迅速发展,但却没有任何可以借鉴的历史发展蓝图。

一、大众文化的诞生

在经济快速增长的同时——以19世纪和20世纪的标准来看,4.2%的年均增长率和2.7%的实际人均产出年均增长率都是快速的——年轻人挣脱了父母一代的严格束缚,在时尚、音乐、建筑和新的行为规范方面创造了许多新风格。新一代消费者还萌生了关于金钱的许多新观念和态度。蓬勃发展的经济和广告的兴起,带来了消费者态度的转变。一个典型的标志就是信贷消费的飞速增长。许多普通的美国人曾经以"谨慎和节俭"著称,现在却乐于使用极易获得的消费信贷,提前购买和消费汽车及其他奢侈品。消费者不需要辛苦地攒很久的钱来购买耐用品,而是可以轻松地通过支付首付款,立即享受消费品。一种新的购物哲学——先买后付——诞生了。这是一种通过将购买力预支来操纵消费时间的手段。在接下来的半个世纪里,这种手段传播到世界其他许多地方。

这个时代也标志着美国在流行文化中的卓越地位的到来。从那时起,只要是在美国时尚和流行的东西,无论是电影明星、食品、舞蹈、歌曲、艺术或设计,很快就会在巴黎、伦敦和柏林的街头出现。美国的品牌通过广告进行大规模的宣传。得益于广告,商业已经成为美国的世俗宗教。布鲁斯·巴顿(Bruce Barton)在1925年出版的《无人知晓之人》（*The Man Nobody Knows*）一书中，将宗教和商业进行了比较，他宣称耶稣基督的寓言是"有史以来最强大的广告……放到今天，耶稣或许就是享誉全美的最强广告商"（《历史目击者》，2002）。消费者对新产品种类大幅增加的需求也使得人们普遍接受赊购（信贷购物）的消费方式。从 1920 年到 1930 年的 10 年间，在美国，冰箱的产量从每年 5 000 台上升到 100 多万台，而直到 20 世纪 60 年代冰箱才在欧洲变得普遍。另一个例子是收音机，美国的第一个商业电台从 1920 年开始广播，到 1930 年 40% 的美国人都拥有了收音机，其中 70% 的收音机是赊账购买的。在美国，商业已经成为民主的支柱。

二、女性构建了新角色

1920 年，美国妇女获得投票权。在获得新的权力之后，她们迅速重新定义了自己的角色，使之与金钱的新角色相匹配。美国人的开拓精神从西部边疆转移到了购物中心。历史学家弗里德里克·杰克逊·特纳（Frederick Jackson Turner，美国著名历史学家，1893 年因在芝加哥召开的历史协会上宣读其著名论文《边疆在美国历史上的意义》而一举成名），在美国的西进扩张终于到达太平洋沿岸时，宣布"边疆探索时代的终结"，而位于大陆最西边的好莱坞则开始接过旧梦想的接力棒，制造和贩卖新梦想。思想和想象力传播的新疆域被开辟出来，就像美国在过去开发旧的地理疆域那样。在这一点上，女性往往会起到带头作用。她们不仅推开了五彩斑斓的新百货商店的大门，也推开了以前对她们关闭的银行和职业的大门。她们不仅发展了后来被称为"购物疗法"的乐趣，沉迷于购物，将花钱作为一种放松的手段，而且还大多成为家庭里掌管财务大权的首席财务官。渐渐地，女性开始要求自己赚钱的机会。为此，金钱成了数以百万计的女性表达自己的身份、愿望和对未来及社会想法的一种手段。

当美国人开始意识到美国社会的独特性（后来所谓的"美国例外主义"）时，一些作家试图给它下定义。其中一本书创造了"美国梦"这个词，它是《美国史诗》(The Epic of America)，出版于1931年，正值大萧条时期。大萧条夺走了数百万美国人实现梦想的希望。作者詹姆斯·特鲁斯洛·亚当斯（James Truslow Adams）说，美国梦意味着"每个人的生活都应该更美好，更丰富，更充实。每个人都有机会根据自身的能力或成就来实现美国梦"。有趣的是，他补充说，这不仅是一个关于拥有汽车和高工资的梦想，而且是一个关于"社会秩序的梦想，在这个理想的社会秩序中，每个男人和女人，无论出身如何都能达到他们与生俱来的完美境界，并得到他人的认可。"电影、流行音乐、音乐剧等新的艺术形式也日趋成熟，这些艺术本身就是美国独特性的产物。一部史诗性的电影《宾虚传》(Ben-Hur)的票房就可以高达550万美元。到1929年，超过25 000家美国电影院开业，平均每周有1亿美国人去看电影。如此庞大的观众规模激发了制造商和商家对产品销售的想象力，因此电影也成为20世纪20年代最重要的广告媒介之一。

三、爵士时代的社会评论家

辛克莱·刘易斯（Sinclair Lewis）通过《大街》(Main Street)揭露了20世纪20年代典型的社会和文化态度，特别是人们追逐金钱和名人的方式，其中，小镇企业主经常成为被嘲弄的对象。布斯·塔金顿（Booth Tarkington）的《伟大的安巴逊》(The

Magnificent Ambersons，1918）将老牌富豪安巴逊家族的衰落和新贵的崛起进行了鲜明的对比。新贵的权力不是来自家族名声，而是来自"做事"。在这本小说中，这个大家族一夜之间消失，被周围成长起来的新城市淹没了。然而，这个时期的许多作家都讨厌新兴的商业文化，一些经常用笔讨伐新兴商业文化的记者和社会评论家也是如此。记者亨利·路易斯·门肯（H. L. Mencken，1880—1956）把他的美国同胞看作是愚蠢和有暴力倾向的傻瓜。至于政客，他们所做的一切就是用别人的钱买选票（这是上一章提到的斯宾格勒的讽刺观点的美国版本）。门肯断言，政治家全心全意地致力于浪费和腐败。

（一）一个"巨大的错误"？

这十年也是维也纳精神分析学创始人西格蒙德·弗洛伊德（Sigmund Freud）的思想开始传播的十年。他在美国受欢迎的程度在二战后才达到顶峰，并推动了一场群众运动。但弗洛伊德关于无意识动机、性冲动和梦境心理学解释等观点，在20世纪20年代已经成为咆哮二十年代（Roaring Twenties）时期"聪明的年轻人"不可缺少的谈资。关于金钱，弗洛伊德的想法是，在无意识的头脑中，黄金通常意义上的金钱，是一种类似于排泄物的存在。通过金本位制，人们对这个有价值物体进行了控制和掌握。换句话说，货币只有与黄金挂钩，才能避免被通货膨胀（应该像冲粪便一样冲掉）和财政紧缩（等于肛门保留）控制，等等。在美国，弗洛伊德比马克思更有影响力。而他关于金钱的理论回应了马克思理论中类似的焦虑，即由快速工业化和特大城市的发展导致的，许多美国人经历的孤立（疏离）、孤独（反常）和绝望的情绪。愤怒的欧洲人选择加入马克思主义/社会主义政治运动，以寻求团结；而焦虑

第四章 爵士时代：20世纪20年代的美国

的美国人则会寻求一位心理分析家的帮助。像许多其他欧洲知识分子一样，弗洛伊德开始不喜欢美国的金钱至上的消费主义，将其类比为被压抑性欲的升华。他宣称"美国是个错误"，一个"巨大的错误"。

无论是否真的是巨大的错误，美国人的确向全世界展示了，当他们控制了金钱之后可以做什么；他们发明了新的方法，使金钱为美国的消费者和生产者服务。在这个过程中，他们还创造了一种文化，在20世纪剩下的时间里对全球国际社会产生影响。这种文化反过来又决定了货币和货币政策可以运作的社会和经济环境。为此，美国人的生活方式和美国梦将塑造全世界人民对金钱的期望和态度。

（二）繁荣景象之下的疑虑

可以肯定的是，美国的繁荣伴随着诸多的疑惑，在大多数美国人过上了空前富裕的物质生活时，这个时代最伟大的小说《了不起的盖茨比》（*The Great Gatsby*）横空出世，勾画了悲剧性的人物和故事情节。这部小说深刻地批判了美国新兴社会对财富的疯狂崇拜。美国当时最有影响力的哲学家约翰·杜威（John Dewey，1859—1952）质疑美国当时的社会：是否能提供或有可能提供有意义的和令人满意的生活。如果社会不能提供这样一种生活前景，那么它是不是应该受到谴责？杜威指出，体力劳动者和工厂工人的生活条件很差，他们被迫从事重复且不感兴趣的工作。对于广大人民群众来说，为了谋生而从事的此类机械性工作，几乎没有提供任何可能展示个人潜力的可能性。杜威不是马克思主义者，但他和欧洲当代社会批评家一样，痛斥美国社会中随处可见的工人与工作的疏离，以及艺术与普通生活的疏离。同时，与金钱权力的新时代相伴而生的腐败和政治丑闻的毒害,也让许多美国人感到恐惧。于是,当罗斯福总统在接下来的十年里,试图抢夺金钱的权力时,公众对国家支持的基础已经夯实。

(三)但是谁在乎呢?

除了 1926 到 1927 年短暂(13 个月)而温和的经济衰退之外,在 20 世纪 20 年代的剩余时间里,一直到 1929 年中期经济周期的高峰期,美国的商业和股票市场在三位共和党总统——华伦·哈定(Warren Harding,1912—1923 在位)、卡尔文·柯立芝(Calvin Coolidge,1923—1929 在位)和赫伯特·胡佛(Herbert Hoover,1929—1933 在位)的温和统治下蓬勃发展。哈定试图通过减税政策让更多普通的美国民众富裕起来,但结果却显示他制定政策时有点不自量力(用他自己的话说,"我是一个来自小镇的人,才能有限",以及"我不适合担任这个职务,也不应该入主白宫")。柯立芝是马萨诸塞州前共和党州长,在美国快节奏的现代化时代,他为美国的经济发展提供了一个稳定和体面的光环。

对于投资者、美国企业和公共部门而言,金融市场也具有了全新的意义,即新的借贷和投资机会、更快捷的支付,以及企业财务规划。它们成为美国市场新商业哲学必不可缺少的元素,此外还有所谓的"科学管理"。这十年,也是整个现代货币政策概念被首次提出的十年。这一概念一经提出,就立即成为政治和经济争论的中心。在美国之前,从未有哪个国家使用集体控制货币的方法引导经济的发展。现在,在美联储的领导之下,美国有了一个可以控制货币的中央银行,并可以原则上实现引导经济发展的目标。

但这一时期的美联储仍在"盲目行事"——它成立仅有几年时间,没有任何货币政策操作规则经过检验,还被夹在了两个互相矛盾的目标之间——其中一个目标是帮助其他国家以旧的平价（固定金价）回归金本位制度，这个目标被广泛认为是恢复国际货币秩序所不可缺少的操作；但与此同时，另一个目标是促进美国的稳定。前者需要通货紧缩——要求其他国家的物价和工资的总体水平下降，因为大多数国家的物价都远远高于战前水平，但这种通货紧缩将对世界和美国本身产生不良后果。另一个问题是，官员们坚持"真实票据"理论，也就是说，他们认为为了满足贸易的真正需要而提供银行信贷是合理的，但为了投机而提供银行信贷就是不合理的。但这一学说就像过去的政策制定者用来支持货币政策的许多其他学说一样，未能通过现实世界的检验。运用这个学说来扩大货币供应量简直太容易了（假设货币总供应量得到适当的控制，那么它就可以视为一个很好的货币发行手段）。不幸的是，金融机构和金融市场已经被资产泡沫导致的兴奋感所控制。这时的人们像此后80年经历2007至2009年金融崩溃的人一样，内心相信即便发生崩盘，其后果也是可控的。

四、大崩盘及其遗留后果

各个社会阶层的美国人都被灌输了货币计算的思想，这是20世纪20年代对当代文化的另一个贡献。关于货币的新观念和现在被称为"资产管理"的新观念得到迅速普及。突然间，更多的人有了储蓄，即他们可以管理自己的货币资产了。如上所述，关于金钱的使用也涌现了许多诱人的新方式，包括但不限于在新的商店和娱乐场所消费，把钱存进银行，进行长期投资，或者投机以期获得短期收益。投机成为一项流行的活动，对一些人来说，甚至成瘾。从1924年到1929年，道琼斯工业平均指数连续6年每年都创下纪录。

1928年1月5日，道琼斯工业平均指数收盘价略低于200点，而在1927年期间，道琼斯工业平均指数不过是50点。曾在柯立芝时期担任商务部长的赫伯特·胡佛，在1929年当选为美国总统，因为他承诺"让每一个美国家庭都吃得起鸡肉，开得起汽车"。胡佛信奉不干涉主义和坚定的个人主义。作为激进主义分子和第一夫人，胡佛的妻子卢就是第一次世界大战后的新女性代表。她意识到了新经济为女性带来的机会，自信、积极地投身公益事业，能够自如地客座演讲和定期在电台广播，许多民众都和胡佛一样乐观，表现为在接下来的六个月里市场指数飙升，在1929年9月3日将工业平均指数提升到峰值381（直到1954年才再次达到这一水平）。但随后股市崩盘，标志着一个新时代的开始。

美国就像是一个刚刚步入青春期的少年，外表趾高气扬，内心却备受困扰，一如这个充满了矛盾与冲突的时代。尽管它播下了新的消费型社会和风气的种子，但高瞻远瞩的人对它们表达了深刻的怀疑。这些志向高远的人梦想着建立一个新的世界秩序，但当时的社会还没有做好准备。这个时期见证了建立新的官方货币管理方法的尝试，被重建旧的货币秩序的尝试所掩盖。尽管这些重建旧秩序的尝试注定要失败，但却催生了一个制度上的进步，并最终发展成为20世纪货币历史上一个重要的成果，即中央银行的合作。在当时的社会情况下，央行之间的合作也许弊大于利。例如，纽约联储行长本杰明·斯特朗（Benjamin Strong）保持了宽松的货币政策，并在1925年向英格兰银行提供信贷额度，以促进其回归金本位制度，并随后在1927年7月，降低利率以保护英镑——此举后来被指责为助长了于1929年10月崩溃的华尔街繁荣泡沫，并招致了美国大萧条。诚然，这种合作的产物，随着1930年国际清算银行在巴塞尔的成立而形成制度形式，在二战后确实产生了积极的效果。

然而，正如第三章所讨论的德国的情况那样，政策制定者无法摆脱身处的时代、社会及其固有观念的束缚。从这一角度看，正如在德国一样，美国也遭遇了想象力方面的失败——未能充分理解第一次世界大战改变世界的程度。

是什么造成了大萧条？这个问题永远无法得出结论，因为潜在的政策问题仍然存在争议。两位著名的学者将大量的相关研究结论总结如下：

许多人认为，坚持金本位制度导致大萧条的原因是"黄金枷锁"，即由于黄金的限制，很多国家无法执行最后贷款人的政策……其他人则认为，大萧条是由不恰当的美联储货币政策造成的。（波尔多和申克，2018）

另一些人则认为，由于20世纪20年代中后期的宽松货币政策，某种形式的萧条不可避免。

提到21世纪主要的自由市场，经济学家提供的解释为何存在巨大差异时，布朗（2018）提出了一个尖锐的问题：

米尔顿·弗里德曼（Milton Friedman，1912—2006）和安娜·施瓦茨（Anna Schwarz）怎么会把1922至1928年描述为美联储的全盛时期，即一举一动都是正确的时期，而冯·哈耶克、罗斯巴德、罗宾斯和其他许多人则认为，同一时期的美联储要为最终导致破产与大萧条时期巨大的信贷繁荣和资产价格膨胀负责？（布朗，2018）

这些问题表明，书写商业历史和经济史的主观性要超乎我们的想象，这些历史的书写往往更多出于证明一种预先存在的假说（或偏见）的愿望，而不是出于解释所发生的真实情况的想法；这就是为什么，由具备了深厚理论背景的经济学家所写的历史，往往不如由经济理论相对薄弱的历史学家所写的历史那么有见地。在我看来，美联储的扩张政策是那个时代浮躁情绪的自然产物（也许是不可避免的）。正如我在本章前面试图描绘的那样：人们想要狂欢，实体经济的发展只得紧随其后。因此，忘掉父母或祖父母说过的话，忘掉艰苦的战争年代，现在是庆祝的时候了，美国！

从长期来看，从大萧条的经验中得出的有用教训是，政府/中央银行应随时确保充足的货币需求，以避免重蹈覆辙。正如本·伯南克（Ben Bernanke）作为美联储理事，在2002年纪念米尔顿·弗里德曼90岁诞辰的会议上所说的那样：

在结束演讲时，以美联储官方代表的身份，我想对米尔顿和安娜说：关于大萧条，你们对美国的指责是正确的，我们的确做错了，我们感到万分抱歉，但多亏了你们，我们才得以在未来避免重蹈覆辙。

在这里，伯南克指的是，米尔顿和安娜在他们的经典著作《美国货币史》（*A Monetary History of the United States*）中提出的论点，即如果在应对货币供应量下降时，美联储能够采取更多的扩张性政策防止大萧条的发生（弗里德曼和施瓦茨，1963）。如果这就是主流经济学家学派得出的关键教训，而不是相信美联储在大萧条之前的过度扩张政策导致大萧条，那么这将不可避免地给政策带来通货膨胀的倾向。

选择这一教训作为对未来政策制定者的警示，自然而然地迎合了民主社会的发展重点。事实上，这在很大程度上解释了为什么20

世纪是一个通货膨胀导致所有货币实际价值大幅下降的时期。显然，他们选择的这一教训并不是从客观的历史研究中得出的，而是反映了对选民需求敏感的决策者（乃至学者）的选择。无论是金本位制还是其他类型的货币政策，对一贯以规则为基础的货币政策的承诺，都被证明与政府开支的压力（通常是为了应对失业或其他冲击）相矛盾。但这些措施往往也会产生意想不到的长期影响。我们最好记住保罗·沃尔克（Paul Volcker）这个伟大的中央银行家，及他在1994年出版的一本书的导言中所说的话。这本书由我与已故的马乔里·迪恩（Marjorie Deane）共同撰写。沃尔克在导言部分写道：

一个令人清醒的事实是，中央银行在20世纪日益凸显的重要地位，与通货膨胀率上升而不是下降相一致。总的来说，如果首要目标是价格稳定，那么使用19世纪的金本位制，和被动的中央银行、货币局，甚至是"自由银行"，我们都能够做得更好。归根结底，中央银行真正独特的权力是创造货币的权力，而创造的权力最终也是毁灭的权力。（迪恩和普林格尔，1994）

五、支持增长

在这十年中，对现代货币社会的演变最有贡献的是私营部门。个人信贷方面的创新、在较富裕的中产阶级中传播的理财习惯、分期付款信贷、个人财务规划和预算编制以及灵活的信贷安排，都为各种消费品大众市场的出现做出了重要贡献。然而，官方政策也反映了管理货币经验的缺乏，以及对回归金本位制度的渴望（可以理解，但仍是错误的）。官方政策的不足将永远与大崩盘和随后的大萧条捆绑在一起，即崩盘前信贷过度积累；随后在恐慌开始时，又错误地不肯积极采取货币政策。事实上，在 20 世纪的大多数情况下，货币政策的确为经济扩张提供了适当的支持。但是，在那个时代，商业、营销和金融领域的乐观主义和创造力，已经被针对新的消费社会和货币主义，对人类心理和社会福利的不利影响的怀疑和焦虑笼罩。而所有这些后来被证明，也是现代时期的典型特征。

第五章

仇视金钱的人：货币试验

第一次世界大战后，对金钱的第二大试验是对根除金钱的影响进行各种尝试。这些试验直接或间接造成的死亡人数不少于第一次世界大战本身。为什么有些人如此痛恨金钱（我们将在下文中解释痛恨的含义）？如果我们要理解已经退入重重迷雾中的20世纪，同样浓密的迷雾曾遮蔽了中世纪的发展方向，我们就必须理解这种对金钱的痛恨。除了造成破坏性的后果，这些仇视金钱的人也留下了一些深远的影响。那些驱动金钱仇恨的思想并没有消亡，而是成了20世纪政治哲学和理论的一部分，继续被不同的人用来反对资本主义，反对他们所谓的金钱对生活的支配——"金钱关系"。当然，在当前国际社会，没有哪个政府试图致力于这些理想的实现。在没有官方支持的情况下，以消除金钱的名义而施行大规模犯罪和谋杀的情况也不可能再度发生。然而依然有不同的个体和社会团体试图从这些理想中寻找灵感。它们的确有存在的价值，包含的某种形式的思想是现代社会需要的。然而在这个过程中，信念一如既往地发挥了重要作用。

一、20 世纪的金钱信条

1928 年，就在疯狂的、信贷推动的华尔街繁荣泡沫达到顶峰，并开始展现出金钱丑陋一面的时候，在世界的另一边，彼时世界上最大的国家，正在着手实施一个更为疯狂的计划，以彻底清除金钱的作用。苏联试图通过这项计划彻底废除私有财产，金钱将在很大程度上被视为多余。这就是约瑟夫·斯大林在 1928 年推出的计划，即全面国有化和征收农民的粮食，而且在计划遭遇农民反抗后，强制施行了土地集体化。自从十年前布尔什维克上台的革命以来，苏联共产党的一些人就对列宁对市场经济的妥协感到不满，这种妥协被称为"新经济政策"，而列宁本人也宣布，这只是一个过渡阶段。1924 年列宁逝世后，他们看到了实施共产主义信条基本宗旨的机会，即最终，当所有的资本、所有的生产、所有的交换都汇集到国家手中时，私有财产将自动消失，货币将变得多余，生产将得到无限扩张，民众也将得到彻底的改变，以至于社会将能够摆脱任何可能残留的旧生态习惯（弗里德里希·恩格斯《共产主义原理》第 18 节）。

摆脱私有财产和金钱等"旧经济习惯"的运动注定会失败，但在此之前，苏联政府在试图实现这一目标。在 20 世纪后半期，斯大林的试验被越南、老挝、柬埔寨和东欧等国效仿。在 20 世纪 80 年代初，世界上自称"遵循了共产主义政权"的国家统治了全球超过三分之一的人口，接纳了来自不同文化、民族和生活水平的人。此外，共产主义意识形态亦极大地影响了一些存在社会主义但并非共产主义政权的国家，特别是印度。1947 年印度独立后，在尼赫鲁（Nehru）的掌舵下，印度热衷于施行国家计划，认为以社会利益为重的官僚比贪财的企业家更适合做出更好的经济决策。国有公司控制了印度经济的"战略制高点"。1955年，执政的印度国大党宣布要在印度建立一个社会主义的社会模式。如果把印度和其他被国家计划所控制的众多国家包括在内，那么在20世纪相当长的时间里，世界上多达一半的人生活在那些政府致力于减少，甚至完全消除金钱、市场和利润动机的国家里。

为什么会有如此多的政府采纳这些想法？尽管这些政府为了将这些想法付诸实践给民众和社会带来了巨大的痛苦。大多数采纳了这些想法的政府又是如何成功地执政这么多年？所有这些，都是20世纪悬而未决的最深奥谜团。这些政府并没有计划或实施种族灭绝，也没有发生所谓的大屠杀（如一战那样），但在某些方面——尽管当政者不愿意承认——它造成的后果甚至更加可怕，这不仅仅是因为死亡的人数比战争更多，而是许多杀人者是出于明显的理想动机（而非害人动机）而行事……

二、所有的一切是如何开始的

在西方，对金钱的憎恨思想可以追溯到基督教创立之前。在圣保罗谴责人们对金钱的热爱之后，中世纪的道德家教导说，由于市场是贪婪的，因此金钱本质上是罪恶的；但如果贪婪得到充分的控制，那么参与市场交易和融资的人就没有义务对任何人或任何事情负责。[1] 哲学家托马斯·霍布斯（Thomas Hobbes，1588—1679）看到了这一点并相信，由于人们的贪婪，市场只能在专制主义的国家存在。他说："这将迫使我们遵守承诺，并尊重彼此的财产"（格雷伯，2011）。托马斯·莫尔爵士（Sir Thomas More，1478—1535）描述了一个想象中的没有金钱的理想社会。同时代的英语单词"乌托邦"的定义，就来自托马斯·莫尔在1516年出版的同名作品《乌托邦》。托马斯·莫尔在这部作品中，提倡将公有制作为控制骄傲、嫉妒和贪婪等罪恶的一种方式，并认为土地和房屋应成为共同财产。社会的每一个公民都应该在社区农场至少工作两年，每十年换一次房子，以避免产生拥有房产的自豪感。鉴于金钱已经不存在，人们将从集体的仓库里选取自己需要的东西。乌托邦里的所有人都过着简单的生活——正如凯恩斯后来设想的那样——每个人每天只需要工作几个小时，就能满足生活所需，剩下的时间则可以用来休闲和放松。随后出现的是现代社会主义的创始人，查尔斯·傅立叶（Charles Fourier，1772—1837），他希望社会建立在合作而不是竞争的基础上；皮埃尔－约瑟夫·蒲鲁东（Pierre-Joseph Proudhon）疯狂地推崇社会平等；亨利·德·圣西门（Henri de Saint Simon，1760—1825）主张建立一个社会，在这个社会里，每个人只根据自身的能力来排名，并依据所做的工作来获得奖励。罗伯特·欧文（Robert Owen，1771—1858）是一位成功的威尔士商人，他把大部分利润用于改善雇员的生活，并在美国印第安纳州建立了一个名为"新和谐"（New Harmony）的欧文公社（Owenite commune），并禁止在公社里使用货币和其他商品进行交易。威廉·莫里斯（William Morris，1834—1896）认为，社会应该以有用的工作为中心，而不是以无用的体力上的苦活为中心，所有的工作都应该是艺术性的，即劳动者应该既觉得工作是快乐的，又能够提供创造性的产出。

上述列举的社会主义思想有一个共同的特点，即废除私有财产。这意味着废除常规意义的货币，因为货币是购买力的象征——代表了现在或将来获得资产/商品，并将其视为自身所有物的潜在能力。

马克思主义依靠的是不依赖市场的、直接的、集中组织的消费者商品分配。从道德层面来看，这种制度将优于以私有财产和雇佣劳动为基础的经济，因为在后一种经济中，人与人之间的社会关系已经沦为单纯的物与物之间的"交换关系"。20世纪20年代的苏联马克思主义者普遍认为，社会主义将废除货币，资本家的价值规律将被计划经济所取代，而且只有在社会主义社会，社会关系才可能完全体现人与人之间的关系。

鉴于西方经济学常常将货币视为经济的"面纱"，将其放在一个从属的位置，马克思主义似乎开辟了一条比西方经济学更深层次理解货币的社会意义的途径。那些想把自由主义扔进历史垃圾堆的人知道，他们最大的一个优势就是金钱在许多人身上引起的恐惧和仇恨，尤其是那些没什么钱的人！在过去的100年里，这种恐惧和仇恨是非常严重的。在过去的100年里，这股力量将许多看似不相干的历史事件串联在一起。即使在俄国革命100年后，尽管全球货币经济已经兴起，许多人仍然痛斥市场体系对"自私的个人主义"和金钱激励的依赖。他们将周期性的金融危机以及不受约束的市场不公平结果归咎于市场制度。他们贬低公共产品的价值，将货币价值和目标赋予每一个社会制度，以及将每一种社会关系简化为交易的市场倾向，具有腐蚀性的反社会影响。

三、如何发挥作用

前面几节所概述的观点被20世纪的许多政府所采纳。然而，那些均对金钱动机和市场决定的货币价值感到厌恶的人，可能在政策的其他方面，以及对社会的视角方面，存在很大不同。许多不愿自称为"社会主义者"的人认为，一个依靠货币联系和价值尺度的自由货币社会，存在一种内在的倾向，即导致日常生活的过度金融化。共产主义是一种特殊形式的社会主义，这里所说的共产主义是指一个所谓"致力于实现'各尽所能，各取所需'原则的社会"。这个社会将在"无产阶级专政"领导的革命之后，以国家行动作为结果的方式出现。在这里，我们重点讨论马列主义传统，因为这种意识形态已经以这样或那样的形式成为所有相关国家的官方意识形态学说。根据这种共产主义/社会主义的传统（这两个术语的差别，我们将在后文讨论），通过建立一个以生产、分配和交换手段的共同所有权为基础的经济制度，货币的作用将被削弱；经济将由国家组织，私有财产将被废除；劳动者将按其产出获得相应的报酬。

1917年10月的俄国革命以及随后马列主义学说的实施，在接下来的半个世纪里，对世界政治和经济产生了深远的影响。即使到了20世纪60年代中期，大多数观察家仍预计社会主义将会继续传播。这是因为人们普遍认为，摒除了利益动机的社会主义，具备伦理层面的优越性。商业本身不是道德高尚的活动。当我在20世纪60年代就读于剑桥大学时，高等教育基本上是为了让学生为一种崇高的召唤或使命做准备，毕业后以学者为身份或为职业，或者在更高层次的公务员队伍或教会中工作——所有这些职业都是以服务、影响力、地位和津贴为卖点，而许多知识分子仍然对马克思主义趋之若鹜。我曾师从其中一位：著名经济学家琼·罗宾逊（Joan Robinson）。她曾经对菲德尔·卡斯特罗（Fidel Castro）在古巴施行的土地改革津津乐道。我们可以从同时期的文学作品中看到这种支持到底持续了多久。例如，作家哈尼夫·库雷希（Hanif Kureshi，生于1954年）在他的小说《亲密关系》（*Intimacy*，1998）中谈到他那一代人时说："我们鄙视物质主义。我们是认真且充满道德感的一代，遵循着严厉的政治方针。我们是捍卫共产主义的最后一代人。"

正如库雷希所说，许多人继续赞扬苏联的意识形态，甚至在

1979年苏联入侵阿富汗时也没有动摇。这一切都表明，我们关于货币和市场价格，在生活和社会中扮演着天然的核心角色的说法，是多么地新颖。而那些在这一代人看来很正常的假设，可能在几年后，就变成了招人厌恶或让人不可理解的东西。

四、通往奴役之路

通过从1930年到20世纪80年代末施行国家计划，苏联的斯大林主义制度旨在压制市场，严格限制货币和货币价格的作用，并通过中央计划组织生产和分配商品和服务。这期间持续施行的诸多五年计划为各个行业和部门的生产设定了非常具体的量化目标——具体到生产多少辆汽车、多少吨小麦等，制定的经济指标非常具体；而另一方面，消费者的需求不会对生产模式产生任何影响。国家制度下的银行实体的确存在，但却不具备任何创造信贷或货币的权力。当资本主义制度下的银行成为协调经济活动的关键代理人时，苏联的共产主义执政党在规划经济发展时，完全没有考虑货币、市场价格或消费者的意愿。

为了避免迫使人们进行以物易物的贸易，货币依然被用作一种交换媒介，但价格受到严格的管控。规划者首先将用于发放薪资的资金下拨给工业组织，用于支付劳动者的工资。然而劳动者可以选择如何花钱，购买商店里提供的十分有限的商品和服务。但规划者无法对消费者的需求变化做出及时的反应，一些商品十分短缺，而一些商品可能大量过剩。货币是可供购买的一定数量"东西"的象征——而用这些购买力的象征可换取东西的范围和质量由国家决定。再加上苏联的货币无法兑换成外币，这就形成了一个封闭的、命令式的苏联经济体系，而当局的目标是实现自给自足。

五、被取代的旧秩序

美国的新政（New Deal，美国总统罗斯福领导的政府和国内政策），欧洲的法西斯主义，俄罗斯、东欧和其他地方的共产主义国家，都可以被看作是对旧世界秩序，包括其货币概念的拒绝。这不仅是因为这种旧秩序在第一次世界大战中被摧毁了，而且是因为人们抛弃了这个旧秩序背后的思想和理想。所以，他们会随意地抓住任何一种观念，或者追随任何一个承诺恢复秩序的政治家，只要他们不会回归支撑旧秩序的理念或思想。在本书第二章中我提到，引发了20世纪社会主义和法西斯主义实验的思想，是在19世纪明显的自由放任的全盛时期奠定的。在第二章中，我们已经看到，这些思想如何得到艺术和文学天才的拥护，以及在西方国家和正在迅速工业化的国家中，如何使许多受过教育的人远离资本主义。

苏联的货币制度试验虽然荒唐而丑陋，但的确对20世纪产生了巨大的影响。它表明，以激进的方式或制度替代资本主义是可能的。早在20世纪60年代，大多数观察家就预计，世界将朝着这个方向发展，然而这场共产主义的运动直到20世纪80年代才达到新阶段（就生活在共产主义国家的总人口而言）。是什么原因造成了这种情况？首先，对金钱动机的强烈反感/对"金钱和私有财产，作为一个阶级剥削和统治另一个阶级的工具"的仇恨；第二，"上帝之死"（宗教信仰崩塌）后，对更好的世俗社会的渴望。索尔仁尼琴（Solzhenitsyn）在花了50年时间研究俄国革命的历史后，在他生命的最后阶段宣称，缺乏宗教信仰是导致革命的根本原因，"如果今天有人要求我，尽可能准确地阐述这场革命的主要原因，我只能重复说：'人们忘记了上帝；这就是一切发生的原因'"（埃里克森，1985）。

第五章 仇视金钱的人：货币试验

每个人都可以看到，能够确保胜利的并非是对金钱的热爱，而是一个得到了优越的政治和军事力量支持的更好的货币制度。美国的经验表明，在一个基于竞争和基于规则的秩序下，在寻求利润的经济中，金钱可以成为一个充满活力的积极因素。在这一点上，颇具讽刺意义的是，即使是悲惨的苏联试验，其存在本身就是一个好处。毋庸置疑，一个强大对手的存在，将迫使资本主义乖乖地穿上最好的衣服，掩盖其无法否认的丑陋一面。但在政治层面的威胁彻底扫清之后，资本主义就没有必要再伪装了。追逐金钱的人可以公开逐利，并觉得有正当的权利收割利益，哪怕其活动没有给社会带来任何好处，这又激发了许多人的厌恶感。因此，对金钱作为令人厌恶的社会动力，依然作为一种实际的国家计划存活下来，并继续存在，也并不奇怪（详见第十八章讨论的"局外人"）。马克思主义，尽管以不同的形式存在，但依然是知识分子对资本主义的主要批判依据和灵感来源。

第六章

两次世界大战之间的欧洲：不同思想的发酵与碰撞

1914~1918年的第一次世界大战造成灾难性破坏后，第三轮货币理念的创新诞生。理论最初并非起源于市场，而是发生在学者的研究和想象之中。直到后来，它才逐渐渗透到权力机构，并通过政府的作用进入现实世界。这些主要诞生于20世纪30年代和40年代的欧洲创新货币思想，在塑造大西洋两岸社会的长期演变方面，被证明与美国的货币实践具备同等的影响力，且其影响力比共产主义体制下的苏联计划经济更为持久。在整个世界的旧秩序被第一次世界大战打碎之后，所有这一切努力被视为"拨乱反正"的又一次尝试——这次是在知识层面的努力。到了20世纪30年代末，有识之士已经得出结论，恢复1914年之前的世界生态体系的尝试是不可能获得成功的。战前的世界已经一去不复返了，货币观念及其在社会中曾经发挥的作用也随之消亡。等到第二次世界大战爆发时，美国的经济大萧条已经持续了整整十年（虽然曾经历间歇性的短暂复苏），并摧毁了许多其他的经济体。全球都在呼吁一种新方法，它不仅需要适用于各国的国内事务，也需要适用于国际事务。国家之间的贸易、投资和经济关系应该如何组织？如果货币不再是黄金，那么它应该是什么？

这一时期思潮的主要贡献是证明资本主义可以在民主体制中生存。其中一个学派的主张不是用钱，而是用国家政策和持续的国家行动来促进社会目标的实现，如充分就业和保护劳动者。此外，该学派还认为，这些社会目标可以在不诉诸共产主义式（或法西斯式），在对整个经济全盘接管和控制的情况下实现。其他思想流派则强调了通过立法限制国家权力的必要性，包括限制国家对货币的权力。这些思想家共同形成了调和资本主义与民主体制的经济和政治的理论基础。一方面，这些调和非常成功，以至于到了21世纪初，有一些评论家甚至声称资本主义和民主制度是天生一对，能够自然而然地相互支持和强化；另一方面，这些理论的一个分支也可以被用来为其他类型的国家提供理论依据，使其不仅可以主导经济管理，而且可以在必要时侵犯个人自由和财产权（如银行和其他部门的国有化）。同时，另一个分支将被用来论证20世纪后期，极端的"新自由主义"政策的合理性。两种理论分支都是对两个挑战的回应（尽管表现为不同的方式）：一种新货币观念的需求，以及舆论形成者向政治（非共产主义）左派的转变。

一、新思想是如何萌芽的

随着时间的推移，在这些激烈的意识形态冲突中产生的思想，将为货币和经济学的思考提供一个新的框架。要适应不断变化的需求，货币的概念必须是灵活的，否则它将成为维多利亚时期哲学家约翰·穆勒（J. S. Mill，著有《功利主义》）所说的扰乱经济的"蓄意破坏因素"。为了勾勒出1918年至1939年两次世界大战期间涌现的不同思想，我将讨论重点放在与货币和商业在社会中的作用有关的思想，包括对以下主题的简要讨论：欧洲知识分子的态度，社会主义者提出的替代方案，为什么社会主义者在一些国家无法抓住时机，凯恩斯和布鲁姆斯伯里集团（Bloomsbury Group），欧洲大陆的各种自由主义学派，芝加哥学派，哈耶克、波兰尼和20世纪40年代的其他经济学家。这是按前述思想家所做贡献进行的简要总结。

这一时期的伟大文学作品，与任何其他时代的伟大文学作品一样，见证了社会和政治思想领域的重大变化。

这一时期的著名作家对当时混乱的经济和政治状况进行了深入思考。欧洲是如何将世界拖入这样一个大灾难的？为了解释这一切是如何发生的，他们重新审视了西方历史的进程，并发现了这一过程中，人们对金钱不健康的痴迷。于是他们把矛头指向资产阶级，将其视为把"物质至上"价值传给后代的罪魁祸首。这些作家用各种写作手段，如嘲讽、黑色幽默、尖锐讽刺等，谴责了传统的资产阶级价值观和当代社会。其中一些作家（如T.S.艾略特）虽然秉持了保守的文化观点，但却抨击当代文化的物质主义，认为其背叛了西方传统文化的精华。一些作家陷入了绝望，而另一些作家（如D.H.劳伦斯和西格蒙德·弗洛伊德）则表现出人类在情感生活和性生活中，缺乏表达手段、温暖和真诚。以金钱和金钱动机为核心力量的社会被描绘成腐朽、堕落、恶毒、充满阶级斗争且情感受阻的景象，有百害而无一利。这样一个腐朽的社会没有找到任何高尚的思想取代宗教信仰。

当然，这些文学著作也并非一味消极地指责，它们依然保留了维多利亚时期他们的父母/祖父母一代对进步、对人类更美好未来的憧憬。然而，他们所设想的那种进步与18世纪的启蒙运动，或

19世纪的乐观主义截然不同。以小说家和科普作家H.G.威尔斯（H. G. Wells，1866—1946）为代表的一部分作家，抓住了大众对科学进步的兴趣，而以乔治·萧伯纳（George Bernard Shaw，1856—1950）为代表的一群人，则通过点燃知识的星火愉悦读者，希望唤起民众心底更美好的本能，让他们为一个更美好的世界去战斗。20世纪30年代的作家基本上都是社会主义者，这标志着这一时期的思想与1914年以前世界的主流思想相比发生了重大变化。人们自然而然地认为，金钱需要被置于更强的集体控制之下，并认为金钱在日常生活和文化中的影响应该被削弱。在政治层面，许多有影响力的思想家都提倡社会主义，例如理查德·唐尼（Richard Tawney，1880—1962）等作家，就对金钱的腐败影响进行了深入的探讨：

一个把获得财富当作最高幸福的社会，自然会倾向于把穷人视为应永受地狱之苦的群体，而这不过是证明，穷人死前已经生活在地狱。（唐尼，1926）

唐尼对美好社会的憧憬，代表了19世纪末一个典型的受过牛津教育绅士的憧憬：甜美而光明，追求高尚的文化，了解经典和最杰出的著作和言论，一个充满基督教信仰和价值观的社会。这原本就是他对整个世界的愿望，而不仅仅是对英国的愿望。为此，他的书极受欢迎，且拥有持久的影响力，一直持续到20世纪60年代，尤其是在美国。这是因为他的言论符合彼时的时代精神。正如英国未来的保守党首相哈罗德·麦克米伦（Harold Macmillan，1894—1986）在1938年写道：

在整个战后时期，人们越来越不安地意识到，经济体系可能存在一些根本性的问题……危机的后果之一就是证实了这些怀疑,并把人们的思想从继续服从战前世界(指1914年以前的世界)的经济正统观念中解放出来。(麦克米伦,1938)

这种左倾的转变改变了制定和执行货币和经济政策的舆论氛围。人们不再屈服于旧的金钱观念,尤其是金钱是政治不可触及领域的这一规则。如果政府能够建设性地利用金钱满足社会需求,减少失业,稳定经济,或为政府所需的社会支出提供资金,那么政府就应该这样做。人们不再毫无异议地接受第一次世界大战前,全球社会中以稳定为导向的假设和政策谬论。毕竟,正是持有这些观点的人将欧洲带入了一场灾难性的战争。他们对金钱的看法,不应像他们对艺术、文学、个人关系或道德的品位那样,认为它神圣不可侵犯。但是,在如何利用金钱作为改善社会的工具方面,不存在任何可以照搬的指南。为此,人们需要自己创造一个行之有效的指南,这显然是非常具有挑战性的。[1]

在全球社会都呼吁改革的大环境下,有一个人率先以改变政策的方式做出了回应。他创造了一个潜在可行的经济理论框架,使货币的变革有可能切实可行,他就是梅纳德·凯恩斯。

二、重新想象金钱

在20世纪20年代,人们可以把当时的混乱归结为战后复苏、工业重组、大国重组、战后债务等方面问题的严重后果。大萧条迫使人们进行更深层次的反思,并使人们开始积极地进行资金管理,并把它视为任何前方可行道路的核心。在这个时候,还像以詹姆斯·穆勒为首的维多利亚主义者那样,认为只要设定了一个健全的

第六章 两次世界大战之间的欧洲：不同思想的发酵与碰撞

基础，金钱就可以自主发挥作用，继续承担其助力贸易的角色，是不合理的。维多利亚时期的人可以认为金钱不具有任何经济层面的重要性，其作用只是经济的一块遮羞布，这是因为他们幸运地继承了一个适用的金钱体系，一个符合其需求的金钱体系，因此他们可以认为这就是理所当然的。大萧条的长期持续——只有第二次世界大战之后，美国才真正地实现了持久的复苏——迫使经济学家和其他社会观察家对金钱提出新的问题，将其功能划分为不同的领域，并正视金钱的作用，提出"你是谁"或"你是做什么的"等问题。这就需要我们充分地发挥想象力，就像第一次照镜子的人那样问自己"那是我吗？"。难怪人们根本不敢碰镜子。这就是经济学家乔治·沙克尔（George Shackle）所说的高理论的年代，需要这个时代发挥所有创造力（沙克尔，1967）。这就是为什么大萧条是一个转折点，因为货币的角色再也不能像以前一样了。

凯恩斯把货币重新描述成一种活跃但危险且神秘的力量，就像电，或者像蛇一样的活物。如果说资本主义的主要缺陷是无法实现投资的稳定，那么在收入和支出、储蓄和投资之间导致不对等的货币就成为解决问题的关键。在这一点上，凯恩斯提供了一个看待货币的新角度。他在《就业、利息和货币通论》（*The General Theory of Employment, Interest and Money*，简称《通论》）中说："尽管具有诸多重要的属性，但是货币首先是连接现在和未来的一种微妙的手段。"因为未来是不确定的，所以人们可能会把钱囤积起来，构筑一个所谓的避风港。因此，人们针对金钱的行为就回应了人类的情感，回应了人类的恐惧以及贪婪（另见第十八章）。从这样一个全新的角度去理解金钱，看待金钱，需要具备艺术家一般的想象力。而这也是凯恩斯对自己的看法："凯恩斯在《通论》中提出的关于金钱的看法，事实上是一个艺术家的看法。他已经达到了一个自我理解的程度，使他能够从一个更长远的历史角度来看待他的创造性思考。"（巴克豪斯和贝特曼，2011）现在，我们再度需要这样的"艺术"想象力——我将在第二十二章中论述。

三、凯恩斯和"布鲁姆斯伯里团体"

罗伊·哈罗德（Roy Harrod）是凯恩斯第一本传记的作者，他指出："对什么是重要的东西，凯恩斯有着异常强大的直觉意识。"正是直觉告诉凯恩斯，旧的经济学已经变得"不充分"，而新的方法"给人以巨大的自由感"（哈罗德，1951）。[2] 为了论证这一点，凯恩斯需要灵感。在这里，我相信当时的反叛精神，特别是他的一群朋友——布卢姆斯伯里团体——发挥了至关重要的作用。凯恩斯本人指责"根深蒂固的信念"是导致经济悲剧的根源，也是经济复苏的主要障碍。

凯恩斯的全部著作都是对货币本质的长期思考，显示了布鲁姆斯伯里团体的理想对凯恩斯主义的影响和承诺。他们讥讽浮夸的维多利亚主义者，并乐于颠覆维多利亚时代的道德观。正如亚当·斯密的作品那样，我们在这里，也在看似枯燥的货币和市场分析中，看到了一种乌托邦精神的作用。这种乌托邦式的、对文明的男女理想共同体的憧憬是一种鞭策，并认为人生最大的乐趣在于对艺术的精致享受、个人关系以及传播文明和修养的进步。凯恩斯鄙视大众文化，对民主持怀疑态度，并与马克思一样，对金钱动机抱有贵族式的厌恶。他像马克思一样，相信应该利用"先锋队"来领导一场革命，但凯恩斯认为，这个先锋队不是无产阶级，而是布鲁姆斯伯里团体。凯恩斯可能乐于在经济学中颠覆维多利亚时代的价值观，但在生活中，关于如何过上好日子这个问题，他仍然坚定地继承了

第六章 两次世界大战之间的欧洲：不同思想的发酵与碰撞

杰出的维多利亚主义者，如马修·阿诺德（Matthew Arnold），约翰·罗斯金（John Ruskin）和他的导师、哲学家乔治·爱德华·摩尔（G. E. Moore）等人的传统。只要扫一眼布鲁姆斯伯里团体的文学作品，就可以看出他们对金钱及其腐蚀作用的憎恶，如爱德华·摩根·福斯特（Edward Morgan Forster，另称 E. M. Forster，1879—1970）就把它作为小说的永恒主题。凯恩斯说，在未来的社会中，把金钱作为一种财产来爱，"有别于把金钱当作享受生活和现实的手段来爱"，其本质将会被揭露，"即它是一种有点儿恶心的病态，是那些半犯罪、半病态的一个倾向，人们将不寒而栗地把它交给精神疾病方面的专家……"（凯恩斯，1930）。

然而，与此同时，解决经济问题的唯一办法是通过资本的积累，但如果没有赚取更多金钱的欲望，资本的累积也不可能实现。因此，金钱动机就成了一种必要，但是一种不可长期持续的罪恶。他承认"贪婪、高利贷和谨慎，必须成为我们的神，而且还得再坚持一段时间"，这也许无意识地呼应了马克思的观点（见第二章和凯恩斯，1930）。但是，与其说是期望社会适应货币，不如说是货币必须适应社会和实际制度的"自然倾向"，这一点至关重要。为此，国家作为公共利益的保护者，有责任对货币进行监管。因此，新的货币观念——也就是现代货币政策——被构想出来了。

凯恩斯之所以能与金钱保持足够的距离并重新想象它，是因为他所处的艺术圈也正在重新塑造视觉艺术，以一种新的方式看待世界。而与他交谈的作家，比如福斯特，也在以一种新的方式写作，发现和探索人类关系中，从未有人注意到的潮流。同时，凯恩斯的新思想——当他把个人的见解以合乎逻辑的形式表述出来的时候——之所以能够影响历史事件的发展，只是因为这个时代的整个政治文化已经转向了左派。他的父母那一代人永远不会听到这些观点，因为维多利亚时代的人对交换自由、自由贸易、私有产权、小政府和平衡预算，以及不变的货币标准有着盲目而自豪的信念。但布鲁姆斯伯里团体的乐趣就是嘲讽前辈的思想和观点。

四、法国的意识形态冲突

在英吉利海峡彼岸——法国，左右两派都对金钱动机支配地位的丧失感到惋惜。在布鲁姆斯伯里团体，为此而责备父母一代的时候，法国人则指责英国人。毕竟，正如拿破仑应该秉持的观点那样，英国不过是一个小店主构成的国家。在法国，右派也开始反资本主义、反议会。反观左翼，在1918年的俄国革命获得了巨大的声望之后，法国共产党于1920年成立。左翼的人民阵线在1936年经济大萧条最严重的时期上台执政。

然而，法国在自由思想的传播中发挥了重要作用，它使自由主义思想的种子得以及时播下，并最终在法国实现了复苏。在影响这一发展的知识分子中，有经济学家雅克·鲁夫（Jacques Rueff），他是为数不多捍卫自由主义政治经济学的法国学者之一。在鲁夫看来，社会中如此多的个体欲望和活动之间的协调，应该交给以货币为中介的价格机制，而不是人为的设计（查尔维斯，2010）。另一位著名的法国智库人士雷蒙德·阿隆（Raymond Aron）曾痛斥美国的"信用统治"，抱怨美国正在对法国和法国文化进行"殖民统治"，但后来他和我的朋友伯特兰·德·朱维内尔（Bertrand de Jouvenel）一起，成为盎格鲁-撒克逊自由主义的拥护者。他是佩林山协会（Mt Pelerin Society）的创始人之一，也是李普曼学院（The Colloque Lippmann）的成员。[3]

第六章　两次世界大战之间的欧洲：不同思想的发酵与碰撞

五、自由主义的重新想象

在欧洲德语区，拒绝法西斯主义和社会主义的经济学家不得不寻找其他类型的对策，以应对周围动荡带来的挑战。像凯恩斯一样，他们反思了诸如高失业率、货币战争和货币不稳定（1923年的恶性通货膨胀就是最新的案例）等问题，但他们也意识到了其他挑战。凯恩斯生活在一个成功地保留了民主制度的国家，而欧洲大陆的经济学家则需要直面极权政府的崛起，及其法西斯主义管理的合理化。他们观察到独裁政权与工业家形成的卡特尔（联合企业）紧密合作。因此，对他们来说，宪政问题是第一位的，即如何创造一个稳定的政治环境。如果没有一个能够制定游戏规则的国家，没有价格的稳定，没有安全的产权和法治，没有确保市场竞争的手段，市场就不可能实现其所谓的好处。其中尤为重要的是，要提出一种能够限制国家任意权力的理论。然而，对于他们和他们这一代人来说，这种意识来得太迟了。在意大利，墨索里尼在1925年已成为独裁者，而希特勒已经在德国于1933年上台。但是，如果他们能够发展出指导后代的思想，帮助后来者避免同样的命运，那么这样的思想确实能够对避免灾难的重演做出至关重要的贡献。从学术角度来看，他们的研究兴趣既在于经济的法律框架，也在于经济本身。[4]

德语区的自由主义经济学家对欧洲在两次世界大战期间遭遇的危机，提出了一套不同于凯恩斯的对策。这些对策和凯恩斯的一样具有创新性，而且从长远来看，甚至可能会被证明具有同样的影响力。稳健货币学说是这些新方法的核心，他们不再将金钱视为可恶的，而是视为危险的。如果无法复活金本位制度——关于这一点，该集团内部成员亦存在不同的观点——就必须找到一个恰当的替代品。在凯恩斯主义的思想倾向于选择自由裁量的货币政策时，欧洲大陆的自由主义者希望限制国家及其机构对货币的自由裁量权。

他们的思想（我在下面概述）将通过两条途径获得重大影响力——首先是他们通过对二战后德国重建的投入，在德国产生影响力，然后以德国为起点，走向更广泛的欧洲舞台；其次是他们通过在美国大学的知识影响力，对世界的未来走向产生影响。诚然，只有在社会准备好的时候，他们的思想才能得到认同，即当世界从二战的屠杀狂欢中醒来时。但他们的时代会到来，到那时，他们的思想——尤其是关于金钱的思想——就会留下持久的印记。

瓦尔特·欧根（Walter Eucken，德国经济学家，弗莱堡学派主要代表人物之一）和弗兰茨·波姆（Franz Bohm）的母校是弗莱堡大学，他们被称为"奥兰多主义"（秩序自由主义）这一具有影响力的自由主义思想流派的创始人（如第三章所述）。波姆是一位政治家、律师和经济学家（他的第一部作品是对亚当·斯密的批判）。他与合作者瓦尔特·欧根一起提出了经济法的概念，即"国家必须为经济提供法律框架"的观点。两人在战争期间秘密研究，为战后世界制订计划。波姆在1953年至1965年担任德国战后议会联邦议院议员，而欧根则在1948年为总理路德维希·艾哈德（Ludwig Erhard）的经济改革和废除价格管制政策提供建议。1957年，该学派帮助德国联邦银行成立并成为独立银行，它还通过"联邦银行模式"对欧洲中央银行（ECB）的设计产生影响，进而影响后续的历史进程。2019年接替马里奥·德拉吉（Mario Draghi）担任欧洲央行行长的德国候选人延斯·魏德曼（Jens Weidmann）就很喜欢引用欧根的理论。

这个学派对动态市场制度的副作用所造成的社会弊端很敏感，包括社会秩序的衰败，个人在资本主义制度下所经历的孤独、寂寞和疏远的压力等。他们反对自由放任、个人主义和致力于国防和法律的小国理想;他们强调制度的重要性,以及制度创造空间的方式。

欧根和波姆等学派领军人物的主要关注点是,如何创造和维持理想的经济秩序。正如一位学者所强调的那样,"他们把这个问题当作宪政选择的问题来处理,也就是说,他们把这个问题当作如何通过创造一个适当的经济宪法,来产生一个理想的经济秩序的问题"(范伯格,2004)。他们的目的是通过改变游戏规则而不是通过对经济过程的具体干预,来改善经济。他们拒绝接受由国家管理经济总体需求的建议,认为这将给政府过多的自由裁量权。

在他们建议的经济政策中,秩序自由主义者认为,国家的各种职能和机关之间应该有明确的分工。中央银行应该是独立的,它的唯一目标是保证价格稳定。国家应该设立一个竞争管理机构,负责确保公平的竞争环境,并确保市场向新的竞争者开放,还应设立一个独立的司法机构,确保法治。这些经济自由和市场经济繁荣所需的条件在英国被视为理所当然,这是因为它们已经在英国逐步发展起来,经过17世纪的内战,在1689年的"光荣革命"中达成了卓有成效的妥协,并在商人、伦敦城(政府)、贵族和王室之间实现了权力的平衡。在美国,其政治宪法也已经隐含了这样的经济宪法。但是,阐明这种宪法的主要内容所需的创造性工作,不仅对德国有好处,而且随着时间的推移,也会影响英美两国的政治和经济思想。

虽然秩序自由主义者关注的重点仍停留在国家层面,而非着眼于全球经济,但其他采取了类似立场的学派则设定了更为广泛而普世的目标。

六、新自由主义

"新自由主义"一词于1938年在沃尔特·李普曼座谈会上被提

出。选择这个词是为了将这个群体与古典自由主义区分开来，因为人们普遍认为古典自由主义因大萧条而失去了信誉。同样，与弗莱堡学派一样，这个学派的一个中心目标是重塑国家、法律和宪法，以此来保护市场，使其发挥分配商品和服务的作用，成为自由选择的舞台。这个理论的"新"主要体现在强调和承认国家的作用——有些学者谈到一个强大的国家的必要性。关于自由市场的好处，这个群体并不抱有乌托邦式的信念。他们认为，市场并不是自然而然的存在，而是需要明确的努力和社会协议；在国家和市场之间达成妥协，为此如何在民主制度下承受来自各方的压力，确保自由市场的持久存在，是他们面临的一大挑战。与凯恩斯主义者相反，大多数新自由主义者认为，财政赤字必须受到严格的限制，且许多人坚持收支平衡的理念，否则政府或中央银行会通过印刷新的货币，减轻债务融资的压力。对他们来说，通货膨胀等同于盗窃私有财产，因此保护私有财产也成为他们计划的关键部分。

七、日内瓦学派

这是现代学者奎因·斯洛波迪安（Quinn Slobodian）最近提出的一个名称，用来记录一组在英文文献中被忽视的思想家，并对像哈耶克等被简单地贴上"奥地利学派成员"标签的人进行重新定位。这群人特别关注前欧洲帝国的解体，这些关注对世界秩序的影响在第二次世界大战之后变得尤为显著。他们不相信市场可以在没有人为干预的情况下独立运行。从这个意义上说，他们并不是市场原教旨主义者。"德国的自由主义和奥地利经济学的重点都不在于经济本身，而在于为经济创造空间的制度"（斯洛波迪安，2018）。他们的目光超越了民族国家，着眼于世界秩序。现代学者谈到的新

第六章 两次世界大战之间的欧洲：不同思想的发酵与碰撞

自由主义目标，指的是这个群体形成的宏大构想，我个人称它为"全球货币空间"。他们的主张非常现代化，他们认为这种全球货币秩序并不需要一个全球性的政府。虽然他们对战后被称为"布雷顿森林体系"的国际货币秩序的设计没有任何贡献（详见第九章），并对其持有深刻的保留意见，但在20世纪末，"构建全球货币空间"的理念，与新自由主义提出的"经济不受国家干预"的设想较为相近。在只有极少数国家可以实现资本自由流动的时候，国家能够通过什么手段干预世界经济？他们的梦想是推动一个全新世界的构建，在这个世界里，每个人都被金钱、信息、商品和服务的流动无缝连接起来，世界经济将拥有自己的空间，在其边界由边防警察守卫，而各个国家政府则通过相对独立的系统各自运作。在这样一个设想中，民主将成为棘手的问题，因为它是不可预测的，且易被干预。这不就是我们当前的处境吗？在21世纪20年代，生活在一个受到单一民族国家威胁的全球空间里。

正如斯洛波迪安所介绍的那样，该学派包括威廉·罗普克（Wilhelm Röpke）和路德维希·冯·米塞斯（Ludwig con Mises，1881—1973）（两人都在日内瓦学派担任了学术职务）、F. A. 哈耶克（F. A. Hayek）、莱昂内尔·罗宾斯（Lionel Robbins）和戈特弗里德·哈伯勒（Gottfried Haberler，1900—1995）等思想家，以及20世纪60年代，在关贸总协定（GATT）贸易机构工作的一些经济学家。这些欧洲知识分子始终把世界作为一个整体来看待，而作为他们继任者的美国知识分子，以米尔顿·弗里德曼（Milton Friedman）为首的芝加哥学派和以詹姆斯·布坎南（James Buchanan）为首的弗吉尼亚公共选择学派，则是通过美国人的眼光来看待外部世界。正如斯洛波迪安所说，这些学派"在认为美国代表了全球运作模式范本的同时，表现出美国人的特质，即忽视世界其他地方"（斯洛波迪安，2018）。

日内瓦学派的新自由主义者批评二战后的自主主权民族国家制度，认为它不利于世界经济，破坏了世界经济繁荣和自由的可能性。他们认为，一个名副其实的国际秩序必须保护资本，且保障资本在世界范围内自由流动的权利。一个各个主权国家共存的世界应该与全球货币空间并存，但后者是"一个财产的世界，人们拥有散落在地球各地的用品、金钱和土地"。现代资本主义的世界，就是他们所说的国家和货币空间并存的双重世界（非常接近我们现在的情况）。货币几乎可以在任何地方使用，并且可以自由兑换成不同国家的货币。罗普克（Röpke）在日内瓦教学近30年，非常认同前纳粹法学家卡尔·施密特（Carl Schmitt）在1951年提出的世界观，即"在国家与国家之间，看似纯粹政治国际法的国家与政治边界之上、之下和旁边，存在着一个自由的——非国家的——经济领域，可渗透到一切事物中的全球经济"（施密特，2003）。

在贸易方面，新自由主义者也很有影响力。戈特弗里德·哈伯勒与冯·米塞斯和哈耶克一样，出生于奥地利，后移居美国，成为哈佛大学经济学教授。他颇具影响力，提倡自由贸易和国际分工，认为这至关重要，因为它们能将所有参与者的生产力最大化，且尽可能提高生活水平。20世纪20年代和30年代在奥地利，哈伯勒是米塞斯发起的经济学家、社会学家和哲学家圈子的成员。然而，哈伯勒拒绝接受奥地利商业周期理论的某些观念，并在后来的著作中明确反对任何回归金本位的想法。

国际自由主义者提出了一个问题——如何控制货币。但这个问题没有得到充分的回答，罗普克赞成回归金本位制，奥地利学派的许多成员也是如此。但那些认为回归金本位不切实际的人也没有提供一个解决方案。如果没有一个世界性的政府，也没有赋予国际货币基金组织（IMF）这样的机构对世界货币的自由裁量权，自由主义者就不得不依靠每个国家和它们的中央银行，来自主控制其发行的货币量。

八、芝加哥学派

两次世界大战期间，在欧洲中部兴起的诸多新自由主义哲学思想中，芝加哥学派是最有影响力的一个学派。其领袖经济学家米尔顿·弗里德曼拒绝接受奥地利学派的很多理念——包括它的商业周期理论，但他在回忆录中向哈耶克致敬。他说，他对公共政策和政治哲学的兴趣在他加入芝加哥大学经济系之前，是相当随性的，但通过阅读《通往奴役之路》（Road to Serfdom，他称之为一本深刻的书），参加包括威廉·罗普克和冯·米塞斯在内的佩林山协会的第一次会议，以及在哈耶克1950年加入芝加哥大学后（比弗里德曼本人晚三年）与哈耶克的讨论，他对这方面的兴趣大大增加。他指出，哈耶克还吸引了"一群特别能干的学生"（米尔顿·弗里德曼和罗斯·弗里德曼，1998）。

这就确立了从维也纳、弗赖堡和日内瓦的新自由主义，到芝加哥新生的自由主义运动，再到可能是20世纪最后四分之一时期，最有影响力的经济学家的清晰脉络。弗里德曼曾为罗纳德·里根（Ronald Reagan，美国前总统）和玛格丽特·撒切尔（Margaret Thatcher，英国前首相）提供建议。诚然，在货币与经济的关系方面，弗里德曼的看法与哈耶克完全不同。在他与安娜·施瓦茨共同撰写的巨著《美国货币史》中，弗里德曼把1922到1928年描绘成美联储给予合理的价格稳定的好时期，而哈耶克则认为这段时期助长了巨大的信贷泡沫，导致大萧条不可避免（弗里德曼和施瓦茨，

1963）。但在这里，我们只关注货币和自由相关思想的传承和发展脉络。[5]

九、波兰尼 VS 哈耶克

本节讨论对两次世界大战期间全球社会向政治左翼的摇摆，及其对市场和货币反击的巨大影响力。这种影响力有对比鲜明的两种解释。第一种是卡尔·波兰尼（Karl Polanyi）在《大转型》（*The Great Transformation*，波兰尼，1944）中提出的解释；第二种是 F. A. 哈耶克在《通往奴役之路》，它提醒把金钱的权力交到国家官员手中可能产生新危险（哈耶克，1944）。这两本书都是在 1944 年出版的（描述了关于美洲截然不同的经验，详见第八和九章内容）。

波兰尼的论述基本上采用了历史回顾的观点。19 世纪的文明建立在四个支柱上，即"自我调节的市场"、"权力的平衡"、金本位制和"自由的国家"。自我调节的市场（SRM）是在 1776 年亚当·斯密的《国富论》（*The Wealth of Nations*）出版后的几十年中逐渐发展起来的一种思想。波兰尼声称，自我调节的市场思想是"乌托邦式的"，也就是说，它是对一个不可能实现的未来世界的向往，而不是对一个可能实现的实际世界的描述。在接下来的 100 年里，英国为实现这个乌托邦做出了巨大的努力，也就是说，创造一个能够满足自我调节的市场所需前提条件的社会。波兰尼说，这种举动或许将使亚当·斯密本人感到惊讶不已，然而英国竟然试图让全世界都采用这种模式，简直不可理喻。

这种乌托邦式的设想要求社会进行革命性的巨变，因为以前从未出现过一个由货币价格引导的社会。与亚当·斯密提出的论点相反，人们并不是与生俱来就有以物易物的"倾向"。传统社会不存

第六章 两次世界大战之间的欧洲：不同思想的发酵与碰撞

在个人利益最大化的概念，因为社会总是依赖于合作；市场总是受到严格的限制和管制。然而，在亚当·斯密理论提出的100年以后，一个社会的存在必须基于这样的理念：所有的生产要素——土地、劳动力和货币——必须以市场决定的价格持续提供。

这种看似冷酷无情的理论会让前几代人感到震惊。在之前的数个世纪里，生产是由商人组织的，利用的是他们自己手头可用的资金、技能和关系网，而现在，生产要素需要在市场上持续供应，以满足现代工业和贸易所需的巨大数量。波兰尼认为，为了实现这一点，社会需要一种新型的人群，他们是"迁徙的、游牧的、粗暴的、冷酷的"。此外，还需要一种新的象征性货币和信用货币，土地、人和金钱必须被当作商品。到了1900年，一种新的生活方式在欧洲蔓延开来，其普遍适用性是自基督教出现以来从未见过的。在波兰尼看来，它体现了围绕自我调节市场的理想而建立的物质主义信条，并且这就是英国、西方和世界历史沦为只关乎金钱历史的时刻。他认为，这种想法太违背人性了，不可避免会被拒绝。然而到了20世纪30年代，新唯物主义已经成为波兰尼所说的狂热信条。在这种制度下，货币必须被视为是不可改变的，是自然的一部分；银行发行的纸币必须等同于黄金；经济与政治必须分开；小国必须被迫适应大国制定的严格标准和规则，就像全球各地的穷人那样；私有财产必须是神圣不可侵犯的。在波兰尼看来，在第一次世界大战结束后，要恢复那个自我调节的世界，这些背景是必不可少的，而且还必须尝试恢复战前的旧国际货币体系。

他说，后来"社会"进行了反击，"19世纪的文明"最终被社会需要采取的措施所摧毁。这些措施都是防止社会自身被恢复自我调节市场的努力所摧毁。他宣称，人们总是很明显地要求受到保护，不受市场的影响——在20世纪20年代，只有路德维希·冯·米塞斯(波兰尼的一个老对手)呼吁终结工会的存在。第一次世界大战导致人们倾向于支持保护主义。将信贷政策集中在公共控制之下的现代中央银行,其发展的根本宗旨就是保护企业。因此,货币政策从一开始就隐含了政治色彩,并在主权国家内部演变成干涉主义,然后在国际上取代黄金成为货币体系的焦点。由于货币经历了与其在社会秩序中的旧锚定突然而彻底的分离,所以银行家成了最后一个意识到旧秩序时代已经结束的人。在美国,美联储货币政策的发展与美国的边疆时代的结束(美国享有"自由"的土地、劳动和货币的时代的终结)一样,并非偶然,随之而来的是一个嫉妒国家主权的时代。

波兰尼认为,在未来,政治和社会有望重新获得它们在试图实现自我调节市场、货币经济的理想过程中失去的权力。一个自我调节的市场有其与生俱来的弱点,它最终摧毁了社会、自然甚至人类,留下了波兰尼所说的一片荒芜。从属于一个不切实际的经济学说和对金钱有无尽要求的社会,是不可持续的。哪怕是亚当·斯密本人,也绝不会赞同社会应该完全由市场控制的观点。

所以,波兰尼给出的隐含答案实质上就是解除历史的束缚,彻底放弃市场可以自我调节这一不切实际的想法,确保金钱受到社会的制约,恢复完全货币化经济到来之前的社会意识和邻里团结状态。这种对后来所谓的市场原教旨主义的批判产生了持久的影响。

十、哈耶克:警惕主权国家

在畅销书《通往奴役之路》中,哈耶克试图强烈地表明,国家计划的趋势既不可取,也非必然。与波兰尼显然不同的是,哈耶克认为,自由市场经济的兴起,不是来自国家为实现亚当·斯密的理

第六章 两次世界大战之间的欧洲：不同思想的发酵与碰撞

论而付诸的努力，而是来自一个不断发展的社会过程。几个世纪以来，僵化的等级社会制度已经演变为人们至少可以尝试塑造自己生活的制度。这种转变与中世纪后期商业的传播、城市的兴起和科学的发展有关。它克服了僵化的社会学说设置的障碍，消除了阻碍人们发挥聪明才智的限制。经济自由的理论是一个完全没有预先设计的过程的结果，而不是其原因。

与常见的误解恰恰相反，哈耶克认为国家虽然危险，但却是不可或缺的。他反对严格遵守自由放任的原则，尽管这涉及许多领域，哈耶克特别挑出货币作为典型代表，并认为政府拥有并应该保留巨大的货币管理权力。事实上，"我们有充分的理由期待，随着对问题的更好理解，有一天我们应该能够成功地使用这些货币管理权力"（哈耶克，1944）。他反对的是"彻底放弃创造了西方文明的个人主义传统"。个人主义的方法质疑了我们如何能够最好地利用"自由社会中的自发力量"，但已经被这样一种观念所取代，即我们应该引导所有的社会力量，去实现刻意选择的目标。哈耶克声称，英国自由观念的这种"退缩"大约始于1860年，从那时起，一套新的观念开始"从东方"推进。起源于德国的思想将在20世纪统治世界——正如第二章所描述的那样。因为人们相信，德国的思想家和科学家在各个领域都享有非凡的声誉，因此其在社会主义思想方面也应处于领先地位。大多数英国人认为，英国发展的社会主义思想实际上都来自德国……例如，自由贸易迎合了自我利益等理念。讽刺的是，即使是英国人也已经转变了观点，赞同自由贸易是为了促进个人私利而发明的一种学说，并开始为他们给世界灌输理想状态而感到羞愧。英国人甚至宣布，他们皈依了原本属于德国的社会主义思想，并以此为豪。呼应哈姆雷特的说法，哈耶克表示，19世纪70年代以来的知识史，"完美地说明了这样一个真理：在社

会进化中,没有什么是不可避免的,除非我们从思想上认定其不可避免。"⁶

波兰尼和哈耶克都把他们的分析建立在道德理想的基础上,即关于什么样的社会适合人类最高愿望的想法。对波兰尼来说,这些都是由社区培育出来的。在这些社区中,市场过程,特别是货币被"嵌入"社会义务网络的过程,应受到遵循严格的社会道德标准和审慎的控制。对哈耶克来说,人类取得卓越成就的能力,只有在一个允许他自由地探索、实验、创新、推进科学知识的社会氛围中,才会蓬勃发展,且"'经济动机'仅仅意味着人们对一般机会的渴望,所以这个名称具有误导性。如果我们为金钱而奋斗,那是因为金钱为我们提供了享受个人努力成果的最广泛的选择,因为一旦赚到了钱,我们就可以按自己的意愿自由地花钱。"

哈耶克说:"金钱是人类发明的实现自由的最伟大的工具之一。"并补充说:"在现有的社会中,金钱为穷人提供的选择范围令人震惊……比几代人之前为富人提供的选择范围更大。"哈耶克说,试想一下,如果像许多社会主义者所提出的那样,金钱动机在很大程度上被非经济性的奖励所取代,那将真正意味着什么。如果所有的奖励不是金钱的形式,而是以公共差异的形式,或以特权的形式,或高于其他人的权力地位、更好的住房或食物、旅行或教育的机会等形式,"这意味着,接受者将不再被允许进行选择,而负责确定奖励类型的人,不仅将决定奖励的大小,而且决定享受奖励的方式"。他指出,政府将不再拥有自己的资源:

政府给一个人钱的唯一方法,是先从另一个人那里拿钱。这样做,就意味着通过税法,强行迫使一个人为另一个人服务。

哈耶克认为，这是不道德的，类似于奴隶制。然而，哈耶克和波兰尼在意识形态层面的理论，事实上都不像人们想象的那样极端。波兰尼不是马克思主义者，他想以英国合作社运动的传统为基础，调和哈耶克所谓的"经济自由"与被社会拒绝的、以金钱动机为基础的市场模式。同样，哈耶克认为，市场不仅需要法律和秩序，还需要一个称职的政府，他讨厌被人视为保守派。

十一、思想家留下的深远影响

这些思想家及其同时代的经济学家，如欧文·费舍尔（Irving Fischer，1867—1947）、路德维希·冯·米塞斯、约瑟夫·熊彼特（1883—1950）和丹尼斯·罗伯逊（1890—1963）等人，仍然致力于提倡自由民主的价值观，并相信经济学可以为社会做出巨大的潜在贡献。虽然他们中的一些人（尤其是熊彼特）认为，资本主义注定要为社会主义让路，但他们都相信，在此期间，资本主义可以带来一个更美好的世界。但他们都面临着社会应该如何管理纸币的挑战，而他们对这一挑战的多样及冲突的回答，也为20世纪下半叶全球关于货币的辩论奠定了基础。然而，他们都低估了赤裸裸的货币，即剥去了道德和社会外衣的货币，所拥有的力量。事实上，货币的力量一旦被释放，就能够轻易地摧毁所谓的枷锁，即这些研究者和经济学家认为能够阻止货币肆意妄为的束缚。这些人是20世纪早期欧洲高雅文化的代表……而这是一种注定要消亡的文化。对他们来说，在短短半个世纪内，受过教育的人将把赚钱视为一种崇高的使命，是不可想象的。如果他们知道，现在顶尖大学的大多数本科生已经用金钱来衡量教育的价值，或许会感到大为吃惊。他们还会惊愕地发现，职场、商界和银行业的精英、领导们工作的主要目标是让自己的腰包鼓起来。他们都认为，货币的力量对人们的欺骗倾向会自然而然地被控制住，就像他们那个时代一样。这将由国家（如波兰尼所期望的那样）或个人，通过自我约束、道德行为和对自我利益的觉悟（哈耶克）来完成，或者两者兼而有之。而给出这样的断言，恰恰是他们的预言和政策建议的一个缺陷。尽管凯恩斯的需求管理思想取得了胜利，但他忽视了货币的神秘和不可预测的潜在危险。所有这些思想和理念都为货币的失控敞开了大门。

第七章

20世纪40年代和50年代：欧洲文化如何使金钱得到控制

总的来说，各个民主国家都得到了它们应得的金钱。它们对自己想要生活在什么样的世界里有着特殊的需求和想法，这些都反映在它们的金钱中。所以，这一章论述了金钱与社会的需求关系，特别提到了20世纪40年代和50年代的欧洲文化。

尽管部分特权阶层依然存在，但战后的欧洲已经成为一个大体上平等的社会。西欧，也就是本章关注的重点，见证了民主社会主义的高潮。当时的艺术深刻地描述了当代社会中个人所经历的生存问题。如果把塞缪尔·贝克特（Samuel Beckett）的《等待戈多》（*Waiting for Godot*，1952）包括在内，这一时期的文学创作成果可与第一次世界大战后，现代主义百花齐放的景象相媲美。这一过程也推动社会和金钱之间建立了一种新的关系——几乎是一种新的金钱关系。这一时期最优秀的作家都在谈论金钱在大环境中无足轻重的存在。这也是因为，总体上来说，这个时期很少有人很有钱，而且也没有很多东西可以买。每个人都知道，经济是多么脆弱，文明的外衣是多么薄弱。人们知道财富和人类正在（或最近）遭到巨大的破坏，这是在30年内遭遇的第二次冲击。

这一时期，各个政府的政策承认并反映了货币力量。受到社会态度制约的观点得益于民众在社会和政治观点层面的倾向，使对利率、信贷、国际资本流动和银行国有化的严格控制成为可能。人们已经开始相信，必须不惜一切代价控制货币，而他们事实上也这么做了。通过观察、了解和吸收周围社会的思想，欧洲人形成了这种观点。因此，金钱作为实现社会目标的工具，被赋予了一种全新的但存在争议的意义。

秉持与这种舆论氛围相一致观点的经济学家获得了影响力，而其他的经济学家，如支持自由市场的自由主义者，则转入地下。思想的种子要想生根发芽，就必须落在肥沃的社会土地上。

追求艺术诉求的作品中普遍存在对金钱动机和自我利益的蔑视。伴随着这种贬低金钱和金钱动机价值的共识（赚了很多钱的人有可能被称为spivs，即"游手好闲之人"），还出现了广泛的平等主义。阶级之间的差别仍然很大，并体现在礼仪、着装以及不同阶级中严格的职业划分等层面。但财富和收入实际分配的不平等程度比现代历史上任何一个时期都要低。就这个意义而言，第二次世界大战可以说是一个伟大的社会平权者。

但并非所有人都乐于见这种变化，正如刘易斯（Lewis）和莫德（Maude）所写的关于英国中产阶级的经典著作《英国中产阶级》(*The English Middle Classes*, 1950)中所描述的那样，旧的上层中产阶级感到价值被低估，受到攻击。即便如此，在20世纪50年代，所有阶级都享受到了逐渐恢复的繁荣，虽然它涉及领域广泛，但程度有限。在新的国际体系允许的范围内，各国的做法有所不同。英国和美国的经济学家深入参与了战后秩序的规划。在英国，1941年的预算案首次提出了一个会计框架，使产出缺口的衡

第七章 20世纪40年代和50年代：欧洲文化如何使金钱得到控制

量成为可能，即实际生产低于潜在产出的数量。凯恩斯主义的经济管理思想成为官方制定政策的核心依据。政府学会了通过改变总体税收水平增加经济中的货币需求（如果预测会出现巨大的"产出缺口"），或在必要时通过提高税收降低货币需求水平，抑制经济繁荣泡沫。其他国家采用了不同的方法，法国更强调中央计划（但远未达到共产主义国家全面控制的程度），而西德政府则优先考虑货币稳定和财政自律。

一、货币领域之外

经济的大部分领域，特别是教育和卫生领域，已经从货币领域中剥离出来。除了这两个领域之外的其他领域，人们继续使用货币来支付商品和服务，但对这些部门的资源分配，已经与人员配置和投资决策那样都基于政治决策，由中央政府统一调控。在西欧，允许市场力量运作的私营部门的作用，被限制在经济总量的一半左右，这种安排得到了所有政党的支持，并持续了很长时间。即使到了20世纪70年代初，市场的支持者也不敢提议将那些被认为关乎国家声望的领域私有化。在英国，自由市场的理念并不由大学里的经济学家（大部分是凯恩斯主义的拥护者）把持，而是在很大程度上由金融记者，如《新闻纪事报》（News Chronicle）的经济新闻编辑和《城市如何运作》（How the City Works）的作者奥斯卡·霍布森爵士（Sir Oscar Hobson，1886—1961）、《经济学人》（The Economist）的编辑和《货币概论》（An Outline of Money）的作者杰弗里·克劳瑟爵士（Geoffrey Crowther，1907—1972），以及《伦敦贴现市场史》（A History of the London Discount Market）的作者威尔弗雷德·金（Wilfred King）（他也是《银行家》的编辑和我的导师)等人保持着活力。当大多数学术经济学家与社会对金钱不屑一顾时,这些杰出的金融记者却报道和分析了城市的货币市场和英格兰银行的运作状况。除了少数同时期的经济学家,他们和其他同类人士对货币在市场中的运作的理解,比所有其他人更深刻。

对于什么是货币以及如何管理货币,人们的理解各不相同。凯恩斯本人就有几种不同的理解,并试图让它们协调一致,例如他认为应该对货币施行积极的管理,但同时又认为,货币也应该与黄金等标准建立某种联系。20世纪中叶,不同民族、不同国家对货币的概念和定义截然不同,就充分说明了这一点。对于1923年的德国人来说,金钱意味着毁灭。但对于24年后,庆祝货币改革和德国马克诞生的德国人来说,金钱意味着希望。对20世纪30年代的俄国人来说,正如索尔仁尼琴的小说《伊凡·杰尼索维奇生命中的一天》(*One Day in the Life of Ivan Denisovic*)所说,金钱被赋予了可怕的意义,因为任何有钱人都有可能被送进集中营的风险。对于经济学家,如冯·米塞斯和哈耶克以及法国经济学家雅克·鲁夫而言,金钱仍然等同于黄金(鲁夫影响了戴高乐将军,使后者在1965年决定攻击布雷顿森林体系和美元的特权作用,并称美元是没有实际价值的货币)。对熊彼特和波兰尼来说,金钱意味着信用,而对凯恩斯来说,它是与黄金捆绑的信用。

在自由主义者威廉·罗普克看来,1945年,金钱提供了救赎(详见第六章关于秩序自由主义和日内瓦学派发展的背景)。社会主义执政党和同盟国均认为,纳粹统治遗留的指令性经济,作为"对抗全面混乱的最后手段"必须继续存在,而结束指令性经济是"不可想象的"但恰恰是罗普克想要去做的。他要求对德国的货币制度进行激进的改革,并要求"这种改革,必须恢复马克作为价值真正尺度,作为可信赖交换手段的地位"(罗普克,1945)。他认为,只

第七章 20世纪40年代和50年代：欧洲文化如何使金钱得到控制

有货币价格才能够使生产结构对人们的需求做出反应，只有基于一个共同的分母，通过货币表示所有的经济数量，才使人们再度有可能比较收入和成本、支出和储蓄，并促进理性的经济计算。他引用德国哲学家叔本华（Schopenhauer）的话："如果金钱不仅满足了具体的欲望，而且也满足了抽象的欲望，那么就这个意义而言，金钱就是绝对的善。"陀思妥耶夫斯基（Dostoyevsky）曾经有感而发："金钱是自由的代名词，所以对一个被剥夺了自由的人来说，其珍贵程度可能翻十倍。如果钱在他的口袋里叮叮当当地响，哪怕不能花钱，他也能收获足够的安慰"（陀思妥耶夫斯基，1861）。当然，对于20世纪数百万在极权制度下生存下来的人来说，这就是事实。

二、自上而下的经济管理

在第二次世界大战结束后的许多年里，民主国家的民众普遍满足于让政府进行经济管理。这种自上而下的方法，不仅在工业化的先进国家里使用，而且在发展中的国家也得到了广泛的认同，其中许多发展中国家在这一时期实现了独立。但在不同国家，国有生产资料的持有程度差别很大。在国际层面，整体的运动朝着左翼发展。人们的行为和对金钱动机的普遍蔑视，遏制了金钱所带来的危险。

因为刚刚经历的世界大战，人们意识到生存将取决于合作和团结，为此他们容忍了对个人自由的限制，而这些限制在前人和后人看来，可能都是无法容忍的。人们觉得，他们是为了崇高的目的而打仗，是为了捍卫自由，而如果看到男人和女人被金钱动机所驱使，是荒谬和令人厌恶的。最重要的是，让人们团结的东西是普遍的利益，而不是个人的特殊利益。人们存在"需求"，但不提"要求"，这些需求可以通过国家福利的不断扩大而得到满足。在欧洲，公民的概念被重新定义为，包括所有人的基本生存权、所有人的健康服务，以及保护人们免受资本主义的危害，特别是免受失业之苦。这并不是说人们憎恨金钱，也不是说他们想彻底根除金钱的作用，就像第五章中描述的共产主义统治所做的那样；只是人们整体对金钱、金钱的动机、商人和市场，秉持小心翼翼的怀疑态度。

这有助于解释，为什么金钱在经济中属于市场的领域——在大多数欧洲国家、澳大利亚、新西兰和加拿大中——仍有一半左右扮演着重要的角色，但它仍然是可以被控制的。

三、金钱作为惰性物质

西欧的战争和战后时期——直到 20 世纪 60 年代——经常被经济学家描述为金融"压制"的时代。这里指的是货币和利率由国家控制，且银行也服从国家的指令——在很多国家，银行已经国有化。民众和企业开始逐渐对国家的这种控制感到不满，但最重要的是，在战后经济重建的最初几年，这种国家控制货币的方法提供了经济复苏所需的稳定性。随着时间的推移、信心的增长，民众开始相信，第一次世界大战之后的混乱不会重现。尽管经济依然脆弱，但是民众对经济的信心在这一时期得到了恢复。如果没有这段相对稳定和稳定扩张的时期，人们就不会愿意进入下一个发展阶段，也不会在恢复世界经济方面取得实质性进展。

在这个阶段，社会和政策相对和谐地运作。在这样的文化中，货币必须服务于更广泛的社会目的。然而，金钱、金融机构和从事金钱交易的人依然被严重怀疑，以至于金钱的作用仍然是被动的。它是惰性的，就像二战中被拆除引信的炸弹那样。在很长一段时间

第七章 20世纪40年代和50年代：欧洲文化如何使金钱得到控制

内，社会控制金钱的普遍做法迎合了民众的心态。然而，人们开始渐渐地对这种控制感到不耐烦，开始焦躁不安，这是因为控制金钱需要付出高昂的代价，且导致金钱无法很好地发挥其应有的作用和功能。

第八章

新世界的新货币

美国人常常自视为超越了历史局限的"天选之子",并认为美国的革命代表了对帝国必经的崛起、腐败和衰落这一循环的根本性突破。而美国作为突破的先驱者,将被其他国家效仿,赋予这些国家的民众以自由。美国人掌握着共和制自由的宝贵火种,摆脱了王公贵族的旧有统治,全世界的希望都寄托在他们身上。那么,在 1945 年,当美国人发现自己拥有了最高的权力之后,他们会怎么做?

答案很快被揭晓,美国想要避免重复第一次世界大战后的混乱局面的决心,哪怕在战前就已经很明显。他们的应对措施是,为货币制定一个新的概念,设定一个新的角色,以及建立与其匹配的新机构。与以往一样,信仰与激情先行,然后美国人顺便在拯救世界的过程中捞一把财富。美国成功了,美国文化的流行软化了美国货币力量统治的坚硬边缘,并帮助它赢得了全球的接受,而通过贷款和赠款,美国领导的国际机构传播了美国的理想和经营方式。渐渐地,在大萧条后,丧失了可信度的资本主义、利润动机和使用货币

第八章 新世界的新货币

衡量成功的方法，再度变得令人尊敬，其受欢迎的程度甚至更上一层楼。但这一时期，美国人对金钱和正确使用金钱的想法，与21世纪相比仍有很大差距。在美国国内和国际上，货币被置于监督之下——尽管逐渐从战时控制监狱中被释放出来，但仍处于政府监管的假释状态。这一章和下一章旨在说明货币、社会和文化之间的相互作用如何改变了二战后的国际社会，并随着时间的推移，挑战上一章所描述的严格受控的、压抑的货币制度。

一、推动民主的金钱

重要的是，新的货币思想打上了美国的乐观主义和民主精神的烙印。在经历了欧洲的混乱和专制主义实验失败之后，这不失为一剂急需的解药。

金钱将帮助美国在国内全世界推行其理念。在这一片土地上，人们坚信未来充满希望这种信念不能依靠帝国主义大国的传统武器，如军队、殖民化和领土扩张。但是，美国人是一个非常实际的民族，他们不相信宣扬自由、民主和代表制政府的美德，就足以改变旧世界的陋习。因此，他们自然而然地诉诸那些曾给美国大陆带来相对繁荣的工具，即在积极的政府支持下的法治商业企业。如果使用得当，金钱将播下自由和进步的宝贵种子。

在美国国内，政府承诺实现充分就业。这一承诺也要求国家在货币管理方面发挥更大的作用，因为当前的民众认为，货币需求不足是导致失业和痛苦的原因，与20世纪30年代的情况类似。这就是新经济学的教导，因此要实现国内的充分就业，把美国的力量和它的理想投射到世界各地，既需要货币，也需要国家行动。货币成为美国这个全球文化、政治和经济超级大国的武器。旧的货币态度已经无法满足美国对货币功能的要求。无论是两次世界大战间隔期间混乱的自由竞争和竞争性贬值，还是维多利亚时代"僵化"的旧金本位秩序。政治和经济环境已经发生了巨大的变化，经济理论也随之发生巨变。凭借美国的政治和军事力量，发展一种新的货币理念，并建立新的机构来管理它，不仅是可取的，也是可行的。这些机构将使用美国的货币，在世界各地传播美国的理想和文化，当然也能够帮助美国的商业获利。虽然美国的货币概念源自西方传统，但它是新的，且事实上是革命性的。

美国，作为一个脱离英国殖民统治实现独立的国家，将其自身的利益视为人类利益的代名词。如果有必要，美国也可能使用武力，来支持金钱的影响力，但这也是为了实现和捍卫其崇高的理想。美国是占主导地位的超级大国，但这种力量不会被用来建立一个旧模式的帝国，即几千年来一直占主导地位的领土扩张模式。金钱的影响力，将有助于将美国的开国元勋和林肯提倡的理念传播到世界各地。金钱的影响力也将有助于瓦解旧帝国的残余统治，如英国和法国帝国的残余统治。在美国人看来，这些帝国主义者掠夺和剥削了其殖民地财产，也就是说，这些帝国窃取了原本属于殖民地的财产。美国向这些被奴役的国家提供或借出资金，并在此过程中，确保他们取消与旧帝国主义国家的优惠贸易和金融联系。这样，美国将在旧秩序的废墟上建立一个新的世界秩序。

在未来，金钱将服务于自由、民主和利润。美国的金钱，不仅会抛弃旧的观念和帝国，也会成为衡量成功的标准。接受国获得的利益或衡量成就的标准，将通过金钱的语言来表达。国内生产总值，即一个国家一年的国民收入，这个被新提出的概念，用来衡量一个国家在政治和经济方面的进步。生活水平、人均国内生产总值等指标，将成为衡量一个国家成功与否的客观标准。其他衡量进步的标准，如民主制度的建立程度及货币和贸易自由化的程度等也将被采用。美国人期待着得到全世界的尊敬，他们如此受欢迎，以至于其他国家的选民会愿意选出对美国利益有利的执政者。

显然，在美国的新制度中，货币被赋予的任务比旧的帝国货币体系，要雄心勃勃得多。在旧体系中，货币拥有至高无上的地位，提供一个决不妥协的强硬货币标准，每个人、政府都应该服从。现在，货币的唯一任务就是重塑世界，使其摆脱帝国主义的剥削，并把它的祝福送给那些用金钱和投票箱取代军事力量，用无形的流动资金取代高压手段的社会，而企业将得到蓬勃发展。

二、一个新的边疆

在西部的旧边疆消失近半个世纪后，美国现在有了一个新的边疆和道德野心，即推进民主和自由的边界。在这场斗争中，金钱将被用作一种实现和平的武器。迫切需要金钱的国家将心甘情愿地签署这项新的协议，因为美国是唯一有闲钱的国家。美国的公共和私人部门都进入了真空状态。在对更美好的世界充满希望的爆发中，一个新世界诞生了。这个新世界将把大萧条和战争的阴暗时代，转变为救济、恢复和复兴的新时代。由美国理想和诱人的现代品牌领导的美国势力，将成为一种推动善与利的力量。它不仅声称各地的政治权力应建立在民众同意的基础上，而且还承诺了会带来繁荣。

在20世纪50年代打下的基础上，利用美国力量作为助推，一个全球经济将最终得以建立。但是，至少在现阶段，40年后流行的现代个人主义的全球货币文化还没有发展起来（详见第十二章）。货币仍然是国家和大公司的仆人，对团体、集体、社区、国家、民族的忠诚，依然是货币最被重视的美德。各国的经济从世界大战中恢复的速度令人欣慰，1950到1953年的朝鲜战争，西方与苏联之间的"冷战"导致的国防开支，都起到了推动作用。在美国，经济的扩张持续到20世纪50年代和60年代，实现了国民富裕程度的显著提高。在政治上，保守主义在几乎所有大国中都占了上风，表现为艾森豪威尔入主白宫，麦克米伦担任英国首相，阿登纳领导德国，戴高乐管理法国等。

三、凯恩斯、萨缪尔森和GDP的时代

鉴于各国政府都在致力于避免重蹈一战后的覆辙，避免发生20世纪30年代的竞争性贬值，战争赔偿的数额得到限制，没有国家试图恢复金本位制度，国家和国际层面仍保留对货币和银行的控制。实践也反映了新凯恩斯主义的指导作用，这是一种令人吃惊的新方法，使经济学家能够告诉政治家该怎么做。凯恩斯主义的需求管理政策，在肯尼迪总统时期达到了顶峰。肯尼迪发起了一项雄心勃勃的财政扩张计划，并且在一段时间内取得了很大的成功。年轻人把他视为相当沉闷、落后的世界里的一个灯塔，给这个充满琐碎的道德和法律限制，又缺乏机会和社会空间的世界，带来了希望和变革。数以百万计的年轻人成了他的忠实追随者。尽管1962年发生了古巴导弹危机，但是得益于低失业率，人们依然在战后共同创造的世界中感到安全。然而，连续十年的经济增长、社会安全和稳定，也逐渐引起了越来越多的不耐烦和傲慢情绪。

美国对货币资源的创造性应用得到了几种强大力量的支持。其一，美国公司寻找新市场的努力使得美国在欧洲、拉丁美洲和亚洲的对外直接投资大幅增加。其二，美国政府对充分就业的承诺。由于任何失业跌回20世纪30年代的水平的可能性在政治上都是

不可接受的，美国国会在 1946 年通过了《就业法》，规定政府有责任促进或提高"最大程度的就业、生产和购买力"。其三，经济学家在政策制定方面的新影响，无论是在国家层面，还是在如国际货币基金组织（下文将详细介绍）等国际机构层面。萨缪尔森（1915—2009），第一个被授予诺贝尔经济学奖的美国人，写了有史以来最畅销的经济学教科书《经济学》（*Economics: An Introductory Analysis* 注：国内译名为《经济学》）。这本书于 1948 年首次出版，是一本基于凯恩斯主义经济学原则的入门书籍，目前已经以 40 种语言出版了 19 个版本，总共售出了 400 万册。萨缪尔森认为，经济学已经发展到了可以向政治家提供明确建议的程度。充分保障就业就要求经济中存在足够的需求，而这些需求将来自消费、政府支出和对新资本设备的投资。萨缪尔森对货币政策的支持并不明显，他说，通过对货币和信贷的影响，美联储可以抱有影响实际和货币层面 GDP 水平的"希望"。

1958 年，英国经济学家 A.W. 菲利普斯证明了通货膨胀和失业之间的关系——低通货膨胀与高失业率有关，而高通货膨胀与低失业率有关——这也被称为"菲利普斯曲线"。这为政府的积极作为提供了支撑。1960 年，萨缪尔森和罗伯特·索洛（Robert Solow）发现，菲利普斯曲线的关系可能在一段时间内适用于美国的情况。经济学家充分利用了这两个发现，将二者结合使用，就可以估算出一个经济体的实际产出低于其潜在产出的数量，以及应该采取什么措施来填补这一差距。

四、美国企业和银行引领美国在国际上的扩张

美国人本能地理解了这种更有目的性的货币理念，并将其铭记

于心。在美国人对社会和世界的愿景中，这种货币理念均得到了体现，发挥了作用。在美国的西部旧疆域已经关闭，前景看似只剩挫折的时候，它帮助美国开辟了新的疆域。美国的私营企业抓住了这个机会，为新理论所赋予的认可欢欣鼓舞，即金钱承认甚至需要想象力和创造力在企业运作中发挥关键作用。而且，新的理论也证明利润是合理的，优秀的商人将是那些用想象力赚钱的人。将美国梦与"美国制造"的产品和服务打包出售，就是美国"驯服"金钱的方式。

为满足美国庞大的国内市场重新快速上升的消费需求，规模庞大的公司也应运而生。美国的国际扩张最先主要由公司主导，紧随其后的是大银行。事实上，20世纪60年代见证了美国银行业在国际上的大爆发。在此之前，只有摩根大通、美国银行和花旗银行拥有广泛的海外业务，而且这些业务都集中在伦敦。但到了20世纪60年代，这些银行大大增加了它们的海外分支网络，而且还有几十家小银行加入。与此同时，纽约首次向外国银行敞开大门。

资金、资本、投资，无论是什么名称，都变得唾手可得，且在随后的多年里，它们都是同一个来源——美国。美国的国民生产总值在两次世界大战期间翻了一番，在1947年和1960年之间又翻了一番，从2 390亿美元增加到大约5 000亿美元。在这期间，每年3.5%的实际增长，比20世纪初到第二次世界大战期间的增长要快得多。而且，美国还学会了通过向外贷款和投资回收其外部盈余。换句话说，它学会了如何成为一个国际银行家。经历了大萧条和随后多年的不景气之后，华尔街也对更光明的前景做出了反应。美国华尔街先是经历了1929年的大崩溃，然后被指责是导致20世纪30年代大萧条的罪魁祸首，紧接着被试图从金融大亨手中夺取权力、拆散银行的新政激进派管理，紧随其后的是又一场世界大战。到了

第八章　新世界的新货币

1952 年，艾森豪威尔将军当选总统，终于给华尔街带来了一场持续长达 15 年的牛市——历史上最长的牛市之一。更多人养成了投资习惯，因为共同基金吸引了大量的新股东进入市场，拥有一个股票经纪人也成为中产阶级生活的标配，这是自 20 世纪 20 年代以来从没有出现的情况。尽管不时地中断，这股消费者热潮一直在 20 世纪余下的时间里持续下去。

与欧洲典型的静态货币观念相比，美国的货币是动态的。当欧洲人将金钱视为来自国家的馈赠时，美国人利用金钱为自己服务，将其视为服务于新世界秩序的保证。你可以将美国称为"新的帝国"（显然美国人自己不这么看）。这样一个帝国由货币推动，为企业服务，围绕货币规则构建了以国内生产总值等货币类别来衡量其成功。而且，在这样一个制度中，对货币的信任是至关重要的。幸运的是，美元和美国的力量提供了这种信任。

这一切是如何以及为什么会发生呢？要给出一个答案，我们必须转向美国本身，因为美国人在国内的生活方式决定了他们将如何改变世界。在美国人看来，金钱是传播自由的工具，但这并不意味着美国人要通过赚钱来追求他们的利益，更不意味着把追求金钱作为工作和生活的目标。事实恰好相反，在美国人看来，金钱是一种达成集体成就而非个人成就的工具，它将成为道德进步的工具。这将意味着国家和民众应持续致力于将金钱与广泛的政治和社会哲学重新联系起来。

第九章

二战后的美国文化和美元

当我沉浸在战后时期的文学、社会学和公开辩论的海量信息时，在所有喧闹嘈杂的信息中，美国勤劳的乐观主义发挥巨大作用，成为最突出的那个声音。正如我们将在下文中看到的那样，这是一个存在许多缺点的社会，但它也有它的优点。人们的生活融合了公共服务的理想和个人的野心，它们构成了在全球起带头作用的美国。赚钱并不是工作的主要目的，也不是衡量成功的唯一标准，也不是决定人生的雄心壮志，或表达梦想和欲望的方式。当然，美国人也不像欧洲人那样，对金钱不屑一顾。他们利用金钱来推动美国理想（在美国人眼中，这是一种普世的理想）的实现，而不是个人野心。他们追逐利益，但不会贪得无厌。他们对金钱的安排也契合了这种价值观，创造了适合这样的民众、观点和愿望的货币体系。

一、金钱的腐蚀和破坏作用

欧洲人常常将美国人的乐观主义视为天真而无知，然而美国小

第九章　二战后的美国文化和美元

说家和戏剧家所创作的文学和艺术，却揭示了他们对生活悲剧性一面的深刻认识。无论命运如何坎坷，无论逆境多么艰难，美国人永远都保持乐观。在他们看来，生活需要勇敢和英雄主义，也需要坚忍和进取。正是这些社会价值最终赋予了美元独特的货币价值。

战争期间和二战后创作的一些最伟大的小说，着重对人类的动机、命运和历史进行宏大描述，仿佛是为了强调金钱和货币的问题在关乎生死的大戏中无足轻重。例如，海明威的《丧钟为谁而鸣》(*For Whom the Bell Tolls*，1940) 颂扬了与货币经济一些截然相反的道德品质，包括但不限于血气之勇、责任、友善、信仰，最重要的是，面对死亡的坦然心态以及活在当下的现实主义精神。没有什么比当下更重要。"没有昨天，当然也没有明天。你要活到多少岁才能够明白这个真理？"阿瑟·米勒（Arthur Miller）的《推销员之死》(*Death of a Salesman*，1949) 和田纳西·威廉姆斯（Tennessee Williams）的《欲望号街车》(*A Streetcar Named Desire*，1947) 在特征鲜明的美国背景下，展现了金钱对人性的腐蚀和破坏作用。以尤金·奥尼尔（Eugene O'Neil）的《长夜漫漫路迢迢》(*A Long Day's Journey into Night*，1940—1941) 为例，它或许是所有美国著作中最伟大的一部，描写了1912年8月，泰隆一家在海边度过的一天。这一家四口有詹姆斯·泰隆和玛丽·泰隆，以及他们的两个儿子——杰米和埃德蒙。这部作品描述了四个家庭成员严重的个人问题，以及他们如何应对各自的失败和整个社会层面的堕落。这显然是一个反乌托邦主义的家庭，所有的矛盾都与金钱有关，都根源于金钱的破坏力量。尽管他们彼此深爱，但金钱却导致了家庭成员之间的孤立和疏远。整部作品充满了疏离感和金钱所导致的迷惘情绪。一家之主詹姆斯后悔地感叹道，如果他没有为了钱、为了养家糊口而放弃收入微薄的戏剧事业，他本可以成为一个伟大的演员。

如果不是为了省钱，而把妻子送到一个没有经验的医生那里，或许妻子就不会因为这个错误的决定而吗啡成瘾。大儿子杰米清楚地看到了真相，看穿了家人以梦想者为口号的虚伪表象：当父亲感叹自己为了家庭而放弃梦想时，他本质上不过是一个"吝啬鬼"，宁可将钱花在个人的享乐上，也不愿花在家庭上；本应照顾家庭的母亲，已经彻底沦为一个瘾君子。小儿子埃德蒙正面临一个严酷的选择，要么逃避现实，要么精神崩溃。这些在战后短短数年内不断涌现的杰作，对今天的我们来说，应该有借鉴的意义。20 世纪 50、60 年代物质生活富足，平价的消费品创造了新的大众市场，这些带来了一种较为乐观的情绪。但对生活中阴暗面的认识和消极的情绪，总是随时有可能卷土重来，重新涌现在美国人的意识中。

二、好莱坞缔造的伟大时代

这一时期的好莱坞将美国的魅力带到了世界各地，让无数人为之兴奋和着迷。好莱坞的电影展示了美国人对金钱的新看法，向数以百万人宣传了获得金钱所需的精神，宣传了在拥有金钱后应该如何行事、如何使用金钱，以及这样一个理念：尽管金钱和财富看似遥不可及，但只要你知道如何使用它们，就能够有机会随时随地获得它们。好莱坞的电影让全世界的观众了解和熟知美国人对金钱的态度，认识了美国文化提供的机会和危险。在这样一种美国文化中，个人的努力可以给自己带来回报。只要个人愿意付出足够的价格或代价，魅力、美貌和奇遇都是可以获得的。得益于好莱坞，全世界的人都看到了自己枯燥的生活方式之外的选择。那些感兴趣并被吸引的人可以前去美国追梦，正如数百万美国移民所做的那样，或者他们可以尝试将这些美国的思想输入自己的社会中。

"美国梦"（如本书第四章描述的那样）通过电影和电视，在发达国家得到了活灵活现的展示和迅速普及。通过电影和电视，好莱坞向全世界人民传播了美国思想和文化，将大规模生产、大规模营销和技术改进与开明的民主精神联系起来，向全球民众展示，社会的进步来自私人企业、技术、保护财产权的法律制度和言论自由。尤其是对全世界各地的女性来说，美国电影和杂志中关于美国生活的故事，散发着关于美国梦的巨大诱惑力。在好莱坞创造的世界里，纽约市尤其代表了乌托邦。在那里，每一个梦想和愿望都可以成为现实。但与此同时，经常被称为"史上最伟大的标志性电影"《公民凯恩》(*Citizen Kane*, 1941) 显示，金钱和权力会使个人孤立，摧毁幸福感和满足感。然而，这部影片所要传达的信息并非避免追求金钱。它所要传达的信息是，为一个虚妄的信念——甚至是对金钱的信念——而受苦，也会使你变成一个悲剧性的英雄。

三、关于金钱的大众社会学研究

大众社会学中的一些畅销书传递了当时的民众关于金钱的态度。

（一）孤独的人

大卫·里斯曼（David Riesman）等人所著的《孤独的人群》(*The Lonely Crowd*)，通过分析人们作为消费者的行为，对金钱或现金意义的变化进行了社会学层面的分析。在19世纪，典型的巨富——疯狂的百万富翁——是通过生产制造而积累财富的人，并在成为百万富翁后可以为所欲为地享受财富的乐趣。他可以在玩乐和工作的时候随心所欲地挂上"请勿打扰"的牌子。这个阶层的消费者的突出特点是"热切地把东西变成自己的"。当时奢侈消费品不是迅速过时，而是一辈子都好用的东西。然而，20世纪50年代的新消费者"追求的是体验，而不是东西，并渴望跟风。"在应该购买和欣赏什么方面，他们总是急于追随自己的同龄人群体，不希望与众不同。

关于金钱的作用，新一代的人也持有不一样的态度。如果他是企业家，就必须为自己的企业找到一个受人尊敬的动机。在这方面，他将虚心采纳他人的意见，"看看其他人，对一个正常的企业应该是什么样的，有什么看法。"这时候的生意人做生意的主要目标不是挣钱，利润不过是社会地位的众多象征中的一个特质，他们关心的是公司是否具有"一个与时俱进的公司应该具备的特质"。年轻商人的野心是将公司变成他们在商学院学到的标准模板。但里思曼和合著者们并不欣赏这本书所描述的人物性格，他们希望人们能够实现更大的自主性。他们抨击的并不是人们追逐金钱的行为，而是"寻求成为与他人一样的人"的态度（里思曼等人，1950/1953）。

（二）组织里的人

威廉·怀特在1956年的名著《组织人》(*The Organisation Man*)中，描绘了一种由集体主义观点主导的文化。在这种文化中，人们更愿意为一个组织服务，他们住在郊区，害怕收入滑落到中产阶级的基准以下。然而，新一代的年轻夫妇却很乐观，因为在早期的成年生活中，他们"只看到了个人和整体社会在持续繁荣"。郊区居民的身份进一步证实了他们的乐观态度。他们没有什么储蓄，对资本也没有什么感觉，"宽松的社会福利使组织成员不必操纵大笔的'个人资金'"，他们甚至不必过多考虑钱的问题。组织人虽然也追求金钱和物质财富，但他们真正关注的是稳定。"金钱本身是次要的",他们关心的是预算,而不是金钱本身。定期的、不变的月薪能够让他们负担得起生活中基本所有的大件物品。他们关心能够获得的商品,但却对金钱漠不关心。以大学最后一年的学生为例,一名招聘人员进行了300场面试,没有一名应聘者提到薪水问题;小公司发出的录用会被应聘者拒绝,因为他们宁可选择薪水较低的大公司。他记录道:"大多数高年级学生在谈论未来时,不喜欢谈钱——有好几次,我都因为提出这一点,而被人婉转地教训了一顿。"他们很少谈钱,却对美好的生活充满向往。与平静的生活联系在一起的言论或教导——"榆树夹道的安静街道"更容易被接受。金钱从来都不是最重要的东西。

(三)富裕的人

在《丰裕社会》(*The Affluent Society*,1958)中,加尔布雷斯(Galbraith)抨击了社会的不平等,以及公共服务和基础设施的公共开支严重落后于私人消费的事实。他写道:"在这里,在私人的富裕和公共悲惨的气氛中,私人财产完全占了上风。"在加尔布雷斯发出这个批评的时候,从历史的角度来看,该时期对不平等的衡量实际上处于低点,但公共支出与私人消费的比例事实上也相对较高。就通货膨胀而言,加尔布雷斯接受了"传统的智慧"(这是他自创的一个词),即通货膨胀应通过政府的措施,如价格和收入政策来解决。但他并不是马克思主义思想的支持者,即"在资本主义社会,人剥削人。在共产主义社会,情况正好相反。"尽管加尔布雷斯是一个尖刻的社会批评家,但他认同当时的许多假设,即人们本质上不是追逐私利的,大公司会继续主导经济,不平等程度会降低。但无论从哪个方面来看,他提出的这些期望都是错误的:人们普遍认为,人的天性就是在寻求自己的利益;小公司将成为更重要的就业来源;财富和收入的不平等将加剧。

(四)被操纵的人

20世纪50年代是动机研究取代显性广告的十年。万斯·帕卡德(Vance Packard)的《隐形的说客》(*The Hidden Persuaders*)一书,让大众意识到隐性广告和营销的手段。在这本书中,万斯向被蒙骗的消费者展示了企业广告商已经学会了如何操纵消费者隐藏的欲望、需求和驱动力,以找到那些脆弱的销售点——特别是诸如顺从的愿望、口腔刺激的需求和安全感的渴望等因素。消费者的购买行为将不再单纯由价格决定,例如每个主要的香烟品牌都吸引了具有"特定"个性的顾客;别克开始销售"让你觉得自己是个男人"的汽车,购买汽车的过程开始被视为"汽车的个性和购买者的个性之间的互动"。此外,还有操纵消费者"隐秘的痛苦和欲望"的销售策略——尤其是罪恶感。所有这些在现在看来司空见惯的东西,在刚被提出时都令人震惊,并引起了轩然大波。当人们被告知,如果在睡觉时关着窗户,开着空调,就等于"潜意识里渴望回到子宫"时,他们只会瞠目结舌,目瞪口呆。

四、忠诚的妻子

公司还对其未来的雇员(假定为男性)及其妻子采用了下面这种研究方法。在雇用一个男性职工之前,公司会调查他的家庭生活,并采访他的妻子。这些企业对妻子的要求令人捧腹,她应该:(1)适应性强;(2)善于交际;(3)意识到丈夫属于公司(而不是家庭或自己)。《哈佛商业评论》(*Harvard Business Review*)的一位作家甚至提出了更过分的要求。他告诉妻子,不要过分要求丈夫的时间和兴趣来配合自己,并写道:"由于他需要一心扑在工作上,甚至连性生活也应该退居次要地位。"[英国著名作家奥尔德斯·赫胥黎(Aldous Huxley)在《重访美丽新世界》(*Brave New World Revisited*)中引用,1959]

事实上,以21世纪的视角来看,由自认为是进步思想家的男人所撰写的所有这些书籍,在女性应承担什么样的角色以及男性对她们的态度方面,都反映了同样的观点,这一点也令人倍感惊奇。这些书籍均认为商业生活只属于男性,这些男性不是参加过二战,就是在战争中成长起来的。由于遵守纪律、服从命令和团队合作,他们赢得了战争,他们很有安全感,知道国家会满足他们的基本生活需求。许多人将这样的态度和社会状况与战前的不安全感和普遍失业的状态进行了对比。在这些男性看来,如果政府能够履行职责,提供充分的就业,他们就会坚定地支持政府,这样的态度的确行得通。只要男人通过工作赚取合理的报酬,并能够精打细算地生活,钱就不是什么问题。挣钱不是最重要的目标。从这个角度看,美国这个充满进取心和粗犷的个人主义的国度,看起来像是一个非货币的经济体系,而女性的从属地位恰好符合这种社会和经济模式。

五、种族排斥

此外,在某种程度上,这个时代的稳定得益于种族排斥。虽然从法律上讲,自内战以来,所有美国成年人都有投票权,但实际上,南方各州的各种法律,如识字和宗教测试(也被称为"吉姆·克劳法"),事实上是在剥夺少数族裔的民主。南方民主党人成为强大的保守势力联盟,与保守派共和党人组成了所谓的文明人联盟，减少了政治上的党派参与。"但是这样做的代价是使公民权利和美国的全面民主化脱离了政治议程"（李维茨基和齐布拉特，2018）。

这在当时被视为体面的良好风度，但被后世视为保守自满，伴有偏见。彼时的商业生活是传统的，民众的顺从以否定个性和许多人的公民权利为代价。同时期的道德标准也遵循着同样传统的模式。但这个时代也有许多优点，包括乐观主义和理想主义的精神。最重要的是，当政府期望人们控制住金钱和对金钱的本能反应时，他们会自然而然地这样做，以成为符合社会规范的好公民。这一时期重要的美德是：对公司或工会忠诚，终身服务，有组织能力、团结和集体精神；集体的利益高于个人的利益。这种道德观也反映在当时的货币政策上——较低且稳定的利率、与黄金挂钩的美元、传统的银行家为社区服务，就像詹姆斯·斯图尔特（James Stewart）在1946年的电影《生活多美好》（*It's A Wonderful Life*）中所描绘的那样，稳定的金融，以及在货币和其他方面极少有创新。这一时期的美国社会再一次得到了它想要的金钱。

在这个时期，美国的半货币社会创造了一种国际社会普遍需要的货币。美元作为世界货币的优势，从这个时期一直延续到当下，但这不是美联储的产物，也不是华尔街的产物，甚至也不是庞大的美国经济的产物。尽管这些都是影响美元的重要因素，但是真正重要的因素是美国的价值观。美元在全球范围地位的崛起可以追溯到一个不美化金钱的社会，追溯到一个人们不会让金钱在生活中扮演重要角色的年代。

第十章

20世纪的铰链
（20世纪60年代中期到20世纪70年代后期）

美国主导的国际秩序带来了国际社会的稳定和物质文明，并在此过程中培育了对选择和经济自由的全新追求和欲望。本章探讨20世纪60年代末至20世纪70年代末这个特殊的时期，因为它打破了战后共识的旧模式。这一时期最终孕育出一种新的世界观——关于前景和未来的生活方式（将在第12章中详述）的种子将被播下。这个世纪的铰链已经摇摇欲坠。

是什么因素引起了民众对更大经济自由的需求？从经济层面来看，这是一个进一步增长和不断上升的乐观主义时期——直到1972和1973年产油国的垄断组织将石油价格翻了两番才被打破。这是一个以凯恩斯主义为指导的财政扩张的高潮时期，以"需求管理"为名义，但却加速了通货膨胀。这个时期也见证了跨境贷款和国际金融的快速增长，以蓬勃发展的欧洲美元市场（存储在美国境外银行的美元市场）为焦点。随着参战一代人的退休以及煤炭开采等大工业的衰落，自由开始被认定是高于团结的价值。整个社会对战时的记忆开始消逝，教育水平和富裕程度的提高都刺激了人们对更自由社会的渴望。人们有了更多的钱，并可以存下更多的钱。政府官僚对市场活动的协调开始变得不顺利，显然应该出台一个将其取代的模式。人们开始问，市场有没有可能代替政府成为主导？

一、几种引领的趋势

这个时期出现了几种典型的趋势，并最终推动了新文化的诞生。

第一，它见证了一个全球性的、国际化的文学、艺术和音乐市场的出现。这样的市场自18世纪就存在，但仅限于精英阶层，却已被20世纪的世界大战和革命所摧毁。现在新的国际市场兴起，包括了一个知识分子的"先锋"市场和一个大众市场。通过后者，新的思想——包括关于货币的新思想——迅速传播到世界各地，而这甚至远远早于互联网的出现。艺术、文学、电影和科学的创新，仍然通过广播、电视、书籍和电影来传播。

第二，它表明人们越来越关注如何确保更快的经济增长，并寻求刺激这种增长的新方法。这导致一些国家就经济规划的好处进行了激烈而痛苦的讨论。在欧洲，法国率先引领了相关的讨论，德国则选择坚持其社会市场经济的版本，并以其对中央银行独立、健全的货币政策和价格稳定的承诺，为央行统一管理的未来指明了方向。也许，其他国家的人会问，是否应该让市场在经济中发挥更大的作用，就像在美国和德国那样，又或者是否可以仅仅通过增加货币需求，刺激长期的增长。英国一些著名经济学家的确主张采用后面这种策略。

第三，获得财富成功的人群对当时盛行的平均主义思想和高边际税率感到越来越不耐烦。与20世纪初或20世纪末的收入和财富分配相比，发达经济体的不平等现象在这一整个时期都保持在较低水平。

第十章 20世纪的铰链（20世纪60年代中期到20世纪70年代后期）

第四，在这个仍然由强势的政府和大公司主导的世界里，一些人开始提出这样的问题：有没有可能，小而美也是正确的？（库尔特·舒马赫（Kurt Schumacher）的《小的是美好的》（Small Is Beautiful）一书于1973年出版，立即获得广泛赞誉。）在我在企业里找到一份工作之前，我的妻子是否应该接受企业的审查，通过试金石测试？或者，禁止雇用离异者的规定是否公正？我是否必须和我的邻居一样，都穿"灰色法兰绒西装"？哦，顺便说一句，我的妻子/女儿/姐姐也想工作，不是做打字员，而是成为专业行业人士。站在2020年的角度回望，我们很难想象，这些压抑了新思想的保守主义是多么的沉重和普遍。

在这一时期，这些即将改变世界的思想几乎还没有任何冒头的迹象，但它们就像深埋在泥土中的种子那样，一旦积蓄了足够强大的力量，一旦空气变得更加温暖，就会把头伸向空中，破土而出。

二、美国带来的挑战

并不是每个需要接受美国强加秩序的人都喜欢这个秩序。许多人担心本国的传统很快就会被美国的金钱、权力和文化诱惑所淹没。正如历史学家哈罗德·詹姆斯（Harold James）所说："对于除美国以外的每一个国家来说，战后的和解实际上是包裹了糖衣的美元霸权的苦药，它只对美国公司和工人有利。"（詹姆斯，2018）这种担忧强化了左派的力量，也为以苏联为首的共产主义国家扩大国际影响提供了机会。从意识形态层面来看，西方国家仍处于守势。大多数发展中国家的政府都属于中立偏左阵营，其领导人往往在欧洲一流大学接受教育，并在那里接受了马克思主义对资本主义的分析和观点。

三、欧洲的反美主义

到了 20 世纪 70 年代末，西方政府成功地抵制了马克思主义在政治层面对资本主义的攻击。但作为一种意识形态，马克思主义仍然渗透到西方知识分子的文化研究和态度中。右翼的狂热支持者也抨击了被他们视为美国金钱中心主义的理念。在保守的右派看来，这是一种庸俗的思想，是一种社会威胁。在马克思主义左派看来，它是美国资本主义用来统治世界的工具。民族主义者则反感欧洲权力卑躬屈膝的姿态。例如，英国在其"伟大盟友"美国手中就遭受了多次羞辱，包括被迫放弃通过与法国结盟在 1956 年从埃及总统纳赛尔手中夺回苏伊士运河的企图。看着美国似乎已经与英国昔日的敌人德国（西德）和日本建立了友好的友谊，英国感到十分不满。美国大型跨国公司在欧洲的投资激增也激起了民众呼吁欧洲国家采取反击行动的要求。法国政治家兼记者让－雅克·塞尔旺－施赖贝尔（Jean-Jacques Servan-Schreiber）的畅销书《美国的挑战》（*Le Defi Americain*，1967）对此进行了阐述。这本书夸张地强调了跨国公司的发展和美国企业在欧洲的经济实力，并声称美国经理人比欧洲人更清楚如何利用欧洲的资源和市场，因此欧洲人可能很快就会成为附庸于美国的分包商。塞尔旺－施赖贝尔的观点暴露了欧洲人担心自己的经济正在被美国超越的焦虑。然而，大多数人高兴地看到了经济复苏与较低的失业率，并明白美国的领导力是良好的，也是必不可少的。这些良性的经济状况与第一次世界大战后的混乱和灾难性的经济状况相比，进步是显而易见的，至少对经历过两次世界大战的老一辈来说是如此。

第十章　20世纪的铰链（20世纪60年代中期到20世纪70年代后期）

（一）全球范围内，左翼情绪盛行

这一时期，思想界的争论被马克思主义的内部辩论所主导。马克思主义依然是那些反对现状、厌恶社会和经济现状的美国化、反对自由化的人聚集的旗帜。法国和意大利的知识分子的生活完全被马克思主义者之间沉闷的辩论所支配。即使在西德（原德意志联邦共和国的简称），战后不久健全的货币政策和市场资本主义得以扎根，以尤根·哈贝马斯（Jurgen Habermas）为代表的顶尖知识分子依然使用马克思主义的思想框架，对历史、社会和文化进行探索。尽管越来越多的证据证明，苏联在两次世界大战期间实施了诸多恐怖行为，但许多知识分子依然支持苏联，比如臭名昭著的剑桥间谍［在20世纪30年代，已知有五名间谍在剑桥大学接受教育期间，被招募为苏联特工，其中金·费尔比（Kim Philby）在1963年叛逃到苏联；最后一名间谍约翰·凯恩克劳斯（John Cairncross）在1990年才被公开揭发。可能还有其他一些间谍从未被发现。他们成功地渗透到英国政府中，担任高级职务，并向莫斯科传递了大量的秘密情报。这几个人叛国的最初原因是他们不仅相信共产主义是比资本主义更优越的意识形态，而且相信苏联是对抗法西斯主义最好的政治和军事防御。苏联也是英国在第二次世界大战中反法西斯的重要盟友］。但1968年布拉格之春的残酷镇压使许多人羞愧地放弃了对苏联的支持。到那时，一种新的对"西方"的愤怒已经做好取而代之的准备——就如当年的学生起义所显示的那样。正如我们所看到的，贯穿于马克思主义所有分支的一条主线——实际上也是左翼思想的一条主线——是仇恨金钱，仇恨社会组织原则的利润动机。正是金钱及现金关系被视为造成异化、精神和文化死亡，以及孤立自我的最根本原因。

到了 20 世纪 70 年代后期，在自由市场经济复兴的很长一段时间之后，许多知识分子预计，以各种形式存在的社会主义将在北美以外的所有国家和地区取得最终的胜利。

（二）沿着国家主导的发展模式前行……

亚洲、非洲和拉丁美洲也在进行类似的辩论，而且在那里，左派知识分子也取得了普遍的优势。印度在 1947 年实现独立后，接管的政府采取了国家主导的社会主义发展模式，其特点是庞大的公共部门、针对进口的高度国内保护措施、鼓励与进口竞争的国内生产，以及参照苏联模式的五年计划。相较于苏联的模式，印度模式为资本主义企业和市场留下了更大的空间，但却依然将大部分经济命脉掌握在国有企业手中；钢铁、采矿、机床、水务、电信、保险和电厂等行业都被国有化。1947 年至 1990 年期间，在印度开办企业需要申请名目繁多的许可证，遵循各种各样的规章制度和随之而来的繁文缛节，即通常所说的牌照制度（Licence Raj）。换句话说，金钱和利润的动机往往遭遇高度的怀疑，并可能被视为反社会。印度的高级公务员往往受过牛津、剑桥的教育，拥有很高的社会地位，且无需为了金钱而工作。在货币方面，历届印度政府都对印度的黄金文化进行了无休止的但毫无结果的打击。因为在印度传统文化中，黄金被认为是最保值的，所以印度长期以来一直是世界上最大的黄金市场。

四、英国的社会与文化

敏锐的观察家安东尼·桑普森（Anthony Sampson）对同时期的英国社会进行了精辟的描述。为了说明英国社会态度和观点的变

第十章 20世纪的铰链（20世纪60年代中期到20世纪70年代后期）

化，我从中挑出几个与社会生活、对金钱的态度有关的小片段作为佐证（桑普森，1962，1971）。当时商业电视还处于起步阶段，但人们已经在谈论商业电视赚大钱的前景。广告商迟迟没有意识到这一媒介的巨大力量——然后，桑普森说，突然间，"在几个月的时间里，新生代的百万富翁就涌现出来"。他们在改变英国人的生活方式方面发挥了巨大的影响力，"他们能够将整个生活方式、整个教育背景和价值观，投射到数百万个屏幕上"——而在这个屏幕里的世界中，金钱所扮演的角色比当时金钱在现实生活中扮演的角色要重要得多。它试图传递的基本想法是，让人们对自己拥有的一切感到不满，并想要出去购买更多的东西。商业电视的赞助权落入了桑普森所说的"一群野蛮人"的手中。他们是经纪人、金融家、无线电小贩和电影院老板。在文化方面，桑普森说，商业电视的最初几年，几乎没有留下什么值得铭记的东西，只有"一大堆的金钱"。

桑普森随后描述了银行业里的金钱。"在过去的十年里"，他报告说，"银行家像蜗牛出壳一样，小心翼翼地、慢慢地出现在公众的视野中"。先看那些专属的"商人银行"，大部分还是由罗斯柴尔德家族、霸菱银行（英国历史最悠久的银行）、汉布罗斯和拉扎德等老牌家族经营。当英国的工业被一波又一波的危机肆虐时，英国的商业银行则越做越好，不断发展壮大。它们将目光放在了整个国际市场，总是在不断地寻找商机。"它们不仅是全新英国的风向标，而且是整个战后新欧洲的风向标——这个欧洲，不是由共同的理想主义凝聚，而是由共同的金钱利益联合"（详见第15章）。然后是巴克莱和国民西敏寺银行（Natwest）等老牌商业银行，也被称为"高街银行"，或过去所谓的"清算银行"。这些商业银行"游离在国有化和自由企业之间边缘地带，很怪异"。这时期的银行之间几乎没有任何竞争，因为所有的银行都提供相同的服务，收取几乎相同的贷款利率，并严格限制可以提供的贷款类型（例如，都不提供抵押贷款），而且收取的服务费用也基本相同。然而，这些银行都是"安全的"和"沉着的"；"股份制银行家的敬业精神、不贪婪的本质和默默无闻的服务意识为英国金融提供了一个平和、安全的内核"。

但是，银行还停留在维多利亚时代的经营模式，迎合拥有房产的中产阶级，而忽视了其他所有人。这导致只有30%的成年人拥有银行账户。银行甚至没有尝试任何举动，去吸引大多数没有银行账户的成年人。这一点从银行的营业时间安排就可以看出来。银行通常在大多数人上班之后开门，然后在他们下班回家之前就关门了。但是，当银行的董事会成员都是知名公学的毕业生，且25%的董事都毕业于同一所学校——伊顿公学（Eton是世界上最著名的私立中学之一，于1440年由英皇亨利六世创办，有着"绅士摇篮"的美称）的时候，我们怎么可能指望银行去主动接触和关注普通大众的需求呢？

然后是货币政策的问题：谁应该负责制定货币政策？没有人知道！桑普森将其描述为"一个神秘的迷宫"，且其终点是"财政部和英格兰银行之间某个混乱的区域"。这两个机构保持了高度神秘性，"对于外界的探究者来说，尤为令人沮丧的是，银行或财政部都不太愿意承担启发国会或公众的任何需求或责任"。

五、对市场的恐惧，将其视为"一种地狱"

想要进军伦敦城的金融界，只有光鲜亮丽的公学教育背景是不够的，还需要有人脉，"理由是，伦敦城的运作是建立在相互信任的基础上的，因此雇佣一个陌生的外来者是不可想象的，更不用说雇佣有色人种或女性来担任高级职务了"。桑普森深入地讨论了商业中的"新财阀集团主义"。不过与2018年的金额相比，当时高管们获得的金钱收入是微不足道的（即使是当时英国最大的公司的董事长，也没有一个人的工资超过2018年的40万英镑的标准，这样一个数字会被现在的高层管理人员嗤之以鼻）。桑普森说，难怪年轻人都在寻找其他行业的就业机会。桑普森敏锐地察觉了一种情绪，它在20世纪70年代初，刚刚获得力量，倾向于给个人自由和市场设定的货币价格更多的空间。但桑普森并不喜欢这种苗头，他说："一个商业体系，如果没有任何可供选择的价值观，无论是学术的、贵族的、基督教的还是社会主义的，对后代而言，不亚于一种地狱。"

六、变革的种子

现在回顾这段时期的历史，我们发现有几个先行的社会指标脱颖而出，预示了未来的发展方向。

（一）社会个体的观点。米尔顿·弗里德曼等人要求我们尝试理解社会中个体的观点，以及他/她会如何应对货币环境。我们应该把个体想象为能够理性地规划，在有生之年花掉自己的财富的人。这种观点精准地反映了受教育民众的态度变化，并可能对货币政策产生潜在的巨大影响。如果个人从经验中学习，预测未来，并因此而预期价格的上涨，这将意味着从长远来看，货币政策的刺激不会影响实际产出，而只会影响价格。因此，经济学家应该将公众预期的通货膨胀率纳入考虑范围。一个提倡市场经济的重要智库——经济事务研究所（Institute of Economic Affairs），是由商人安东尼·费舍尔（Anthony Fisher）根据哈耶克的建议，于1955年在英国成立的。在20世纪70年代中期之前，它在很大程度上还是一个边缘的团体。在同一时期，《金融时报》的塞缪尔·布里坦（Samuel Brittan）和《泰晤士报》的彼得·杰伊（Peter Jay）等评论员已经对传统的货币智慧提出了挑战，《银行家》（*The Banker*，我是该报编辑）也是如此。

（二）1968年的学生起义。到了20世纪60年代中期，年轻人开始对周围的世界，或他们在新兴的电视媒体上看到的东西感到日益不安了。他们经历了1961年的古巴导弹危机、肯尼迪被暗杀，以及对苏联和美国之间核弹袭击的阴影里。虽然变革的渴望在新左派和学生领袖丹尼尔·科恩－本迪特（Daniel Cohn-Bendit）及塔里克·阿里（Tariq Ali）等叛乱煽动者的身上表现得最为明显，但其他人群也对现状不满。[1968年5月，巴黎骚乱（Les evenements）也在积极地挑战现状。]变革的要求成为不可抗拒的潮流；知识分子成为鼓动变革的核心力量，并能够在事件发生后全身而退。当让－保罗·萨特（Jean-Paul Sartre，法国哲学家）在1968年5月的骚乱中，因非暴力反抗而被捕时，他的地位如此重要，以至于戴高乐（Charles de Gaulle）总统都赦免了他，并表示："你不能抓伏尔泰。"讽刺的是，恰好是这些知识分子领导的抗议活动导致戴高乐本人在第二年辞职。

（三）新兴的企业家精神。在英国，后来成为英国最著名企业家的理查德·布兰森（Richard Branson），于1966年建立了他的第一个"学生"企业。他以"维珍"为标号进行交易，廉价出售唱片，抢夺了现有成熟销售渠道的市场份额。他由此开始了挑战大集团、垄断组织、价格协议等传统商业模式的职业生涯，这也成了他个人的独特标志。布兰森作为一个令人敬佩的商业领袖，成为一个榜样，也在年轻一代中普及了创业的理念，产生了巨大影响力。但是，这些在20世纪60年代种下的种子,在很多年之后才真正开始发芽、成长。

(四)美国选择通过通货膨胀为战争提供资金。为越战融资的美国国内通货膨胀破坏了全球货币体系,因为这导致美国无法将美元维持在35美元一盎司的含金量。美元的贬值切断了支撑所有货币价值的锚,吸引其他国家效仿,上调本国货币对美元浮动率。这导致个人道德层面的"纵容社会"(英国自20世纪60年代以来的社会态度)的形成,并逐渐影响到货币和银行业务。

(五)技术创新。20世纪70年代见证了第一张软盘、电子游戏、录像机(VCR)、数字手表、苹果电脑、移动电话、文字处理机和微软的诞生。这些现代化的技术将更多的权力交到了个人手中。

(六)环境保护主义的诞生。1972年,罗马俱乐部(Club of Rome)的报告《增长的极限》(*Limits to Growth*)发出警示,世界文明将在21世纪崩溃。尽管存在知识层面的可疑之处,但这个论点却越来越被大众接受。报告称,人类文明的未来取决于人类能否采取认真的行动解决环境和资源的问题。如果没有采取保护行动,这个模型预计"过度消耗和崩溃"将发生,即对人口、物质产品等无限增长的追求将导致全面的崩溃。只有对人口增长和物质产品的生产进行限制,维持全球平衡的状态,人类才能创造一个可以在地球上无限持续的社会。

七、利用金钱推动的增长

这一时期,货币国定论也出现了新的变化。根据这个基本思想,国家试图通过增加货币需求刺激经济增长。在这一思想指导下,我们面临这样一个悖论:在一个相对僵化的社会中,市场上的货币价格对经济资源的分配只起到有限的作用。与此相对应的是,存在一种天真的信念,认为政府对货币需求的正确管理可以创造奇迹。在英国,基于这一理念的货币实验被推向了极端。保守党政府在1971年实施的英镑浮动得到了狂热的拥护。彼时的评论家说,英国终于摆脱了美元固定汇率的束缚,终于可以结束通货膨胀和紧缩交替的货币政策了——几十年来,在造成"英镑危机"时,英国不得不以此控制经济的增长。因此,经济机构、以《经济学人》为首的媒体,甚至是英格兰银行,都支持这种充分释放需求的货币实验——加大货币供应量,希望这种需求能刺激经济的长期增长,而不仅仅是昙花一现,进而从根本上转向更快的长期增长。长期以来,英国的政策制定者一直羡慕地看着海峡对岸欧洲国家的成功实践。例如法国,在其法国计划部(Commissariat General du Plan)出台的"指示性计划"下,成功地开展了货币实验。德国也成功地实践了"社会市场经济",如经济学家沃尔特·欧肯所概述的那样(见第六章),它强调竞争和市场。相较之下,英国被视为欧洲病夫,为此尝试着在金钱上赌博——充分发挥货币的引擎作用!随之而来的就是货币政策和财政政策的放松。然而,所有这些赌博最终以惨败收场,美国和英国都开始遭遇通货膨胀(普林格,1976)。

八、铰链

政治和意识形态方面的变化正在发生。一个期待未来与现在非常相似的世界被一个期待着不同未来的世界所取代——可能是一个全新的世界,而金钱将成为这种变化的关键媒介和指标。艾恩·兰德(Ayn Rand)的教诲是"金钱……会带你到任何你想去的地方,但它不会取代你决定前往的方向。"在兰德的言论首次面世时,很多美国人以及其他国家的大多数人认为,这个想法很奇怪,但后来

第十章　20世纪的铰链（20世纪60年代中期到20世纪70年代后期）

事实证明它颇具预见性（兰德，1957）。"理性自私"的学说和对国家的猛烈抨击，以及运用无情的理性，分析人类面临所有问题的观点，被一些人誉为自由主义（包括未来的美联储主席艾伦·格林斯潘）。当时，在许多欧洲国家，公共部门吸收了GDP的一半或更多份额，然而随着富裕程度的提高，人们希望打破固有的束缚，他们希望服务的提供者，包括国家，能更快地满足他们的消费需求；此外，他们还希望降低所得税。即便满是受过高等教育绅士的金融圈子，在20世纪70年代，也认为市场力量在道德上比国家提供的服务更优越，令人愤慨。但在随后的短短几年内，社会给予金钱惊人的信任——至少高度信任竞争性市场中设定的商品和服务的价格，能够更好地协调人类活动的能力。人们对金钱的看法甚至给金钱的定义都发生了天翻地覆的变化。很快，金钱就被视为一种自我表达的手段，一种证明自由意志存在的工具，一种私人生意的资本来源，以及一种被赋予几乎神奇属性的东西。创业行为在过去仅被视为小资产阶级店主的专属行为，但这时也摇身一变，成了相当正常甚至令人钦佩的行为。例如，更多的记者成为"自由职业者"；政府也不再是市场的支配者，而是成为需要向银行家求助的存在。在这样一个不断变化的舆论环境中，人们自然而然地呼吁依靠个体的主动性，而不是国家规划，来推动经济的发展。很快，英国人就会听到自己国家的首相（撒切尔夫人）宣称"除了市场，别无选择"。这些想法已经萌芽了很久，这时是结出果实的时候了，也是货币的力量充分释放的时候了。

第十一章

全球货币空间的创立（1980—2000年）

全球货币空间的复兴，被视为世界历史上一个里程碑式的进程，就像14世纪和15世纪的意大利文艺复兴那样，是没有事先计划、不可预见且令人震撼的。所有的一切都将以新的角度出现。它将使人们感受到无数事件的涌动，感受到未来是全新的，且不确定的。与此同时，它将定义所有社会和个人的生存条件，而他们能否取得成功，将取决于自身应对全新挑战的能力。在这个全新的货币空间里，一个新的前景将形成并蓬勃发展，就像刚刚发现新大陆的探险家那样，我们也才刚刚开始探索它的具体情况。毕竟，这是一个在20世纪末才出现的新事物，而且还在不断地发展。[1]

第一，我们需要了解下列相关的定义。这里所说的货币空间包含了地理、经济、竞争和金融方面的含义。首先，它是一个地理区域。在这个区域内，资金能以低廉的成本，在个人、企业和国家之间顺畅地流通。当这个地理区域扩展到几乎涵盖整个世界时，它就能够被称为"全球货币空间"。其次，它也是一个经济空间。在这个空间里，个人和企业能够以较低的交易成本，从同一个空间里的任何其他个人或企业处购买商品、服务和资产。再次,它还是一个竞争空间。在这个空间里,所有的公司都在与其他公司竞争。最后,它也是一个金融空间。在这个空间里,个人在银行或其他金融机构拥有账户,并借此获得一系列金融服务。它是由一个分散的网络形成的。在这个网络中,工作要素——公共和私营部门的机构——之间相互联系,但并不由一个中央当局组织或控制。全球货币空间或许能够抵御小国的孤立主义政策,但如果一个大国,或一个大范围的地区离开(或采取极端孤立主义政策),全球货币空间就会被打破。

在这个全球货币空间内,有许多货币领域。这些货币领域就像是我们的太阳系。在其中,主要的货币,尤其是美元,会像大行星或天体一样,对周围地区产生"引力"。全球货币空间是全球化的一个方面,主要集中在全球化进程的货币方面。然而,通常与"金融全球化"或"国际货币体系"等术语相关联的一些特征,不一定适用于全球货币空间。例如,即使美元实际上仍然占据着主导地位,但是某种主导货币,或某种主导的货币形式的存在,并非必需。此外,这个空间也不需要有一个共同的金融监管机构,或任何特定的汇率安排,更不需要一个世界性政府。

一、历史意义

在短短几年内,人类第一次通过一个多向的金融纽带相互联系起来。这改变了全球人们的生活条件、人生机遇、制订计划的方式,以及投资的对象。人们开始以新的方式思考自己,思考自己的家庭、朋友、人脉和社会。人们可以与任何人进行商业交易,交换新闻、想法和各种信息,也可以从任何人那里接收这些信息。事实上，全球货币空间也为全球文化的生根发芽奠定了基础，因为它包含了与金钱及其作用有关的一套新信仰、态度和价值观。世界各地的社会都被这种文化所浸染。万维网和电子邮件的发展推动了全球货币空间的发展，但全球货币空间并不是由它们创造的。以我个人的经验为例，当我在 1990 年创办《中央银行出版物》时，我们仍然通过邮寄方式发送宣传材料和销售信件。大件物品如书刊目录等，则是通过海路邮寄的。几年后，当我们推出系列培训课程时，大多数中央银行都有了网站和电子邮件，让我们可以在网上发送宣传材料——这对于我们这家想要建立全球品牌的小公司来说是一个巨大的优势。很快，我们就拥有了来自 120 多个国家的用户。幸运的是，中央银行往往是使用新通信技术的先锋。在没有任何事先计划的情况下，我误打误撞地经营了一家利用互联网和电子邮件建立全球特许经营权的第一代公司。

全球货币空间的形成是由利益而非信仰或理想驱动的，但它促进了新自由主义观点的传播。我们已经在第六章中探讨了新自由主义观点的起源和重要性。新自由主义为政治家提供了一个体面的借口，可以削减社会福利，并对日益扩大的收入不平等无所作为——他们的理由是，强大的市场要求束缚了他们采取行动的能力。对某些人而言，这似乎是对民主派的保护，也是对民主领导人提出的重新分配和不断干涉市场的要求的保护。新自由主义者可以将其视为一个允许市场在发挥其关键的定价作用的同时，最大限度地避免来自好管闲事的政客插手的空间，甚至可以将其视为找回失落的 19 世纪"小国自由主义"和"私人财产权"世界的途径。

创新者和来自各类企业的人——不仅仅是银行家——都在世界各地寻找新机会，不断寻求增加新功能，充分发挥其作为新社会的连接者的作用，以期在相距遥远的经济中心和个人之间建立联系。

但是，伴随着这种激动人心的、革命性的世界变革而来的是在当时还不清晰的各类风险，以及狂妄诱惑和罪恶。共产主义集团的垮台、中国的改革开放、印度和其他新兴经济体的自由化使西方的货币实践在全球范围内取得了令人炫目的优势地位。

二、放任自由的金融

金融是如何实现自由的？正如第10章所指出的那样，美国领导的战后经济和货币秩序的成功，逐渐引发了民众放松对经济限制的要求，包括针对货币规则的限制。这些要求在各个层面——个人、家庭/社会、国家政府层面和国际层面——都能感受到。人们有了更多的钱，并希望拥有更大的自由支配权；政府希望在借钱和花钱方面获得更大的灵活性，而不再受限于严格的汇率。金钱再次成为一个推动变革需求的要素。尤其当人们和银行拥有了更多的钱，且借贷变得更容易的时候，与公共货币系统所施加的限制之间的冲突以及摩擦就变得更严重。二者之间的较量一直持续，直至现有的货币秩序崩溃。然后，所有的一切都开始被私有化。在某种程度上看，货币本身也被私有化了。

披着左翼激进主义的伪装，在20世纪60年代，掀起了颠覆性的文化创新的同一批人，继续拒绝通过国家集权解决经济问题。他们推崇市场和自由金融，并为全球货币经济的创造贡献了力量。随着时间的推移，全球货币空间的诞生也见证了受过教育的中产阶级——20世纪60年代激进主义者的后代——占据了商业、银行、专业领域和国家机构的高级职位。这一次，这些中产阶级要确保自己能够获得丰厚的薪酬。他们充分了解自身的价值，且很少抑制自身影响力的发挥。储蓄和消费越多，意味着人们越有动力去赚取更多的金钱，这也导致贫富之间的收入差距进一步扩大。

如上所述，如果将全球货币空间视为一个公私合营的企业，那么公共部门在其中发挥了关键作用。然而，正是私营部门对受管制的旧金融体系，即通常所说的"金融压制"实施了致命一击。随着跨境贷款和债券发行的空前爆发，这最后的致命一击发生在20世纪70年代末。早在20世纪50年代末，欧洲美元市场的逐步发展，就已经为这最后一击奠定了基础。这是一个存放在伦敦银行的美元市场，在一开始是一个私人部门的举措，但通常由公共部门提供资金。在20世纪60年代末，银行家也在积极寻找新的贷款机会，以配合美元货币体系的地理扩张。随之而来的是"财团银行"的时代（银行集团联合起来，与彼时的行业龙头竞争，特别是花旗银行）、大量的欧洲美元"银团信贷"和债券发行的时代。这一时期的银行家，将自己视为英雄，视为新世界的代言人。在这段时期，几乎每个月都有一个新的行业组织在伦敦成立，并在克拉里奇酒店举行所谓的启动仪式。我记得在其中的一个场合，有一个朋友向我走来，并说了下面这段话：

嗨，罗伯特，您好，我正在准备成立一家新的财团银行中，这将是世界上第一家专门从事西非业务的银行。我们已经得到了花旗银行和其他许多大银行的支持。下周我们将为（×国）做第一次债券发行。欢迎您来参加我们的签约仪式！

来自全球各个角落的金钱都汇聚于此，越来越多的货币开始浮动，商品价格快速上涨，实际利率很低，所以借款人迫不及待地想要瓜分和利用国际货币市场上的资金。借贷的激增也得到了官方部门的鼓励，因为在全球油价大幅上涨之后，政府需要市场来"回收"

流向石油生产国的大量资金。全球石油价格经历了两次飞跃式暴涨：在1973年的产油国垄断组织，石油输出国组织（OPEC），将油价提高了400%；在1979年，伊朗革命和"两伊"战争导致油价飞涨。许多石油进口国都遭遇了破产的威胁，除非它们能借到大量的资金。银行开始充当"中间人"，但是当一个又一个国家——从1983年的墨西哥和巴西开始——违约（理由是它们不得不暂停支付利息）时，银行业付出了惨痛的代价。西方国家的政府开始着手实施有史以来的首次国际救援，但并不是出于对受影响国家的同情，而是为了拯救西方的银行体系。这非常适合市场的需求，因为它把公共部门变成了银行的盟友，成了参与者，而不仅仅是旁观者。

位于风暴中心的货币——美元——没有锚定任何实质资产，因为美国总统尼克松在1971年切断了美元与黄金的关联，而黄金一直被视为金本位世界货币结构的基础。国际银行的行为依然不受监管。各个国家在更改汇率或从私人市场上借贷时，也不需要获得许可。它们可以凭借信用度获取最高额度的借贷。国际资本的数量和流动也不再面临任何控制。国际货币基金组织失去了对发达国家的影响力，也不再能够对其他不需要其资金的国家施加影响。各国政府发现，只要它们能够说服债权人，使其相信自己有足够的收入和政治意愿来偿还贷款，或至少能够支付贷款的利息，它们就可以在全球货币市场上借到大笔资金。这导致许多国家向外国投资敞开大门，将本国的国有证券公司私有化，鼓励出口，使国家货币政策现代化，并使中央银行更加独立。

三、美国里根总统和英国撒切尔首相统治的十年

如果没有英国首相撒切尔夫人在1979年至1990年间，以及美

国总统罗纳德·里根在 1981 年至 1989 年间打下的个人烙印，全球货币空间就不会以这样的形式在这样的时间节点到来。在随后的 10—15 年里，即 21 世纪初之前，一直占据全球空间的全球货币文化，也不会具有其最终的鲜明特征。这两位领导人重新塑造了整个世界的政治辩论条款。无论是敌是友，都认为二者带来了深远的影响。他们的朋友欢迎二者，认为他们带来了解放的力量，这固然是正确的；但他们的对手指出他们的分裂性也同样正确。虽然他们的任期在互联网出现之前就已经结束了（公域万维网诞生于 1993 年），但他们的影响却很深远。因此，当世界在互联网的推动下变得互联互通时，20 世纪 90 年代占据新空间的意识形态，也受到了里根和撒切尔夫人的个人主义、自力更生、扩大机会和货币自由思想的影响。

现在看来，他们的意识形态和对自由货币的积极拥护是顺应了历史的潮流；但从当时的传统思维来看，是离经叛道的。我记得当时的政策制定者和经济机构均试图忽略里根和撒切尔夫人的政策，就好像他们是一种拙劣的笑话。美国执政的民主党和欧洲盛行的自由主义左派领导人，对里根和撒切尔夫人及二者所代表的一切深恶痛绝。当然，凯恩斯主义经济学家认为，市场永远需要由明智的政府和经济学家来引导，例如他们自己，而这两个无知的政客竟敢主张让市场实现良好的自主管理！30 国集团（Group of 30）（我当时是该小组的主任）的大多数成员，包括顶级银行家、经济学家和中央银行的代表，都讨厌里根的经济政策。我还记得欧洲高级政治家对里根的轻蔑态度：1982 年，在施密特卸任西德总理后不久的一次采访中，他用"牛仔"一词来形容里根。

撒切尔夫人的标志性政策包括废除对资本流动的控制和国有工业的私有化，这两个政策都是为货币价格和市场力量开辟巨大新空

第十一章　全球货币空间的创立（1980—2000年）

间的关键因素。诚然，撒切尔夫人的反社会主义言论在某种程度上不过是说说而已，因为她从未挑战过福利国家的基本制度，但她提出的私有化和货币自由流动等政策相关的市场言论，颇具实际的影响力。她使得支持市场以及反对任何干扰市场的行为变得受人尊敬。里根和撒切尔夫人也为反对国际社会主义的斗争注入了新的驱动力，最终里根于1987年6月，在柏林向苏联领导人戈尔巴乔夫发出呼吁："戈尔巴乔夫先生，拆掉这堵墙。"两年多后，柏林墙就被拆掉了。

许多国家纷纷效仿撒切尔夫人的私有化，出售国有资产，将资金纳入政府的财库。在此之前，从来没有人告诉他们可以这样做。在20世纪30、40年代，这一做法就已经被德语区的经济学家想象过，并经过西德、美国大学、芝加哥学派和智囊团的过滤之后。这是否可以被视为新自由主义"实验"的高潮？（详见第六章的讨论）从某种程度上来说，它的确是。这可以被视为思想的力量与货币的力量相互作用的惊人的例子。另外，两位领导人都是热情的民族主义者/爱国者。相比之下，新自由主义实践，至少在其最初的形式下，是国际主义的。它坚持世界经济的概念，建立保护世界货币不受民族国家影响的机构，但这与里根和撒切尔夫人的世界观并不相同。然而，两人都得到过米尔顿·弗里德曼和其他货币主义反革命成员的建议，两人都很崇拜哈耶克。因此，尽管两人都是民族主义者，但是他们的行动依然为全球货币空间的建立铺平了道路。

随着1989年柏林墙的倒塌和苏联的解体，诸多前社会主义国家也纷纷加入了国际货币基金组织。这也使得国际货币基金组织在随后的几年时间里，真正实现了全球覆盖。随之而来的是许多中央银行和新货币的产生——供市场投资和投机的更多资金——以及为政府提供市场融资的巨大新机会。数百万人第一次享受到了货币自由。如果没有里根和撒切尔夫人的领导,这一切不会发生得这么快,也许根本不会发生。

通过固定汇率和固定美元金价实施来看,显然已经失去了吸引力,但什么可以来取而代之呢?只要这些旧规则还在,任何国家都不可能在不违反国际规则和承诺的情况下,施行通货膨胀。这些旧规则实际上限制了政府进行赤字融资,进而限制了政府向选民承诺利益的能力。市场能否实施适当形式的管控?在几年内,市场似乎可以做到。但如果政府过度借贷,投资者肯定会要求更高的回报,与这些政府债务相关的利率也会上升。那么就会引出另一个问题:债券市场能够实施足够的监管吗?克林顿总统的政治顾问考虑过这个问题,并表示:"我曾经想着,如果能够重生,我想当总统或教皇……但现在,我改变想法了。我想以债券市场的身份回来,因为这一定会恐吓到所有人。"那些可能导致过度借贷的国家(从市场的角度来看)陷入借贷困境,或需要支付高昂代价的"债市义勇军"(bond vigilantes,专门指那些为了对抗政府的财政政策和货币政策而抛售国债的人),后来发现市场已经不再向他们开放。当政府出台刺激性货币或财务政策时(例如增加财政赤字),经济有可能面临通货膨胀。而已经购买了国债的人可能因此蒙受损失(收益减少)。这个时候,他们为了反抗,就想把政府的国债抛售掉,却发现市场已经对其关闭了,或者说理论上是这样的,但这又是一个等着被推翻的理论。

四、金钱打开了世界的大门

货币和市场的新力量促成了几次巨大的地缘政治转变:邓小平领导下的中国转型(1978年以后),柏林墙的倒塌,20世纪90年

第十一章　全球货币空间的创立（1980—2000年）

代初苏联的解体，以及1991年后印度在曼莫汉·辛格担任财政部部长（他后来担任了十年的印度总理，直到2014年卸任）的情况下，进行的市场改革。世界上许多国家和地区，包括人口最多的国家，都加入了世界经济。加入的方式不仅仅体现在贸易的开放上，还体现在将本国与全球货币市场建立的联系上。尽管许多国家保留了对资本流动的控制，但全球经济的主要趋势是进行循序渐进的自由化。到2000年，全世界数十亿人通过货币纽带，与地方、国家和国际货币及通信网络联系在一起。一个全新的服务世界向他们敞开了大门，这就是新的"空间"。通过这样的方式，发展中国家在20世纪80年代初经历了严重的债务危机后，一反常态地加强和巩固了新秩序，这主要体现在迫使官方机构和主要政府深入参与拯救新秩序，它们助推了全球货币的诞生。

这个货币体系仍然得到美国军事力量的支持。一位顶级银行家［摩根大通的掌门人丹尼斯·韦瑟斯通爵士（Sir Dennis Weatherstone）］在1982年告诉我，一想到无论银行单独承担什么风险，这个体系仍然由美国来执行，且如有必要，美国会动用其货币和军事力量来维持游戏规则，就令他十分放松。他说，这意味着如果借款人违约，美国将支持债权人的追偿权。他说，"一个主权国家违约，将是对财产的盗窃——对美国而言，这是一个可以上升到外交政策的问题。"作为这个体系中最大的利益相关者，美国认为国际贸易和金融的制度性基础设施，对实现"自由世界"的繁荣至关重要，并将全球货币空间的建立视为公共和私人部门的共同事业，其中政府主要负责公路、铁路、民用飞机、机场和电信设施等有形基础设施，以及对公众接受私有化至关重要的公共服务（教育、卫生服务、社会保障、养老金）。

五、通往湮灭的垫脚石？

尽管许多思想起源于欧洲，如冯·米塞斯和哈耶克等经济学家的思想（详见第六章），但自由市场的思想领袖主要来自美国，以米尔顿·弗里德曼为代表；在英国，自由市场经济学派的倡导者很少，在英国经济学界也没有得到什么支持。20世纪60年代看似有效的国家主义和凯恩斯主义的补救措施，在70年代的通货膨胀中失去了可信度，这使得自由市场思想逐渐被接受。

虽然货币依然由美国力量间接地支持，但它不再是美国在第二次世界大战结束时用来在全球范围内投射其力量和理想的工具。货币不再从属于政治、社会，甚至道德规则。事实上，在某些方面，现在的货币已经与美国最初坚持的理想背道而驰。金钱开始被用来投射各种形式的私人权力，并开始与国家权力抗衡。回顾过去，显然只有企业，而不是国家，才能推动实现如此快速的进步所需的技术和组织的持续创新。各国政府已经向银行家和商人大量授予金钱方面的荣誉。

现在的人们已经忘记了社会为何会非常谨慎地对待金钱，并对其施加规范。他们忘记了为什么自古以来哲学家和宗教领袖都警告过金钱的腐蚀力量，忘记了为什么历史上大多数社会金融家和商人都地位低下。全球货币空间的出现使得现在成为危险时刻，因为历史的教训已经被遗忘。

西方思想家对这个新世界的欢迎方式不仅是一种必胜主义：

换句话说，正在出现的胜利，并不是自由主义的实践，而是自由主义的思想。也就是说，对于世界上很大一部分地区来说，现在没有任何一种自诩为普遍性的意识形态，有能力挑战自由民主，除

第十一章 全球货币空间的创立（1980—2000 年）

了人民的主权之外，也没有任何普适的合法性原则。（福山，1992）

福山精准地描绘了当时的国际态度。全球货币空间在 20 世纪 90 年代完成，当时国际货币基金组织的成员已经来自全球各国和地区。在 1980 年到 1993 年间，超过 40 个国家加入了国际货币基金组织，并承诺遵守良好的行动规则——基本上等同于货币自由，这些规则最初是在 20 世纪 40 年代制定的。这是一个神奇的时期，大多数国家建立了自己的中央银行，并发行了本国的货币。

然而，20 世纪 90 年代末的亚洲金融危机令人发觉全球货币空间在促进货币疾病蔓延的同时，也带来了新的机会。这些疾病是否会像 21 世纪欧洲殖民者在几个世纪以前所传播的黑死病那样，不会使人灭亡，而是会使他们的文化灭亡？它们会不会成为任何与新的金钱文化不相容的生活方式，走向湮灭的垫脚石？

这些问题并没有被提出来。正如福山的引文所显示的那样，人们认为货币复兴将促进总体进步，特别是民主，对货币的力量持乐观的态度。正是金钱与"进步"之间的珍贵联系——"个人可以更自由地转移和投资金钱，将使整个社会受益的假设"——在 21 世纪将面临巨大的压力，因为金钱正在动摇其道德基础。

结论：思想推动行动

在第一部分中，从新的角度审视一些特殊的历史时期，包括第一次世界大战、德国魏玛共和国、1929年华尔街的繁荣和崩溃、大萧条、斯大林统治下的苏联大规模饥荒、二战后美国的权力投射、社会主义的兴衰、新国家的诞生、里根和撒切尔夫人时代、中国和印度的开放，以及全球货币空间的建立，我试图说明和论证与金钱相关的信念施加的强大影响力。我认为，如果不考虑对货币信念（包括错误的信念）的影响，我们或许无法理解其中的任何一个时期的行动和历史。同样，在任何时间和地点，人们对金钱的思考方式本身也是由他们身处的社会所确定的。有时，社会能够帮助人们充分控制货币的力量，但在其他时候，社会也可能鼓励金钱的固有本质——过度使用。

我在开篇就已经提出本书的核心问题：我们神奇的、独特的现代文化是如何形成的。我们现在可以站在历史的角度，回溯它的演变过程。简而言之，第一次世界大战彻底动摇了全球文明的根基，摧毁了它的货币，即金本位制。在这场战争结束后的100年里，人们试图根据各种不同的原则（通常是大相径庭的）建立各式各样的社会。各国还必须重建一个国际框架以规范国家之间的关系。在这一过程中，关于货币、市场和货币价值的问题往往成为核心问题。在这部分的各个章节中，我展示了每一代人如何在这个过程中发挥自己的作用，包括来自许多国家的不同经验、一般的舆论氛围，以及经济学家和其他社会科学家的著作等，都留下了他们专属的印

结论：思想推动行动

记。现代货币文化要想取得胜利，必须具备各种前提条件，例如它必须击败和否定美好生活，以及什么是美好社会的其他潜在想法；人们必须放弃根除货币价格的幻想；为了实现货币自由，各个社会必须变得愿意承担收入和财富不平等加剧的风险。资本主义国家必须创造一种适合民主的消费文化，以及与之配套的营销和金融支持；货币也必须进行调整，以服务于大政府和大国家的融资需求。只有非常明确的信念和态度，才能满足所有这些要求。简单地应用纯市场、新自由主义或货币主义的意识形态，是完全行不通的。我们观察到了通向"世纪铰链"的步骤，看到了货币的力量正在一步一步地侵蚀社会设定的限制条件。金钱不断地拉扯着固定它的锚，它与黄金的联系最终被切断，我们终于自由了！

金钱文化的演变，已经到了左派政治家可以骄傲地说，他已经对别人成为"肮脏的富人"感到"非常放松"的阶段，前提是这些富人按规定交税。[1]然而，当政府废除了剩余的资本控制，开始作为市场参与者和支持者时，货币的力量得到了明确的加强。如第11章所述，围绕民族国家建立的监管结构让位于全球货币空间。于是，有史以来第一次，世界上大多数居民通过货币联系在一起。（例如，拥有银行账户的世界人口比例的上升就是证明）。尽管以前也有过全球化的时期，特别是在19世纪末，但全球货币空间的覆盖范围和包容性程度是前所未见的，且其基于纸币（而非黄金）的事实，也是历史首创。

如果我们从望远镜的另一端（打个形象的比方），回过头来看这个过程，或许能够更清楚地理解这个历史进程。

我们可以站在2000年的角度，回顾整个20世纪的过程。当时，现代文化的主要特征已经形成，这些特征包括：几乎所有国家都参与的一个货币空间，以无处不在的广告和其他营销形式为特征的世界性消费文化,由独立的中央银行运作的积极的货币政策,将市场价格视为真实价值指标的一种信仰,股东价值最大化的目标作为企业哲学的普遍采用,在公共和私营部门广泛使用货币目标和奖金作为激励措施,以及对工作场所实现妇女和少数族裔平等权利的必要性的认知。在 2000 年,其中许多特征被认为是自然的、明显的,甚至是理所当然的。但实际上,其中的每一项都是曾经遭遇现存制度反对的新想法,要想在现代文化中确立它们的位置,需要付出努力。

这种世界观的每一个特征或显著标志,都可以追溯到特定的时间以及特定的地理区域。全球货币空间的概念可以追溯到 19 世纪末。现代消费文化和信用文化最早主要是从 20 世纪 20 年代的美国发展起来。当代市场常见的竞争性贬值和货币战争的做法,最早是在 20 世纪 20 年代末采用的。把国家大笔支出作为对抗经济萧条的手段是由罗斯福总统在 20 世纪 30 年代的新政中首创的,而用于证明其合理性的理论是后来才出现的。当前惯用的营销驱动和名人文化起源于好莱坞的伟大电影,通过猫王和弗兰克·辛纳屈等天才音乐家推动。世界银行和国际货币基金组织的全球影响力,是基于美国在 20 世纪 40 年代末,决定用金钱来投射其权力,以及在各地灌输资本主义、市场经济和民主的动力。

如果我们理所当然地将政府和公共部门作为国民经济的一部分,这只是由于先锋经济学家如此提倡——最初,甚至凯恩斯也认为这种活动应该从国民产出中剔除。如果我们也将积极的货币和财政政策视为理所当然,那只不过是因为凯恩斯和其他人提出了这样的政策,而且全球的政治气候也为这些理论的应用做好了准备。如果我们默认国家的经济成功应该以 GDP 为衡量标准,那只是因为经济学家西蒙·库兹涅茨等人想出了这个概念。[2] 如果我们假设政

结论：思想推动行动

策利率应该由中央银行来设定，那只是因为以联邦银行和美联储为首的一部分中央银行，率先提出并施行了这个想法。总而言之，现代政策框架的存在，要归功于各种思想、技术专长和创新，而这些思想、技术专长和创新在最初提出时，往往是相当令人震惊的。

如果说英裔美国人的贸易、商业、重商主义已经成为全球规范，那只是因为那些可能对其构成挑战的思想被击败了，而这也是两次世界大战带来的最重要的结果。德国和日本有着截然不同的极端传统，遵循两种截然不同的文明理想，而且都把金钱降到了社会生活中的从属地位。一战前的德国知识分子将本国的文化定义为英国的物质主义的对立面，而作为现代国家的日本的整个发展轨迹则是一个长期努力抵制文化以及政治殖民化的过程，但二者的这些努力都在柏林墙倒塌的尘埃中和广岛的核弹烟雾中结束了。

第二部分
现代时期:行动导致后果

第十二章

全球货币文化

　　有史以来人类第一次生活在一个共同的货币空间里，但这并不意味着所有人对货币的态度或观点都是一致的。恰恰相反，很少有一个主题能够比金钱在社会和个人生活中所扮演和应该扮演的角色，更容易引起分歧和争议。然而，在社会压力之下，依然存在社会成员必须遵循的假设、规则和规范——而这些就构成了本章所述的文化框架。这个文化框架带来了很多积极的影响，如共同货币空间里的人认为，他们与地球上任何地方的任何人进行交流、在线结识、做生意和相互转账是理所当然的。在这个全球货币空间里，这些人"无拘无束"。他们了解它的习俗、技术和程序，并与它深度融合在一起。这个全球商业社会的行为规则具有某些共同特征，以确保不同地区和国家的人员之间能够顺利进行交易。它们还表达了某些共同的价值观。这些价值观来自全球货币空间中数十亿人的深度互动。

　　下面的内容简要介绍了"纯粹"或"极端"的文化所表现出来的一些信仰和价值观（韦伯称之为"理想类型[1]"），但我并不认为这些信仰或价值观可以在任何地方同时出现，或在任何个人、国家、有信仰的人或没有信仰的人中都能找到。这些信仰和价值观指的是社会规范、信仰、价值观、期望，而不是指任何具体个人的态度。由于货币联系、网络以及货币价格已成为协调经济活动的主要方式，也成为确保经济运行的必要前提条件，因此个人和企业都在道德层面存在强迫感来必须遵守这些规范。

我们通常认为，同一个社会中的人都具有某些共同的期望和假设。围绕价值和典型行为建立的规范，塑造了人们的期望。例如，人们会默认衡量某物价值的最佳指标就是其价格，人们工作是为了赚钱，恋爱中的双方（无论男女）都应该工作，许多人居家工作，儿童往往由国家或私人服务机构照顾，成年人都具备经济知识、联网知识和数字相关知识。

在这种文化中，如果取得了超出预期的成绩，就应该得到金钱上的奖励；如果没有达到预期，就有可能丧失原本可得的金钱收入。每个成年人都在全球货币空间中与其他成年人竞争（当然，这并不排除个人之间的合作——事实上，合作往往是成功的必备要素）。空间中的个人将以各种方式获得货币价值：他们可以创造自己的个人品牌（过去称为"声誉"），讲述自己的经历来获得所从事工作的资格，以及建立自己的信用记录和供应链，并在他人的超级供应链中寻求一席之地。毕竟，供应链组织越合理，融资成本就越低。企业家的目的是使自己的货币收益最大化。每个企业都会与其他企业进行竞争。企业规模越大，经理人的潜在收益也就越大。他们可以通过描绘未来丰厚回报的美好图景吸引股东投资，也可以通过垄断获得社会的金钱。因此，在一家大公司的经理把钱交给股东之前，他们就从公司的收益中赚得盆满钵满，也没有人会感到惊讶。

一、职业道德

人们应该是享受工作的，尤其是当你被看作是团队的一员时；长时间地工作是正常的；一个人对工作的坚持是脆弱的，往往是非正式且短期的；在与同事交流时，应该无视性别；评价员工和企业的标准应该是他们的潜力，而不是历史成就[2]；工作的主要目的是赚钱。

二、共同目标

国际机构和主要银行的目标是将每个成年人与数字经济联系起来；共同的目标以货币形式表示，如国内生产总值；应制定方案，以确保所有游离在外的人——仍在全球数字经济之外的人——纳入体系中。

三、压力应激症状在文化层面的表现

新全球社会的成员长期生活在焦虑中是正常的现象。通常情况下，人们都在为生计而挣扎，承担商业职责和个人对团队合作的贡献比其他形式的忠诚更重要，这导致家庭不堪重负。然而，社会的行为规范可能在毫无预警的情况下发生变化。社会中的个人就要根据新规范的要求，改变自己的语言、礼仪和交流方式。因此，必须不断地关注社会行为规范的变化。网络黑客、恶意软件、间谍软件和监视的风险持续存在，具体的职位和整个职业类别出现和消失的速度都非常快，导致不确定性和恐惧在社会群体间迅速蔓延。[3]

个人必须随时警惕可能给自己带来风险的、在无意中犯下的错误,包括诽谤,针对个人的职业声誉、种族、性别或宗教所发表的仇恨言论,黑客攻击、敲诈,下载非法图像,多封电子邮件的无意抄送、转发多封意图欺骗的商业电子邮件,在网上从事任何体育赛事或比赛的投注或赌注业务,访问提供电子通信服务的设施,威胁造成损害并意图勒索钱财,做出虚假承诺,以及利用互联网骚扰、虐待、威胁或攻击他人。只有持有官方批准的身份证明的人,才能直接使用赚钱机器;没有官方批准的身份证明的人对被排除在外的现实不能提出上诉。监管人员可以不经警告或解释,就关闭个人的银行账户。

四、新的全球文化与公共部门

从本质上来说,这种文化是个人主义的,但同时,参与者往往被建议与公共部门合作。这种文化产生于这样一个世界:民族国家及其控制的国际机构在金融活动中扮演着重要的角色。他们是利率的制定者和监管者,而普通民众仍然期待着他们的民族国家为他们提供社会保护和保险。这是一个公共部门(资金由税收而不是由追求利润的企业提供)占国内生产总值30%~50%的世界。我们将在第十六章看到,在许多国家,这些部门之间的联系已经变得腐败。

五、金钱激化的情感问题

这种文化崇尚用金钱衡量功绩,它贬低了衡量成就的其他方式,如社会地位、荣誉和同龄人的尊重。原则上,它扩大了个人的选择范围,但面临的限制是,这些选择在实践中往往是在越来越相似的生活方式和商品及服务类型之间的选择。它侵蚀了那些崇尚不同的生活方式和强调不同道德品质的文化、社会阶层和信仰体系（比如那些传统上与贵族、战士、神职人员或职业有关的文化、社会阶层和信仰体系）。现代的金钱已经被我们这个时代的各种伟大力量选择和利用，其中最突出的就是科技的力量。有趣的是，这种观点赋予人们的动机并不反映他们的主观经验。货币收益的最大化是一种行为模式。它是后资本主义理论（包括一些关于取代资本主义的新经济体系的建议。根据古典马克思主义和社会进化理论的说法，后资本主义社会可能是随着资本主义的过时而自发进化的结果）提倡的伦理，也是一名严苛的监督者。遵循黑格尔理念的马克思认为，只有国家才能赋予个人生存的权利，而现在，只有赚钱的能力得到验证的个人才具有生存的权力。但是，金钱的动机是强加给人们的，这也是导致人们反感并最终会拒绝金钱动机的原因。这并不是说人们比以前更贪婪了，而是说他们更加依赖现金流和货币/高科技网络。利用高科技网络威胁人们不得获取金钱，将是十分恐怖的。这使他们很快感到受了伤害，并使他们很容易将金钱动机归结为在现实中不被认同的动机。

六、首选自治

虽然全球货币没有一个集中管理的机构，但参与者已经自发形成了商业交易所需的规则和惯例，这也是公共和私营部门之间的伙伴关系。就目前而言，有证据表明，这种自我管理的精神在数字时代依然存在，并且蓬勃发展。这个想法旨在以金融稳定委员会等官方机构主持下制定的监督框架为基础。用这个想法儿两位倡导者斯劳特和谢哈德的话说："在我们设想的数字秩序中，政府、企业和民间组织的代表，将形成对等的、自我管理的横向网络。"

按照这个想法，这些网络的参与者将共同设计数字规范、可操作的规则和实施指南，给企业和公民明确的激励，确保他们以负责任的方式在数字世界中合作。这些共同设计者将以互联网的速度找到最佳的解决方案，并将其提供给所有人，供其自愿采用。这种安排表明，经济治理能够适应不断变化的环境。

七、全球货币文化启示

聚焦全球货币文化也为一些关键的当代社会问题，如全球金融危机、资产价格膨胀、民粹主义和唯亲资本主义的兴起所提供的新的启示。关键是要了解这个系统是如何被监管的，毕竟世界各地的政府都决心保持对货币系统的控制。这种文化不可避免地创造了一些局外人群体，其中一些人仍然非常愤怒，而另一些人只是被抛弃或处于入不敷出的境地。全球货币体系合理化的过程，以及货币文化已经侵入世界的每一个角落，继续打破各地社区的现状（韦伯，1918）。

正如第二部分的文章所显示的那样，当货币服务于一种社会理念或哲学，而不仅仅是服务于自身的延续时，它就能发挥最大的作用。货币的监护人——中央银行家，现在声称他们的目的是促进"金融和货币稳定"。但这是从货币的角度来定义货币的目的，而前几代人则认为，货币应为更广泛的社会进步服务。具体例子可能包括建立在古典自由主义原则基础上，有明确的财产权和隐私权的社会；或处于政治光谱的另一个极端的、通过定向信贷来支持统治的社会主义。

八、全球范围的接管

金钱文化及其伴随的价值衡量标准，往往抬高个人对社会的贡献，但同时倾向于贬低整个社会的贡献。在公司内部，被强调的往往是个人的成就和目标的实现，尽管每个人都知道，如果没有团队，个人能做的事情十分有限。这种意识形态可能会引起怨恨、恐惧、害怕、依赖和上瘾等情绪，然而，金钱文化是全球性和包容性的。就全球性而言，它可能会导致人类出现过度专业化的情况，而其包容性则提出了一个强制性的要求：每个人都应该加入这个社会，并履行自己的义务，否则就有被抛弃的危险（奥威尔，1949）。从进化的角度来说，我们在货币全球化这个赌注上，可谓孤注一掷。

尽管困难重重，但在第六章中讨论的想法还是获得了胜利。简要回顾一下，这些都是新自由主义"实验"的想法，起源于第一次世界大战后的维也纳，在集体主义时代命悬一线，险些覆灭。这一思想贡献了一句耳熟能详的口号：如果犹疑不决，就让市场来决定。背后的逻辑是，市场力量、供求关系，这些比官员更值得信任。市场的动机可能是自私的，但也是可以接受的，因为如果市场是可以竞争的，新的卖家和买家能够进入，那么就可以让市场来发现针对特定产品或服务的需求是否存在，并在需求存在时给予供应。自由市场所定的价格未必能代表其真正的价值，但总比官僚机构所定的价格要好，这一点需要我们铭记于心。

九、高压之下的体系

胜利过后，克星也就来了。随后的金融危机不仅严重损害了许多主要经济体，还严重损害了这个体系背后的基本意识形态的可信度。全球的货币空间受到了巨大的压力，跨境资本流动的波动性增加。危机发生后的十年间，结构性变化也进一步加速。尽管随着中国、印度和其他新兴市场的快速增长，美国经济在世界经济中的权重相对下降，但美元在全球金融中的主导地位反而更加突出。这意味着每当美国改变其货币或财政政策时，新兴市场和一些发达经济体就会有大量的、破坏稳定的货币流入和流出，这增加体系的不稳定性。

由于体系内国家之间相互依存的关系，美国金融条件的紧缩会导致一般新兴市场经济体的 GDP 大幅下降，而这种下降反过来又会对美国经济产生反向效应。因此，以美元为主导的国际货币体系与日益多极化的世界经济之间，存在着基本的不对称性（卡尼，2019）。这使得更多的国家回归历史的资本流动管理工具，以减少或至少缓冲这种不稳定流动导致的破坏作用。但这种措施的有效性十分有限，很容易激起反击。此外，促进全球一体化的力量仍然大于倾向于全球货币空间解体的力量。

十、失去了灵魂的全球文化

简而言之，我认为全球货币空间将能够完好无损地存活下来，但我怀疑伴随其诞生，并主要使其合法化的意识形态是否会存活下来。事实上，这些意识形态的生命力已经被榨干了。新自由主义的现代版本已经无法获得广泛的支持。为此，我将在第三部分中提出恢复古典自由主义的价值和理想的主张。但同时承认，如果要作为新的货币秩序的基础，这不仅是一个漫长的过程，而且也需要实时更新。世界上已经不再有任何一个国家的领导人坚持任何形式的自由主义，货币不再与普遍接受的社会功能观念相联系。20世纪末形成的全球文化，最初仍与货币和货币体系的更广泛目标，即它们如何促进社会福利，联系在一起。然而，金融风暴彻底地破坏了这种联系。此外，金融危机还产生了另一个重要影响——诱使中央银行打开了货币发行的水龙头。因此，虽然全球货币空间得以生存，但全球货币文化却在两大力量的影响下发生了变异，即国家创造的货币过剩和合法性的缺失。

赤裸裸的金钱已经成为权力游戏中的一枚棋子。哲学层面理由的丧失，其后果比一般人想象的要严重得多。就传统的政治哲学而言，我们又回到了托马斯·霍布斯（1588—1679）所描绘的自然状态。这是一场所有人对所有人的战争，就像在通过社会契约形成社会之前那样：

> 因此，首先我认为人类具有一个普遍倾向，就是不断获取权力，渴望其永久且持续，且只有死亡能够终止权力。造成这一点的原因，并不总是一个人希望获得比他已经拥有的更多，或者说他不能满足于一个适度的权力，而是因为他不能保证在不能拥有比目前更多权力和手段的情况下，自己依然能够体面地生活。（托马斯·霍布斯，1651）

国际货币战争可能只是一个开始。霍布斯在1651年说过的话在2020年再次成为现实。人们只有不停地获得更多的权力，才能确保他们目前的生活方式。但与此同时，现在任何形式的权力都与金钱有着不可分割的联系。无可辩驳的一个现实就是，在财富、荣誉和权力上的竞争使人们倾向于战斗，"杀戮、征服、压制或击退对方"。

第十三章

金钱的幻觉与金融崩溃（2000—2010 年）

理查德·道金斯（Richard Dawkins）在 2006 年出版了一本名为《上帝的错觉》（*The God Delusion*）的书。在书中，他将宗教嘲讽为一种"感染"，并将其视为"我们文化中最核心、最不可提及的大恶"。这本书一经出版就引起了轰动，成为全球畅销书。但是，在我看来，当时的社会和我们现在的社会所面临的真正问题，不是上帝的错觉，而是金钱的错觉。

道金斯说，相信上帝，无异于相信一个茶壶在绕着地球旋转一样，根本没有任何意义（道金斯，2006）。但到了 20 世纪初，宗教已经失去了对社会的控制，至少在西欧，很少有人再相信上帝了，道金斯提到的只是少数人。他同样没有注意到，一种神奇的思维形式，一种虚假的宗教（或"信仰体系"）已经取而代之。根据这种伪宗教的理论，人们每天能够在对幸福（满足）的追求中获得足够的满足感。毕竟如果没有另一个世界的存在，如果希望就意味着现代自由主义者所设定的所有奋斗和选择的彻底终结，那么现在，我们当下能够感知的世界就是所有的存在，或者唯一的存在。这种观

第十三章 金钱的幻觉与金融崩溃（2000—2010 年）

点的核心是一种关于真理的独特理念，即道金斯所主张的科学的、基于证据的、理性主义的方法。但道金斯对这种真理观已经成为既定观点的事实视而不见，对其应用于社会事务的危险也视而不见。

在道金斯出版这本著作时，当时的社会确实面临着一个迫在眉睫的威胁，不是来自上帝，而是来自金钱。就在金融风暴发生的前一年，出版这样一本提醒公众和政策制定者需要警惕所面临的经济风险的书，可能会起到一些作用。事实上，道金斯针对信仰上帝的所有表述，用来讽刺大众对金钱和信用的幻想，还是很贴切和适用的。道金斯批判了人们对上帝的盲目信任，但事实上对金钱及其守护者的盲目信任才是真正导致一代人的所有希望破灭的罪魁祸首。在《上帝的错觉》出版后的几个月内，金钱错觉直接让伟大的金融机构屈服，导致世界贸易崩溃，并有可能导致整个国际社会倒退回大萧条时代。道金斯对传统宗教的抨击更像是哗众取宠，为了迎合大众的兴趣，而不是真正具有争议性，或真正挑战了社会默认的假设。道金斯只是把他那个时代（和我们的时代）典型的西方男人和女人的共同偏见，用福音派的语言表达出来。在社会和心理的压力下，人们要在金钱和"先进技术"中找到以前在宗教中找到的希望，并通过借更多的钱来实现它们。在这种新文化的影响下，人们开始相信，市场比其他协调社会生活的机制更优越，且妨碍人们努力运用这种观点的障碍应该被清除。在这种强大的意识形态面前，传统的团结和对共同体准则的抵抗，不过是螳臂当车。如果有完善的法律和宪法框架，以及适当的公共产品供应等前提条件，这种前景的确有很多值得称道的地方，但这些前提条件很容易被遗忘。然而，道金斯不仅没有警告接受这种简单粗暴的世界观的危险，反而倡导一种鼓励这种世界观的技术和物质主义世界观。

一、强压之下的民众

我们不妨抛开大局,从最细微处观察,看看人们的日常生活是怎么过的,因为每个人用他或她的钱来做什么很重要,不仅对他们来说重要,对其他人而言也很重要。人们所持有和传播的价值观,以及他们认为为了在不可知的未来实现蓬勃发展,有必要或应该掌握的技能是什么,也很重要。如果回顾过去,我们发现人们在某一时期借了"太多"东西(或银行贷款"过多"),那么这些数据不过是众多社会个体行为和决策的集合体。而借钱和花钱"太多"的人,很容易被描述为鲁莽、贪婪或无能,但他们不过是根据自己所掌握的信息和所秉持的信念做出了决定。要了解债务过剩是如何产生的,仅看银行家和中央银行家的行为和政策是不够的,还要充分了解和分析单个人的决策世界。如果说经济崩溃无法避免,那么崩溃的种子肯定是在个人的头脑中萌芽的。我们要问,是什么压力促使他们借更多的钱?

(一)在美国

让我们暂时把时钟拨回到千年之交。当时的人们是如何看待这个世界的呢?他们如何对待金钱?2000 年,罗伯特·普特南(Robert Putnam)出版了《独自打保龄球》(Bowling Alone,意指不参加任何集体活动)一书。此书对当代美国社会进行了研究。在书中,罗伯特表示,美国人在社会组织中的参与程度和数量均有所下降。以保龄球运动为例,虽然打保龄球的人数增加了,但更多的人是单独打保龄球,而不是组队打。在许多其他方面,人们也不像以前那样热衷于社会互动,或参与政治,或其他公民讨论,这体现在政治参与度不如以前,包括选民投票率的下降、公共会议的出席率

第十三章 金钱的幻觉与金融崩溃（2000—2010年）

下降、在委员会中任职以及与政党合作的减少。这也导致了基于互惠、信任和合作的关系不如以前，即个人为共同利益、生产公共产品和服务而进行的活动下降。在美国人追求更多的个人主义的实现途径时，社会参与和经济学家所说的"社会资本"呈现下跌趋势，这与人们对政府的日益不信任恰好一致，它通常被视为一种为共同利益生产公共产品的资本形式。普特南的结论非常明确："在二十世纪最后三分之一的时间里，我们彼此之间的距离以及我们与社区的关系，在不知不觉中疏远了。"（普特南，2000）

发生了什么？人们说，"时间和金钱方面的压力"限制了他们参与社会活动的能力。数以百万计的劳动者辞去了大公司的全职工作，成为自由职业者，这意味着他们不得不更加关注个人能否实现收支平衡，需要花更多时间去规划主要的开支，并为收入流可能出现的缺口留出缓冲的余地。换句话说，金钱带来了无数烦恼。这与第九章中《组织里的人》描述的世界截然不同。在那里，提供长期工作保障的大公司主导着商业舞台。

理查德·塞内特指出了另一个压力的来源，即雇主对员工的要求也发生了变化。越来越多的雇主需要的是短期工作的人，更注重他们的潜在能力，更注重员工是否有抛弃过去的经验及从零开始的意愿。这是一种不同寻常的人，大多数人都不符合这个要求，因为大多数人需要维持同一种生活方式。为此，"只有某种特定的人，可以在不稳定的、碎片化的社会条件下繁荣发展"。塞内特认为，公司需要在风险资本家和其他潜在投资者的眼里显得灵活而好看，是造成这一需求变化的原因。

公司承受着巨大的压力，想在这些来来往往挑剔的投资者眼中看起来很美，公司就需要展示包括内部变化和灵活性证据的制度之

美，以证明公司很有活力，哪怕这些稳定的公司已经运作得很好了。（塞内特，2006）

然后，股市来了。很多普通人第一次投身股票市场时，往往是在进行一场绝望的赌博。在1950年，只有4%的美国人进入股市。到了2000年初，这个比例已经上升到50%以上。有些人是通过养老金计划间接投资股票的，但很多人也直接投资了股票，使得美国股票市场的交易量猛增。在这些普通股民中，很少有人把钱投资在自己熟悉并相信其产品的公司。许多人借钱来投资更多的产品，但随之而来的是风险。在2008年金融危机爆发前的四年里，美国家庭债务增加了50%，总量达到12万亿美元。当崩盘来临时，许多人不得不拖欠贷款。不管哪个社会，一旦人们缺乏一个支持性的社区，从而不得不依赖金钱生存，就会形成一种以金钱为中心的文化。当然，许多人的行为仍然以服务公众为中心。这从有人向食物银行的捐赠、慈善捐款的增加，以及许多日常的无私行为中可以看出。然而，更多的人觉得自己被迫把注意力放在金钱上而牺牲了其他东西。这不但是生存的问题，而且是为了寻找某种满足感，把花钱作为成就的证据。这种在大多数文化中会被谴责为贪婪的行为，在美国社会中刚开始被认为是正常的。同样，被视为美国人大忌的失败也变得正常，因为贪婪的人永远不会满足。这就是文化如何为崩溃和幻灭，或者说是二十世纪末的资本主义市场精神的金钱错觉的幻灭，即一直被视为做好了准备。

（二）在英国

现在让我们来看看金钱错觉如何发挥作用。2000年10月，《卫报》的莫琳·赖斯（Maureen Rice）向英国各行各业的六位中产阶级人士提出了一个非常重要的问题：钱都到哪里去了？答案显示，虽然在过去的10年或20年里，英国的人均收入有了实质性的增长，但人们并没有感觉到自己更富有了（赖斯，2000）。六位受访者基本没有任何积蓄。文章描绘了一幅承受高压的中产阶级生活的画面，中产阶级即使有丰厚的工资，也不一定足以维持生活。赖斯评论说，他们"花钱如流水"，金钱已经成为他们表达自己和展示爱意的方式，而且金钱提供了一种自我补偿的方式。难怪这些受访者觉得好像永远也得不到足够多的钱。这就是为什么到了千年之交，"贪婪的行为变得更容易被社会接受，而经济上的不安全感也越来越普遍"。换句话说，人们本质上并不想贪婪，但却感到在一个将金钱动机强加于人的社会中，哪怕这违背了他们个人的良好意愿，出于社会压力，他们也不得做出追逐金钱的行为。正如我在下文详述的那样，这就是为什么人们最终会反抗以表明"我们根本不是那样的人"的原因。

二、导致金融崩溃的虚幻希望

因为宗教信仰缺失而造成的精神层面的空虚，总是需要一些东西来取代和填补，它们无论是精神信仰、民族主义的复苏、民粹主义，还是单纯的金钱。这些哲学中的每一种或许都会吸引无数追随者。不管哪种情况，人们的依赖和需要的心理都是一样的。本章重点讨论一个方面，即围绕风险认知的人类心理循环。官员、投资者和普通民众都被卷入其中，无法自拔。在形势好的时候，人们对风险的认知就会减少。他们令自己相信好日子会永远持续下去。当人们对风险降低的看法与低利率周期一致时，世界和未来在人们的眼中就是一片欣欣向荣，就像21世纪初发生的那样。然后，当周期发生转折、风险规避增加时,风险程度往往远远超过正常水平。这种周期应对的做法牵连到社会中的所有人,尤其是那些借款过多的民众。

三、数学能够管控风险吗

你有时会听到人们说,在全球金融危机来临之前,投资者和银行家都没有风险意识。恰恰相反,人们从未对这一主题进行过如此深入的思考。在 20 世纪 90 年代的每一次银行业和中央银行研讨会上,全球性的金融危机都是头号话题。我之所以知道,是因为我组织了许多这样的会议。所有这些会议传递的信息是,风险管理已经专业化了,即尽管风险不可避免,但可以运用适当的数学技术予以管理。彼得·伯恩斯坦(Peter Bernstein)在当时的一本畅销书中说,过去几千年的历史与现在的区别在于"对风险的管控能力"(伯恩斯坦,1996),且这就是区分现代与过去的"变革性思想"。他认为,人类已经"发现了一条跨越这一边界的道路"。在这个"发现"之前,"未来不过是过去的一面镜子,或者是神谕和占卜者主导的神秘领域"。伯恩斯坦将那些"让未来服务于现在"的思想家与希腊英雄普罗米修斯相比较,并认为,与普罗米修斯一样,"他们(这些思想家)藐视诸神,辨别黑暗,寻找将未来从敌人变成机会的光明"。平心而论,伯恩斯坦的确警告了这种狂妄态度的风险。他说:"以数学为技术的现代风险管理观点,包含了一种非人性化和自我毁灭的技术风险。"但市场只抓住了他描绘的美好未来,而不是这个警告。投资者得到营销"专业人士"(他们取代了旧式银行家)的保证,相信新的衍生工具已经分散了投资的风险,且只有那些实力雄厚的人,才会被要求承担高风险的投资。在外汇和汇率等其他金融市场上，官员喜欢那些声称要证明自由市场一定会在正确的（平衡）水平上结算的理论。因此，他们也持有一套"非理性"的信念。

四、金钱病毒

一个名称能够代表什么含义？具有讽刺意味的是，越来越多的人从娱乐圈的艺人到航空公司的乘务员，甚至当传统的职业阶层屈服于商业化成为商人时，都开始自称"行业专业人士"。以会计为例，我的一位朋友曾写道：

> 当我在1963年开始接受会计师的专业培训时，特许会计师的职业是真正的"服务行业"，因为它提供了真正的服务，通过审计对商业活动进行审查而为国家提供服务，也为企业主和管理者提供真实的、客观的、专业的建议。虽然当时人们明确地期望当自己获得某种专业资格时，就应该能够凭此获得一种舒适的生活方式，但当时并不存在追求利润最大化的动力。到了1979年，撒切尔夫人在右派的欢呼声中，带着改革的热情奔驰而来，迫使各行业之间相互竞争。这在会计行业产生的震惊和恐惧，至少据我个人的了解，是巨大的。你能想象会计师事务所去做广告吗？这是一个多么让人难以想象和骇人听闻的想法！但是，在相对较短的时间内，以越来越高的利润为驱动力，一些规模较大的会计师事务所开始了积极的收购活动，那些大事务所的掌权者为自己积累了更多的权力和收益，但同时也牺牲了大量的合伙人和员工，并以效率和竞争的名义挑战原有的行业工作标准。

最后他得出的结论是，按照撒切尔夫人上台之前的定义来看，会计在更多的情况下已经不再是一个真正意义上的职业，而成了一门以金钱为动力、以利润为导向的生意。大多数原有的职业也经历了类似的变化，造成的结果是很多行业的职业精神已经消失了。许多人发现，不断追求更大的利润，不断努力满足客户的小时数目标，以及那种时刻都感觉有人站在身后准备用刀子捅你的感觉，成为他们迫不及待要逃离的原因。

社会金钱中心主义增强的另一个症状是报酬文化的发展。在20世纪50年代和60年代，至少在英国和其他欧洲国家，起诉公共服务的专业人士或公共机构（如地方当局），几乎是闻所未闻的。现在，英国国家医疗服务系统（NHS）每年要拨出超过10亿英镑来应对过失索赔，而且自2010年以来，每年的赔付费用已经翻了一番。如果当前所有索赔都成立，那么预计支付的赔偿费总额会从2014—2015年的290亿英镑上升到650亿英镑。显然，医疗过失成本的上升，已经对英国国家医疗服务系统能够提供的服务类型和质量产生了影响，且每个相关企业都必须为可能的索赔做预算。

五、小说家有话说

正如索尔·贝洛（Saul Bellow）所说，金钱有一种惊人的能力：它能够在"被认定为一种巨大的邪恶"之后，依然"永远地存在"。这一时期的小说家观察和跟踪了民众日常生活的金融化。乔纳森·佛兰岑（Jonathan Franzen）在《矫正》（The Corrections，佛兰岑，2001）中写道："没有钱的人，几乎不能算作是一个人。"阿拉德文·阿迪加德拉姆（Aravind Adigadramat）等作家将金钱病毒对贫穷国家的影响表达得淋漓尽致。在马丁·艾米斯（Martin

Amis）的小说《金钱》（*Money*）中，作者通过人物约翰·塞尔夫，将个人消费实现个人选择的最大化描述得极为辛辣，"花 200 磅在孩子、酒、烟草和快餐上"，并在为了一张大额支票而接了一个修改垃圾剧本的任务时表示，"我真的不想加入整个金钱阴谋"（米什拉，2014）。鲍勃·迪伦对金钱的蔑视是众所周知的，但他为了换取大量的收入，宁愿为从内衣到电脑等任何商品代言的行径也同样闻名于世。1998 年，在为一家硅谷公司的 15 000 名员工演出后，迪伦和他的儿子雅各布获得了 100 万美元的报酬（在当时这是相当大的一笔报酬）。

六、高等教育

更广泛层面的文化和教育机构也受到了不利影响。以高等教育为例，在 1963 年，英国的罗宾斯调查报告敦促大学大规模扩招，声称学习本身就是好事。报告认为，"追求真理是高等教育机构的基本功能"（罗宾斯，1963）。然而在 2010 年，另一项调查则使用了一个截然不同的衡量标准，声称"高等教育很重要……是因为它有助于推动经济增长，而经济增长又有助于实现国家繁荣"（布朗恩，2010）。被作为消费者的学生认为不需要或不重要的东西，恰好是真正定义优秀教育的东西，即挑战思维的问题、深刻的思考或富有挑战性的老师。在 21 世纪初，这些都被视为妨碍学生获得好学位以及获得高薪工作的障碍。许多学校将教育的任务定义为教孩子如何通过考试，且相信教育的效益也应该以投资回报来衡量。英国大学的代表机构英国大学组织（Universities UK）表示，大学教育之所以受到重视，是因为它对现代经济而言是必不可少的（英国大学组织，2015）。教育机构和所有其他特殊利益集团需要排队恳求金钱的注入（在缺乏足够和持续的投资的情况下，英国的研究基础和大学部门将落后于主要竞争对手）。

这一时期的社会充斥着一套事后看来非常危险的信仰、态度和价值观。然而，在当时，这些信念、态度和价值观似乎是解决许多难题和挑战的重要依据。例如，席卷全球企业界的（股东价值）风潮，即认为企业管理者应以股东的货币回报最大化为目标，且他们的挑战是，如何使企业，尤其是大型企业，更具有竞争力。人们发现在二战结束后的几十年里，许多公司的运作更像是公共服务部门，而不是竞争性企业。许多的行业都由少数几家在市场上具有相当实力的大公司主导；管理层认为自己的作用是平衡不同利益相关者，包括劳动力、环境、当地社区和客户。在实践中，这个平衡实际上很难实现，而且往往伴随着对企业本应擅长的产品和服务的创新的忽略。这些企业头重脚轻、成本高昂的管理结构，使它们很容易沦为债务资助的恶意收购的对象。管理层似乎沉湎于自身的立场，往往忽视了股东的利益，因此许多大型企业事实上需要彻底改组。股东价值学说似乎提供了一种方法，帮助突破所有这些复杂的问题，并为企业提供一个新的关注点；许多公司随后进行了重组，试图实现更高的效率和对股东更大的回报。1990年《哈佛商业评论》发表了一篇具有开创性的文章，指出许多首席执行官的薪酬仍然像政府官僚一样，这就导致他们的行为也像官僚一样。詹森和墨菲写道："难怪有那么多的企业首席执行官表现得像政府官员，而不是致力于提高企业在世界市场上的地位！"（詹森和墨菲，1990）

解决办法是什么？"跟着钱走！"许多公司董事会从这种批评中得到的教训是，公司应该不惜一切代价，以赚钱为目标。而这种经营思路，将反映在每股收益等企业业绩的评价标准上，且企业董事会的薪酬也应该以公司股票的形式支付。只有这样，他们的利益

第十三章 金钱的幻觉与金融崩溃（2000—2010年）

才会与股东一致。正如英国经济学家约翰·凯（John Kay）等人所指出的那样，这样一个解决方案一旦被采用，就会导致成千上万的优秀企业毁灭（凯，2015）。以从顾客身上赚钱为目的并不能帮助企业满足顾客的需求。实际上，正如《福布斯》杂志的史蒂夫·丹宁（Steve Denning）所指出的那样，"自诞生以来的数十年间，股东价值理论不仅无法满足其自身为股东赚钱的狭隘条件，还一直在持续地摧毁整个经济的生产能力和活力"（丹宁，2017）。在《资本主义的未来》（*The Future of Capitalism*）一书中，牛津大学经济学家保罗·科利尔（Paul Collier）讲述了他（和我）童年时代最崇拜的英国公司——帝国化学工业公司（ICI）的故事。当时它的使命是"成为世界上最优秀的化学公司"。但在二十世纪九十年代，帝国化学工业公司修正了主要目标，转而拥抱"股东价值"。科利尔显示，就是这一个转变，即转向追求货币回报以提高股价，彻底摧毁了这家公司（科利尔，2019）。这种转变的另一个负面表现是奖金文化的兴起。安德鲁·史密瑟斯（Andrew Smithers）认为，英国和美国生产力的下降，与奖金文化引发的低投资密不可分（史密瑟斯，2019）。这就是"金钱错觉"在发挥作用。

当时的许多解决方案，最终被证明都是陷阱。2019年，美国企业高层管理人员圆桌会议公开宣布了这样一个观念，即他们的运作，首先是为股东服务，实现企业利润最大化。他们宣称，"投资于员工、为客户提供价值、与供应商进行道德合规的交易，以及支持外部社区，现在成了美国商业目标的前沿"。是什么出了问题？是什么毁掉了如此多曾经伟大的企业？这些企业都有一个共同点，都因追求金钱而遮蔽了双眼，从而对其危险视而不见（详见第二十一章，了解另一种截然不同的文化）。顺便说一下，那些本应对这种风险最敏感的人，如中央银行家和金融监管者等，也是如此。在金融监管的设计上,从来没有这么多高瞻远瞩的人这么努力,投入这么多的成本,他们和其他人一样,被金钱蒙蔽了双眼。事实上,"金融监管不力"很可能是 2007 至 2009 年的金融风暴最被广为接受的解释。

七、沉迷价格目标而遗忘本职的中央银行家

设定通货膨胀目标的理论,对中央银行家非常有吸引力。原因有几个。首先,在实践中,这个理论能够与央行保持业务独立的承诺结合在一起,即确保央行的运作免受政客的日常干预,这也是央行履行职责必备的一个前提条件,为此央行的银行家十分赞同这个观点。依据这个理论,央行的银行家将有权设定短期利率,即中央银行的货币价格。这就强制要求央行设定一个容易被公众理解并易于沟通的目标。它也使公众通过选举产生的代表,有权问责中央银行家。他们认为,根据目前的经济理论状况,这样做是合理的,即在灵活的汇率制度下,对短期利率的控制足以引导通货膨胀率,并引导中期目标(目标通常由政府设定,但在某些情况下,由中央银行自己设定)的实现。这将向公众保证通货膨胀不会像二十世纪七十年代那样失去控制,而每年 2% 的物价涨幅目标(这在九十年代成为国际标准),也将防止国家经济陷入通货紧缩的风险。通过将"物价稳定"定义为每年涨幅不超过选定物价指数的 2%,中央银行就能够宣称,它们正在致力于保持物价稳定,并向公众承诺将确保实现这一目标。这种方法是如此有诱惑力,以致被整个中央银行行业及其学术顾问奉为圭臬。他们说,我们这些经济学家,这些具备专业资格的人,终于可以当家作主了!巧合的是,经济学家的确担任着世界上几家主要银行的领导人职务,包括美联储和英格兰

第十三章 金钱的幻觉与金融崩溃（2000—2010年）

银行，而经济学家也着眼于所设定目标的实现。例如，2003年至2008年间的物价行为表明美联储正在实现其目标，即剔除了食品和能源的美国消费价格，在这段时期的总增幅为12.4%，平均到每年，增幅稳定在2.1%。

但将这个结果的取得归因为中国和其他低收入国家廉价商品泛滥等因素的说法，遭到了其他人的否定。事实上，自二十世纪九十年代以来，迅速的全球化、灵活的供应链和技术革新，已经给消费价格造成了下行压力。在此背景下，致力于提供持续增长的货币政策，必须与价格下降的自然趋势做斗争。于是，货币增量在资产上找到了出路，尤其是住房市场。这为1997年到2001年、2003年到2007年和2010年以后的资产价格泡沫化埋下了伏笔。各国央行将自己的目标，盯死在每年2%的通胀率上，但在许多国家，大体上说，这个通胀率都只能在选定的价格指数范围内才可能确保实现。相比之下，那些没有被纳入官方通货膨胀定义的项目价格却在飙升。以美国为例，2003年至2007年间，房价上涨了45%、股票价格上涨了66%、商品价格上涨了92%。其他许多国家也出现了类似的资产价格泡沫。

通胀目标为政策制定界的精英提供了一个知识框架，但具有讽刺意味的是，这个框架并不要求他们关注货币本身，例如，美联储之前设定的货币目标，先是被弱化，然后被降到较低的地位，最后被放弃（见布朗，2018）。当货币关系比以往任何时候都重要，并且在维系社会方面发挥至关重要的功能时，中央银行家反而将注意力从发生在货币和金融市场的事情上转移，集中到控制通货膨胀的任务上来。央行的银行家采用的经济模型——政策决定的理论框架不包含货币（关于这一点的进一步讨论，详见第十八章）。央行的决策机构会议讨论的是通货膨胀的未来走势，以及央行是否应该改变短期利率以控制支出和需求，因为不再优先考虑了解金融市场上发生的事情，它们实际上忽略了金融工程和衍生品兴起的全部影响。这最终成了央行的致命弱点，而央行对货币和金融市场动态的这种轻慢态度也影响了整个社会的态度。当人们越来越沉迷于追逐金钱时，中央银行家要么将其降级为附属角色，要么彻底忽略它。他们为什么要这么做？难道是为了表明他们是真正的公共服务专业人士，并只专注于提供服务，且不需要被肮脏的金钱弄脏自己的手？他们或许想要将自己塑造为绅士（或许是最后一个垂死挣扎的绅士群体）。他们知道，在大多数国家和社会中，银行从未被视为看淡金钱的作用而真正为公众服务的机构。为了证明自己毫不在乎金钱的态度，央行或许会选择在资产价格泡沫最严重的时候，拒绝收紧政策或减少货币供应量。他们或许会说，"没事，在金融危机之后，我们一样可以收拾所有的烂摊子"。这是一种多么盲目乐观的态度。

央行的这种情绪既影响到专业的经济人士，也影响到非专业的普罗大众。通过观察这些年货币政策官员和监管者的行为，我得出的结论是，与所有其他人一样，政府监管机构陷入了一种盲目乐观的状态。官员知道很可能会出现崩盘，但他们相信可以在崩盘后将问题清理干净。从某种程度上来说，这就是真正发生过的事情，但谁也没有想到的是，清理工作的代价令人瞠目结舌，并伴随着严重的社会分裂和愤怒。

八、当美联储也对危险视而不见

后来公布的官方文件显示，我们可以在一个关键时刻看到这一进程正在发挥作用，并带来所有灾难性的后果。

在大崩盘之前，美联储的政策制定机构——联邦公开市场委员

第十三章　金钱的幻觉与金融崩溃（2000—2010年）

会（FOMC）（现在由本·伯南克担任主席）没有认识到在抵押贷款市场，新的金融工具和银行之间的相互作用中一个严重的情况正在发展。美联储分析经济情况的方式，即注重需求水平与产出的关系，使得他们没有兴趣或没有能力关注货币的发展情况。在2008年9月召开的联邦公开市场委员会的会议上，重要议题依然是通货膨胀。伯南克说"我认为当前的政策，实际上看起来很不错"，而那个时候，位于欧洲的几家银行已经发出市场动荡的信号。对宏观经济理论的专注导致他们很难将零散的事件连接成一个连贯的整体，因此宏观经济依然是每次会议的主题。关注的焦点依然集中在住房和金融市场的不同领域，但这些信息从来没有被整合或联系起来思考。美联储确实提到了金融市场正在发生的动荡，但却无法"看到"这与更广泛的经济之间的联系。换句话说，他们没有意识到这种货币冲击会带来灾难性的影响。本应被关注的货币问题没有被讨论。但针对自然灾害"卡特里娜"飓风，反而专门召开了数次会议。因为他们担心飓风可能对通货膨胀造成影响，却没有意识到，货币问题或许会造成比"卡特里娜"飓风更严重的后果。

联邦公开市场委员会迟迟没有意识到金融体系即将崩溃，因为该委员会习惯了从积极的角度解释令人不安的事实，并将不符合其世界观的信息边缘化和正常化。联邦公开市场委员会的所有框架都限制了可以理解的内容，但框架的内容对于如何识别和解释事实很重要。

"美联储理解经济的主要框架，是宏观经济理论。宏观经济学的内容使得联邦公开市场委员会难以将事件连接起来，形成一个可反映住房市场取消抵押品赎回权、用于将抵押贷款包装成证券的金融工具，以及对更大的经济威胁之间的联系的叙述"（弗里格斯坦等人，2017）。我们不妨参考雷曼兄弟倒下后的第二天，即9月18

日召开的美联储会议。联邦公开市场委员会再次做出了从自身视角来看待正在发生的事情的叙述。他们几乎没有关注次贷市场，也没有对住房市场的负面效应给予应有的关注。他们并没有完全忽视危机的信号，但却试图用自己的经济语言来解释真实的世界，并得出结论，"我认为，美联储的政策，实际上看起来很不错"。最终，他们被突如其来的金融危机打懵了。

换句话说，中央银行将重点放在消费价格上，意味着它们忽视了低利率可能破坏金融稳定的事实。美联储联邦公开市场委员会的会议记录显示，直到2008年9月，几乎没有证据表明它们担心金融市场的日益动荡。正如经验丰富的观察家安东尼·埃尔森（Anthony Elson）评价的那样："以通胀为目标的制度是不充分的，因为它基本上忽略了系统性金融风险的潜在问题。"（埃尔森，2015）而更要命的是：

美联储的银行监管方面的代表，很少或几乎不会被要求就经济中潜在的金融风险发言或评论。（埃尔森，2015）

为了挽回尊严，一些央行行长——然而并非当时任何一个主要央行的领导者承认央行对价格稳定的关注，价格情况已经变得非常危险。正如在2013到2020年担任英格兰银行行长的马克·卡尼（Mark Carney）在2017年所说："……金融危机暴露的问题是，央行对价格稳定的合理关注，为什么变成了一种危险的分心。"卡尼总结说，在大稳健时期取得抗通胀战争的胜利后，随着金融脆弱性无可逆转地增加，央行"失去了和平"（卡尼，2017年）。

迷信科学思维的中央银行家，错误地抛弃了前几代中央银行家从惨痛的教训中获得的关于货币和市场的传统智慧。就在社会的其

第十三章　金钱的幻觉与金融崩溃（2000—2010 年）

他部门或人群，越来越以金钱为中心的时候，中央银行家——在所有人看来，他们的工作就是关注金钱并决定尽可能减少对金钱的关注，避免与之打交道。一个可能的原因是银行家寻求更高的社会地位……他们渴望被视为真正的公共服务专业人士。但他们背弃了社会信任的主要原因是他们已经被道金斯所比喻的错觉所俘虏，即迷信科学是真正认识世界的唯一途径。经济学有双重优势，它可以假装是一门受人尊敬的科学（在中央银行家信奉的宏观经济学版本中），同时也可以免除对肮脏的金钱和非理性的货币市场的关注。对于央行的银行家们来说，这的确是一种致命的吸引力。

因此，从压力过大的家庭主妇到中产阶级的高收入者，再到经济学家、记者、小说家、教育系统、政府官员和商业领袖，没人可以逃避"金钱错觉"（包括我自己）。它毁掉了许多古老的职业和曾经伟大的企业。21 世纪初人类面临的最大威胁不是上帝错觉，而是金钱错觉。而当我所说的道金斯错觉——对现代社会科学的非理性信仰俘获了货币的监护人，即我们的中央银行时，金钱的错觉反而变得更加危险。

第十四章

货币作为国家工具

2007年至2009年的金融危机爆发后的十年是金钱故事的又一个关键阶段。就是在这个阶段,当代文化演变为最危险的形式。金钱有史以来第一次没有与任何一致的或得到广泛认同的政治哲学联系在一起。关于社会应该如何运作的共同愿景也不复存在。因为金钱与这些所有理论的联系在2007—2009年的金融危机中被打破了。当长期担任美联储主席的艾伦·格林斯潘(1987—2006年任主席)亲口承认,金融危机暴露了他对自由竞争市场的信念的"缺陷"时,人们感到震惊。他说:

"我犯了一个错误,默认组织的自身利益,特别是银行和其他组织的利益,能够最好地保护银行的股东和他们在公司中的权益……所以,我们最终面临的问题是,有些东西看起来牢不可破,而且事实上,被视为市场竞争和自由市场的关键支柱,最终却崩溃了。而我认为,正如我所说的那样,这让我感到震惊。直到现在,我依然没有完全理解这一切为何会发生。"(格林斯潘,2008)

全球最大的央行行长如此坦率地承认错误，打击了人们对既定模式的信心，而这个模式不仅使美国接受自由市场资本主义变得合理，也使新的、仍然脆弱的全球货币空间合理化。但格林斯潘不过是说出了一种普遍存在的情绪。为此，认为经济力量的运作可以安全地交给市场，而货币的监护权则可以放心交给中央银行家的观点，在一夜之间变得更加难以服众。

一、各国央行试图抵御紧缩

在大多数发达经济体中，这场经济危机摧毁了私营部门对货币创造的贡献。危机过后，人们希望减少，而不是增加银行借款。于是，公共部门就介入了。从2008年开始，以美联储为首的主要中央银行开始启动货币刺激计划。通过大规模地印发货币，通过让银行、养老基金和其他公司等私营企业购买政府债券和其他一些资产等方法，这些央行试图实现这一目标。中央银行用新印发的货币来支付，使得那些向中央银行出售资产的人的银行账户里有了更多的钱可以出借。这个想法是为了刺激商品和服务支出以及新的投资。但这些钱和贷款同样可以用来购买房产、艺术品或其他资产。尽管一些评论家敦促政府引导银行将信贷投放到"重点"领域，但政府几乎没有引导信贷，因为这太像战争时期的控制模式了。实际上，公司和银行只将这些新发行货币中的一小部分用于新的资本投资。企业的管理层将大量的钱用在市场上购买本公司的股票，这推动了股票价格的上涨，（因为管理层的收益与公司业绩有关，以每股收益作为衡量标准）并让自己的腰包鼓起来。

二、金钱作为国家武器

同时,货币成为国家之间资源竞争的武器。一个国家的货币供应量越大,它的汇率就越低,即国家货币在国际市场上的价值就越低。货币贬值,在本质上是一种保护主义措施。国家试图通过降低出口产品的价格来抢夺现有供应商的国际市场份额,与此同时,通过提高进口产品的价格,来保护国内的市场。许多央行行长认为,量化宽松政策导致了一个竞争性货币贬值的时代,尽管这并非他们的本意。2016年,在怀俄明州杰克逊霍尔举行的年度央行行长会议上,已故的艾伦·梅尔策(Allan Meltzer)曾提出,美联储的量化宽松政策实际上是一种"竞争性贬值"的货币政策,并补充了下面的严正警告:

其他国家现在也跟着这样做,并且对于他们正在进行竞争性货币贬值的事实更不加掩饰。竞争性贬值在20世纪30年代曾被尝试过,但并不成功。最后,大约在那个时候,主要国家都表示,他们不会再进行竞争性贬值。(梅尔策,2016)

事实上,中央银行使货币廉价化的行为,已经使其成为导致货币灾害的本源(在此需要回顾保罗·沃尔克的警告,他认为"创造的力量,也是毁灭的力量"[1])。但看起来,央行似乎是被这个系统的运作逼迫去这么做。每一次金融危机都会摧毁货币,而央行必须尽可能地找到取代之法,所以它们选择应对措施是实施导致货币体系陷入困境的同类政策。央行会专门通过印刷更多的钱来提高通货膨胀率,这似乎已经成了中央银行屡试不爽的应对手段。但实际上,本应被视为货币守护者的中央银行家,在这种情况下,反而沦落到使用前几代中央银行家警告过的、会破坏民众对货币的信心的武器。此外，一些消息灵通的批评者提出的指控是各国央行竟然选择采用国家干预这个老把戏来防范风险（怀特，2019）。经济评论员担心央行是否有足够的"弹药"来应对下一次衰退，毕竟主权发达国家债务的利率已经很低，一些国家甚至已经采用负利率。2019年9月，欧洲央行将存款利率降至-0.5%的历史低位，但央行首席经济学家菲利普·连恩（Philip Lane）表示，将准备进一步降低存款利率。如果施行的范围扩大到零售客户，那么存款负利率就意味着银行不仅不会向存款人支付其账户余额的利息，而且会定期从存款人的余额中扣除一笔钱。这样一来，银行就会惩罚"存款过多"的人。当然，中央银行家会否认这意味着他们比你自己更清楚应该用自己的钱做什么，但这可能就是很多存款客户的真实想法。

三、金钱政治化的后果

国家管理货币的最新阶段产生了一些不利影响，包括民粹主义的兴起、对精英阶层的敌视和社会不平等的扩大。在我看来，这有助于解释为什么到了这个时期的末期，对金钱的态度和信念的变化将使各种类型的资本主义——国家的、唯亲关系的和自由民主的资本主义（将在第十六章讨论）——趋于一致。

危机后，政府未能确保社会各阶层，为清理金融体系和防止经济衰退而付出同样的代价。这些方案的目标不包括防止财富不平等的扩大。相反，中央银行采取的量化宽松政策和其他非常规货币政策的有效性，依赖提高资产价格，从而使已经拥有大量金融或房地产资产的社会阶层再度受益。如此多的新货币的注入将鼓励人们进一步抬高资产价格。即使大多数人的平均实际收入停滞不前，那些已经拥有资产的人会发现他们的净财富在增加,这激起了人们的愤怒,助长了民粹主义。

公众开始认为精英阶层在危机中首先考虑的是维护自身的利益,他们也是第一批争先恐后登上救生艇的人。这个救生艇相当大,足以容纳政府部长和高级公务员,以及任何可以争先恐后上船的追随者。中央银行不仅拯救了银行(或许有必要),而且还救助了银行家,使他们逃脱了问责(完全没必要)。最终,金融灾难发生时,在任的监管者得到晋升和表彰,而不是被解雇。所有这一切都激起了人们对精英阶层的仇恨,这也不足为奇。

此外,央行的政策导致相较于各种资产的货币价值损失。随着资产价格泡沫拉高了世界各大城市的股票和房地产价格,货币用于购买这些资产的价值被大幅降低。但也正如哈姆雷特所说的那样,或许央行违背稳定消费价格的承诺比遵守该承诺更值得尊重。在2019年,一个美国人需要150美元才能买到与2000年的100美元等值的商品。这已经违背了人们对"价格稳定"的常识性理解。现在可以肯定的是,这个时期比1980—2000年的表现要好。当时的物价翻了一番,但它仍延续了通货膨胀的趋势。最后,如前所述,这个时期的货币政策鼓励了货币战争。中国因自己的货币竞争优势而免于货币战争,但美国、欧元区和日本的政策均依赖于这种运作。

四、公众的复仇

公众对此进行了报复。已经有证据表明2007—2009年的金融危机、随后的经济衰退与民粹主义的兴起之间,有着明显的因果关系。人们通过选举投票,深深地动摇了每个国家的"现行制度"。唐纳德·特朗普（Donald Trump）比希拉里·克林顿（Hillary Clinton）更受选民的青睐，就是建制派的选择。英国人选择了脱欧路线，直接挑战了自由主义、政治精英的立场，并违背了大多数经济学家的建议。英国大臣迈克尔·戈夫（Michael Gove）宣称"我们已经受够了专家的建议"。在意大利，选民成群结队地转投梅特奥萨尔维尼的极右翼联盟党。2019年，这是威胁到了意大利公共债务的另一场欧元危机，而意大利的公共债务是整个欧元区最多的。意大利政府开始发行小面额的"国库券"（BOT），将其视为一种货币，但在欧盟内部，按照规定，成员国不得发行货币，因为这是欧洲中央银行的专属权利。那么问题来了：意大利发行的这些东西是什么？欧洲央行行长马里奥·德拉基（Mario Draghi）说："它们要么是货币（如果是货币，也是非法货币）；要么是债务，如果是债务，那么（债务）存量就会增加，看不到第三种可能的选择。"人们问道：意大利是否仍致力于加入欧元这个单一货币体系？如果是，意大利就必须为其巨额债务支付利息。虽然没有任何意大利政党公开威胁要让意大利退出欧元区，但意大利会继续还债吗？反对布鲁塞尔的疑欧派政党在欧盟议会中占据了多达三分之一的席位。意大利副总理萨尔维尼（Salvini）和法国勒庞（Le Pen）组成的极右翼政党领导了民粹主义的进攻。反欧盟队伍得到了英国民粹主义者奈杰尔·法拉奇（Nigel Farage）领导的脱欧党的支持。伪民粹主义者鲍里斯·约翰逊还成功当选了英国首相。

实际上，右翼政党的兴起反映了人民对执政阶层的否定。民众认为，这些阶级没有公平、有效地管理公共资金，普通百姓觉得自己被骗了。大公司从低借贷成本和几乎免费的资本中获益，有些公司已经成为垄断企业，这对社会造成了危害。廉价的资金也为政治腐败提供了便利，政府也享受着极低的借贷成本，但显而易见的是借来的大量资金被浪费了。总之，金钱已经成为国家之间、社会阶层之间争夺权力的武器。很多人的实际收入下降了，这些人觉得自己再也买不起生活所需的东西。愤怒的人们把票投给了能带来希望的政党，而这恰好就是法西斯分子能够在20世纪30年代成功上台的原因：人们看不到其他出路。

第十五章

欧元：规模最大的货币实验

  由世界上最富有的一些国家组成的欧洲国家联盟将成为一个金钱实验的基地。这样一个联盟原先并不存在，但如果要确保欧元的继续生存，就必须建立这样一个国家联盟。这就是欧元项目的基本假设，这就是金钱力量的一个最佳展示，"我们的金钱"实际上是一种特定的金钱观念，它创造了历史。为了确保欧元的成功，欧洲人显然已经做好了忍受任何痛苦，并做出任何必要的神圣牺牲的准备。这是瓦格纳式悲剧在庞大规模上的体现，不知道那些欧洲人是否已经忘却瓦格纳的歌剧《尼伯龙根的指环》是一部警告人们不要爱上金钱的悲剧？它们是否忘了从莱茵神父那里偷来的黄金是被诅咒的？

  欧元的胜算一直都不是很高。在此之前，没有任何一个类似的货币联盟能够生存下来，一些类似的尝试确实已经失败。缺乏税收收入和支出分享的财政联盟的支持，货币联盟就不可能持续存在。缺乏这些必要的支持，经济结构、发展水平和生活水平截然不同的国家就很难共享一种货币。欧盟的发展模式与世界上最成功的货币联盟美国，形成了鲜明的对比。美国拥有200年联邦政府的经验，有鲜明的民族特色和政治理念，更不用说它具备的全球超级大国的地位。美国只有一种通用语言和同一个美国梦。相较而言，欧洲的情况正好相反。此外，欧盟计划的基本经济学原理，其不可撤销的固定国家汇率，在大多数赞成灵活汇率的经济学家看来是有问题的。把这个项目——创造一种全新货币的尝试，置于欧洲整体建设的核心位置，似乎仍然是愚蠢的。

欧元是在欧盟各国加入联盟之后，以法令形式推出的，但这是一种错误的启动货币的方式，至少在英国人看来如此。尽管专家们从一开始就知道这么做蕴含的巨大风险，但民众却被蒙在鼓里。这并不是说民众的潜在利益不重要，但事先并没有征求他们的意见，是因为欧盟默认各国政府本身就是通过民主选举产生的，因而可以理所当然地代表民意，并赋予欧元应有的合法性。这是"自上而下"政府和立法的典型例子。但在"精英阶层"受到攻击的时候，这种将欧元视为服务于精英的观点也损害了人们对欧元的信心。然而，这些唱衰欧元的人低估了货币的力量，或者说金钱的理念，在政治意愿的支持下，作为变革和国家建设工具而获得的力量。他们在经济学层面的观点是正确的，但却错误地理解了其政治领域的作用。因此，从1990—2020年围绕欧元所发生的事情，成为金钱的想法和意愿所能产生力量的最佳说明。

一、"权钱交易的市场"

货币在欧洲的建设中一直发挥着重要作用。在战后不久的几年里，美国坚持认为，如果没有美国根据马歇尔计划提供的大量美元信贷，欧洲国家通过合作整合经济规划的行动应该不会取得任何实质性进展。正是美国提供的援助资金让法国愿意放弃战争赔款,并同意取消对德国生产和出口的限制。美国的资金和压力也推动了欧洲支付联盟的建立,促进了欧洲贸易的恢复。欧盟的核心是这样一个契约:对法国农民的保护和补贴制度,补贴费用主要由德国(当时的西德)支付,德国出口产品可免关税进入法国市场(法国是前40年的主要受益者,然后在2005年把权益转交给西班牙、葡萄牙和希腊)。金钱不仅在欧盟成立之初,而且在其扩张过程中,始终是欧盟这架马车前进过程中的润滑油。

历史学家托尼·朱特(Tony Judt)说:"正是在这些年里,欧共体变成了一种制度化的牲口交易市场(一个极不光彩的形象),各国通过政治联盟来换取物质回报。"(朱特,2005)仅在1986—1989年的三年中,希腊就从布鲁塞尔获得了79亿美元。

(一)国家建设的工具

新形式的官方货币很少诞生于冷静的思考后,往往在激烈的战斗中形成。这一点适用于两次世界大战后的重建和共产主义崩溃后的动荡。

1989年12月,柏林墙倒塌后仅一个月,在斯特拉斯堡,时任西德总理的赫尔穆特·科尔(Helmut Kohl)正在迅速统一德国,而彼时的法国总统密特朗则急于将统一、扩大后的德国与西方捆绑起来。密特朗以法、英、苏三国可能结成针对德国的"三国同盟"相威胁,劝说科尔就经济与货币联盟(EMU)进行"认真谈判"。如果三国同盟成立,这将使德国陷入孤立的境地。为此,科尔不顾西德中央银行的反对,同意谈判。柏林墙的倒塌就这样推进了德国的统一和欧洲货币联盟的建立。密特朗不得不以比设想中更快的速度接受德国统一,而科尔也不得不更快地接受货币联盟的存在。当时，英国首相撒切尔夫人是唯一提出了抗议的人，但她的抗议也被置之不理。撒切尔夫人警告说，"我们在世界大战中两次击败了德国人，但现在他们又卷土重来了"。这个表述也使她沦为笑柄，因为她的表述让人联想到两次世界大战期间关于必须压制德国人的相关言论，如"不是通过建设欧洲，就能束缚德国人的手脚；面对德国带来的危险，法国和英国需要联合起来"（马尔什，2009，P.140）以及"如果我们有了单一货币，德国人将变得无法忍受"。但科尔的背后有法国和美国的支持，最后被孤立的反而变成了英国。

在两次世界大战结束后的另一个时代，面对德国作为潜在超级大国出现的情况，欧洲各国可能会结成新的联盟，可能会与新的德国达成更紧密的安全协议，可能会向德国周围的其他国家寻求建设一个国际条约网络，以便将德国纳入一个合作和团结的网络中。当时欧洲经济共同体的领导人做了什么选择？他们决定推出一种新的货币。背后的逻辑何在？这样的行为会不会让公民变得更加不安？它有没有可能会产生问题，而不是解决问题？事实上，它的确有可能导致这样的负面影响——而历史最终证明，这些负面的影响的确发生了。

但这是一个金钱的时代，金钱被视为一种魔法；人们相信，只要可以在金钱的问题上达成合作，所有其他的问题就随之迎刃而解。这就是当时的普遍心态，这就是为什么欧洲的领导创造出欧元这种最不同寻常的无国界货币的原因。1995年12月，欧洲理事会同意在1999年1月1日推出欧元，并为欧盟成员国制订了改用欧元的进程时间表。这个项目获得了不可阻挡的政治动力。在1998年5月2日，欧盟各成员国的元首或政府首脑决定，11个成员国已满足在1999年1月1日采用单一货币的必要条件。在这一天，它们的国家货币将退出历史舞台。欧元成为三亿人的单一货币。在此

第十五章 欧元：规模最大的货币实验

之前，没有哪个主权国家将制定货币政策的责任交给一个凌驾于国家之上的联盟机构。

关键的疏忽：德国被迫放弃了要求欧洲货币联盟尽快转变为政治联盟的坚持。

（二）一场豪赌

之所以将欧元视为一场豪赌，主要有以下几个原因：第一，欧盟各国的领导人不确定本国的民众是否能够接受新的货币，因为各国政府并没有事先征求民众的意见；第二，欧元规定的不可撤销的固定汇率，实际上剥夺了各国政府的传统特权，即界定本国货币的权利，包括在他们的国内什么算作货币，以及汇率的改变，等等；第三，欧元没有设定相应的集体机制，以缓解潜在经济衰退的负面影响；第四，他们故意给新的中央银行，即欧洲中央银行（ECB），只设定了一个目标，即确保价格稳定。与之形成鲜明对比的是，另一个国际主导的中央银行，即美国联邦储备局，被要求承担就业和价格稳定的双重任务。欧盟的领导人怎么可能认为，一个要求德国为了欧洲的事业，而牺牲其战后秩序的最大成就——强劲的德国马克及其有效的货币监管机构西德中央银行的制度会被德国人接受呢？最后，德国甚至在没有承诺政治联盟的情况下，同意了欧洲经济与货币联盟。德国领导人希望阻止有可能导致欧洲共同市场分崩离析的汇率动荡；对德国来说，欧洲市场至少要保持开放，确保商品、服务和资本的自由流动。作为该地区最大的出口国和顺差国，德国在这个欧元项目中获得了最大的利益。如果最终要在自由浮动的国家汇率和共同货币之间做出选择，共同货币所承诺的稳定利益，足以动摇怀疑者的决心。但是，欧元的诞生为时过早，危机几乎是可以预见的：事实上，欧元的设计本身就天然地蕴含了危机。

二、讨价还价、捏造篡改、行贿受贿

关于哪些国家将成为欧盟的第一波成员的问题，经历了大量的政治妥协和精明算计。市场预计第一波加入欧盟的国家有德国、法国、奥地利、荷兰、比利时、卢森堡和爱尔兰，但也存在要求将其他国家包括在内的巨大的政治压力，再加上有特定投票多数胜出的决定机制，因此在哪些国家可以率先加入的问题上，存在着相当大的讨价还价的余地。但意大利是不是应该第一批加入欧盟被打上了一个问号。尽管大多数意大利领导人都要求意大利应第一批加入，但它是否准备好了遵守成员国的要求？当时的意大利银行行长安东尼奥·法齐奥（Antonio Fazio）说，遵守欧盟对成员国的要求，对意大利来说，风险太大。其他一些人，如法齐奥的前任卡洛·钱皮（Carlo Ciampi）则警告说，如果意大利不加入欧元俱乐部，那么它将更难达到《马斯特里赫特条约》的创始标准。欧洲的小国则争相加入：葡萄牙政府认为，将一个符合《马斯特里赫特条约》规定的所有标准的国家排除在外，是不可接受的，它计划遵循所有的条款；芬兰的态度同样坚决。然而，在市场预期进入欧洲货币联盟的内部集团中，奥地利、比利时，甚至法国，都不可能通过政府赤字的要求（参考值被设定为 GDP 的 3%），而意大利在 1997 年预计的赤字为 4.5%。

欧盟的两个特长，即捏造篡改的艺术和夸大货币的力量再次发挥了巨大作用。要推进欧元的计划，《马斯特里赫特条约》设定的标准就必须被篡改（就像意大利和比利时所做的那样，它们的公共债务与 GDP 的比率，远远高于标准的参考值）。正如欧洲央行第一任首席经济学家奥特马·伊辛（Otmar Issing）所言，"为了使它们能够加入，欧盟需要努力去解释，并下定最终的政治决心"。当希腊政府在美国投资银行高盛（Goldman Sachs）的建议下，篡改其政府债务数据，以获得进入欧盟的资格时，这种篡改"达到了荒谬的程度"，大量的现金被发放。正如朱特所言，"委员会主席雅克·德洛尔（Jacques Delors）直接贿赂了希腊、西班牙、葡萄牙和爱尔兰的财政部部长，以换取他们在《马斯特里赫特条约》上的签字"（朱特，2005）。最大的区别在于这些受惠国处理这笔钱的方式，整体来说，爱尔兰将钱花在了需要的地方，而希腊直接挥霍一空。欧盟是一个具有统一规则的共同体吗？不完全是。德国就是其中一个破坏规矩的国家。它迅速打破了为保护单一货币而坚持的规则——正如伊辛所说的那样，"直接砍掉了货币联盟的一个支柱"。

三、欧元"让你更富有"

那些兜售欧元的人声称，它提供了一条通往更繁荣景象的道路，带来更快的增长、更高的生活水平和更好的公共服务，且欧元带来的低通货膨胀率——稳定的货币预计将为国家经济做出重大贡献，特别是在那些经历了多年货币贬值，以及原有国家货币反复贬值的国家。事实上，毫无疑问，单一货币还将节约大量的跨境交易成本，增加成员国之间的贸易合作，扩大专业化和分工，为消费者提供更多的选择，增加对新商品和服务的投资。欧盟内部汇率的废除，将降低交易成本（在过去，高达30%的小企业外汇收入可能会被交易成本所消耗）。消费者也会开始期望降低利率，因为银行服务市场的竞争变得更加激烈，将进一步降低消费者借贷和抵押贷款的利率。

在许多经济学家看来，民众并没有被告知采用单一货币与高福利待遇或市场监管无法相容（伊辛，2008）。德国人担心计划提供高福利的欧盟成员国家会要求其他国家分担成本。还有人担心落后地区是否能赶上富裕地区的标准。因此，将欧元兜售给民众的理由与那些真正决定冒险采用单一货币的决策者依据的理由，并不相同。人们被告知，他们将享受更高的生活水平、更低的借贷成本、更多的选择和更快的财富增长。简而言之，他们的口袋里会有更多的钱。商业领袖被许诺，他们将会有更大的市场、更专业化的提高利润的机会。欧盟各成员国的政治领袖则是出于不同的原因和压力而选择了欧元。各个国家的领导人有着不同的野心和梦想。法国的领导人梦想着创造一种能够挑战美元的货币来束缚德国，确保法国在制定欧洲大陆的货币政策上拥有发言权，以及重振法国的经济。而对于欧洲小国的领导人而言，他们希望与欧洲的大国平起平坐，拥有一国一票的同等决策权。例如，卢森堡对与德国或法国拥有同样的话语权比较看重。而对于欧洲的贫困国家和富裕国家的贫困地区而言，这是一个发财致富的机会。他们希望从欧盟获得大量的补贴，且不需要被设定太多的限制条件。为此，它们自然而然地热衷于成员国之间相互信任的大家庭模式。

简而言之，这是一个自上而下、毫不民主的过程。金钱将是欧盟（1993年通过的名称）的基石，并将为欧洲公民提供光辉的前景以及如你所想的更多的钱。欧盟的传播战略只聚焦于一个信息——"欧元将使你，公民，变得更富有"。但它几乎完全忽略了使较贫穷地区和人民富裕起来的成本，以及放弃其他选择需要做出的牺牲。欧盟赌的是它实现乌托邦式的金钱观念的能力。

四、欧元在2000—2018年的表现

随着经济衰退、金融不稳定、银行危机和高失业率的出现，欧元反而变成了内部分裂的导火索。欧元巩固了债权人对债务人的权

力、中心对外围的权力、北方对南方的权力。事实上，在欧元区成立之前，怀疑论者提出的几乎所有的警告和怀疑都被证明是合理的。自由市场右派的批评者曾抱怨说，欧洲央行是一个没有明确规则的机构，能够自由地设定可接受抵押品的标准，能够随意地拯救无力偿债的银行，并且没有适当的保障措施防止资产价格的膨胀。他们说的没错。欧洲央行为应对经济衰退而采取的措施实际上造成的资产价格通胀，与英国和美国一样多。从2000—2017年，欧元区的实际工资整体上温和增长，尽管事实上各个国家的增长存在巨大差异，但这一切都在预料之中。

1950年，法国经济学家雅克·吕夫（Jacques Rueff）宣称"欧洲将通过金钱来实现联盟，或者根本不可能"。（吕夫，1950）

欧盟的创始者让·莫奈（Jean Monnet）说：

欧洲联盟将在危机中形成，这将是为解决这些危机所采取的最终方案。（莫奈，1976）

五、疑虑犹存，但欧元将继续前进

欧元是什么样的货币？德国人将其视为适用于更大范围的马克，因为只有这个承诺，才能说服德国人放弃他们心爱的马克。比利时、荷兰、卢森堡三国和奥地利对此没有异议，因为它们多年来已经习惯于将本国的货币与马克挂钩。但法国和其他拉丁国家，尤其是意大利，则有不同的想法。对它们来说，欧洲央行的意义在于，让所有的成员国可以在欧盟的高层会议桌前占据一个席位，做出关于货币的决策。欧盟的这些成员国有着截然不同的文化传统和对金钱的态度。在经历了超高膨胀的痛苦经验后（详见第三章内容），德国意识到了规则的必要性，意识到一个独立的中央银行、政府对债务的限制、一部货币的宪法的必要性。法国有着不同的国家干预和规划的传统，可以追溯到17世纪法国革命前法国经济体系的创始人让·巴普蒂斯特·科尔贝尔（Jean Baptiste Colbert）。按照法国的传统，欧盟的规则应该受制于政治程序，政府应该能够灵活应对危机，工业可能需要国家的支持和保护，货币应该是服务于广泛社会目的的工具。然而，尽管存在前述导致紧张关系的根源，尽管存在政策上的错误，尽管从深度衰退中的复苏步履蹒跚，欧元还是要求获得其属下成员国公民的广泛支持。对1990—2016年（近四分之一世纪时间）以来，公众对共同货币的支持进行的一项独立分析显示，与广泛表达的观点相反（尤其是在英国）的是，包括德国和意大利在内的原欧元区各成员国的大多数公民，即使在主权债务危机的高峰期，也始终支持欧元（罗斯、乔农和诺瓦克·莱曼以及其中引用的资料来源，2016）。因此，欧盟成员国对欧元的承诺可能会继续保持。

出现这样的结果也并不奇怪，我们至少可以找到三个主要的理由。第一，欧元是整个欧洲一体化进程的组成部分。在大多数欧盟公民看来，欧洲一体化进程的重要性，在全球货币空间及其由美国、中国、俄罗斯和印度等大国主导开辟的世界中，比以往任何时候都更加显著。欧元被视为避免欧洲在这个全球空间中被消灭的防线。为了避免被消灭的结局，欧洲一体化进程就必须做出自有的货币治理安排，而要做到这一点，它首先需要有自己的货币。第二，更多的经济学家开始认同罗伯特·蒙代尔（Robert Mundell，诺贝尔奖经济学家）的观点，即让自己的货币贬值的能力，并不是解决

第十五章 欧元：规模最大的货币实验

支付失衡的可靠途径，尤其是在一群贸易和金融相互依存度很高的小国之间。[1]第三，以欧元为基础的政治讨价还价依然势头强劲。南欧国家需要欧洲共同体来支持它们的民主制度，并担心没有了欧洲共同体，它们继续维持稳定的政府的概率就变小了。法国需要将德国与欧洲捆绑在一起，并认为德国的命运就是为欧洲服务，帮助欧洲统一。而所有这一切是否又会像过去试图统一欧洲的努力那样，以泪水收场？这是有可能的。

一方面，生活在欧元国家的许多人觉得，整个进程走得太远、走得太快。另一方面，退出欧元区的代价可能是相当高昂的，正如希腊在2015年做出此类尝试时意识到的那样。这一点，也是欧盟的一个预防措施。同样，建立更多联邦机构的外界压力也在持续。2019年9月29日，即将离任的欧洲央行行长马里奥·德拉吉（Mario Draghi）接受《金融时报》采访时表示，长期致力于财政联盟是欧元区与其他全球大国竞争的"必要条件"。"鉴于全球化世界中，民族国家先天不具备优势，让欧洲联盟变得更强大就非常有必要。而在某些领域，进一步的一体化可以实现这一目标。"德拉吉先生说。随后他补充道："为了建立一个更强大的经济和货币联盟（EMU），我们需要一个共同的欧元区预算。显然，关于这一点的政治辩论，可能还要持续很长一段时间。但我个人非常看好。"（莱昂内尔·巴伯和克莱尔·琼斯，2019）简而言之，金钱正在推动欧洲的建设。

第十六章

2010年以来的唯亲资本主义和犯罪资本主义

除了资本主义,我们真的别无选择了吗?就资本主义而言,我们有几种备选:唯亲资本主义、国家资本主义和租佃资本主义,但这些不同的形式与资本主义本身没有什么共同之处。

唯亲资本主义这个术语的提出者乔治·塔伯(George Taber)表示,它指的是大企业和政府政客之间存在亲密的关系。[1] 尤其是当一个政府操纵市场以利于其盟友(大企业)时,这就是唯亲资本主义占据上风的明显标志。且唯亲资本主义是一种一旦建立就很难消除的制度。在这种制度中,一个人只要拥有了政治权力,就可以使其家人和后代免受市场风险的损害。在一个社会中,如果货币是一种共同的自由主义政治哲学的表达,那么自然会支持强大的机构来保护它免受唯亲资本主义的这种滥用(道德和制度保障,不偏不倚的司法等)。但我们的货币文化已经削弱了这些防御措施,因为当代的货币不再为共同的社会或政治目的服务。这就是为什么西方资本主义会在金融危机后如此严重地丧失了信誉。它让金钱变得赤裸裸,成为一个可以被毫无顾忌地追逐和获得的东西。为此,本章

第十六章　2010年以来的唯亲资本主义和犯罪资本主义

将着重探讨这种被称为"贪欲"的金钱观的影响。

2010年后，贪欲的金钱观将金融危机和唯亲资本主义的传播联系起来。然而，如果没有其他两股力量的参与，它也不会像现在这样，深深地腐蚀整个资本主义系统，即在同一时期，大量的资金在中央银行的帮助下，涌入这个系统（如第十四章所述），形成政治威慑力。金融危机给了北大西洋的富人和权贵新的激励，刺激他们用金钱来购买权力。他们预料到了民众的反对，并积极寻找可以指责的人，特别是所谓的"有钱有势的人"、投资银行家、对冲基金经理和富有的普通精英阶层。这些因素的结合——撤除防御机制、大量的货币供应、资产价格泡沫，以及获得政治权力的新动机——给古典资本主义带来了一系列打击。

利用政治权力来赚钱有无数种方法，例如为了支持受偏爱的企业，政治家可以打压它们的竞争对手，为这些企业提供有利可图的合同，给予它们特殊的税收优惠，发放许可证，或进行其他类型的国家干预等。这样一来，企业利润就沦为了政治权力的副产品，不再是对寻求突破和创新的公正回报。当政治和商业阶层之间形成密切的联系时，有钱的阶层就会得到好处；然后它们可以扭曲公共部门原本的作用，使其为特权目的服务。然后，它们将政府贪腐的程度再推上一个新台阶，操纵法院和司法系统就成为下一个自然而然、但不可或缺的步骤，因为这将确保它们拥有法律豁免权。此外，这些既得利益企业还可以得到法院的配合，禁止记者报道或调查它们的不当行为。最终，财阀控制了大众传媒的主要传播渠道。

世界上许多国家的民众都知道，他们的钱被用来损害他们的利益。他们已经意识到整个金融系统需要调整，意识到国家的债务过高且金融投资冒险的回报已严重扭曲。民众知道，通过货币贬值和利率抑制以及税收制度等形式，他们已经承担了国家的债务，以及由于国家对金融部门的持续担保和补贴所导致的沉重负担。他们知道，布鲁塞尔、伦敦和华盛顿已经沦陷为企业游说者的大本营。这些人不遗余力地为他们所代表的利益集团争取并赢得了特殊交易优势和有利的监管。很遗憾的是，民众无法向经济学家寻求指导和风险警告。尽管偶有例外，但这就是常见的经验教训。然而，正如经济学家路易吉·津加莱斯（Luigi Zingales）所说，"经济学界很少向公众发出关于当前风险的警告"（津加莱斯 2012，93）。

一、各种畸形资本主义形式

当然，金融行业一直都拥有某种程度的政治权力。银行、商人和当权者之间的关系早在资本主义出现之前就已经存在。中央银行这一卓越的创新，真正将金融行业的政治权力推到了至高无上的地位。正如我们将在第十九章看到的那样，事实上，一些社会学家认为，货币的价值正是来自前面所说的几方之间的斗争，来自金融与国家之间，以及债权人和债务人之间的斗争。如果不能考虑到货币创造过程中存在的这些社会斗争，未来的改革必定会失败。为此，我们应该提出的问题，不是如何消除货币的力量，或我们能否确保国家权力永远高于私人货币权力。在一个重视自由且吸取了 20 世纪历史教训的社会里，采取这些方法是行不通的。真正的问题是，政府以及银行家、商人和私人证券的权力能否在一定范围内受到限制，以及我们如何定义这些限制，然后如何施行这些限制。要回答这些问题，就意味着我们需要一个协商一致的宪法框架、一套各方都同意遵守的规则（布坎南，1975）。但目前，我们已经与这种基于规则的秩序相去甚远，甚至在资本主义的中心地带也已经严重偏离正轨。金融势力已经渗透到政府内部，改变了私人和公共部门行

第十六章 2010年以来的唯亲资本主义和犯罪资本主义

为者所面临的激励机制,并使私人能够利用他们的钱或政治权力谋求私人利益。

为了方便理解,我们可将资本主义的各种畸变类型分为两大类:除了唯亲资本主义之外,还有国家资本主义。在唯亲资本主义制度下,私人利益集团利用金钱和权力,使国家或其主要机构为自己服务——仅满足这一群体的狭隘利益,而且这往往是在政治家的纵容下进行的。在国家资本主义形式下,虽然名义上是私人企业,但经济依然由国家所支配,因此政治家利用其权力为自己牟利。在这两种情况下,金钱成为权力的工具,无论其使用者是公共部门,还是私人部门。在唯亲资本主义中,私人利益集团利用金钱对政策和法规施加影响,使它们有利于自身的利益;在国家资本主义中,国家机关——通常直接对总统或其信任的下属负责——利用对货币和信贷供应的控制,确保企业遵循旨在增强这些国家机关权力的指示。通常,在唯亲资本主义形式下,私人利益集团的目标,是确保自己在特定市场中获得垄断,或接近垄断的地位,以便使利润最大化,收割远远高于竞争性市场中的利润。在国家资本主义中,国家(通常以其领导人的身份)压制竞争,以收割垄断性定价的好处,使统治集团受益,并确保经济发展的轨迹可根据其优先事项(通常是为了个人致富)展开。在这两种情况下,消费者的福祉和整个经济的健康都会受到市场的影响。

这两种畸形的资本主义状态都延伸到了21世纪,并变得更加根深蒂固。导致二者恶化的原因是恐惧。富有的精英阶层——尤其是最富有的占比0.1%的人群清楚地知道,在金融风暴、政府救市和经济衰退之后,针对他们的政治反弹一定会出现,尽管他们并不确定会以哪种形式出现。为此,他们有很大把握把钱变成其他更直接可用的工具。其中,权力是最有吸引力的形式,即用钱把"我们"的朋友送上国家机构领导人的位置,并借此在企业和政治领域之间,建立强大的沟通渠道和影响力,以及用钱来确保"我们"的利益,能够阻止新法规的出台,或使新法规对"我们"有利,并且利用"我们"的钱,在超级富豪之间形成强大的社会纽带,形成一个可以独立生存的全球精英群体,一个单方面的独立宣言。

在许多领域,既得利益人群利用多种渠道,包括权力、艺术、慈善捐赠、新基金会等时髦的交易领域,寻求安全。对游说活动的投资,只是一种阻止国家对避税天堂、洗钱和逃税等行为进行反击的策略。曾在国家机构担任监管职务的人,在离任后,一定可以在私营部门获得丰富的收益。我曾向一家主要中央银行的副行长建议,应禁止前高级官员离职后在私募股权或金融领域任职。他难以置信地看着我说:"所以说,你想毁掉我的第二职业吗,罗伯特?"

二、当畸形的资本主义形式成为常态

当前盛行的资本主义的主导形式都是畸形的。国家资本主义经济的典型代表是俄罗斯,而唯亲资本主义经济体的突出代表是印度、马来西亚、印度尼西亚、巴西、菲律宾,以及拉丁美洲和中亚的许多国家。唯亲资本主义正在英国和美国崛起。在全球范围内,传统或直接资本主义制度下的面积和人口比例正在缩小。在适者生存式的经济组织斗争中,正占据上风的不是"新自由主义",而是国家和唯亲资本主义。自全球金融危机以来,腐败形式的资本主义国家的生产占世界经济产出的比例急剧增加。

诚然,资本主义和自由市场从来没有以最纯粹的形式存在。过在这种情况下,国家不过是袖手旁观,不对经济进行任何干预。但是，一方面是有着国家强势监管的基本自由市场资本主义（如近期之前的美国），或二战后欧洲式的福利国家，其政策旨在鼓励竞争性市场（如通过反托拉斯法）；另一方面，是完全畸变后的国家或唯亲资本主义的形式，两者之间存在着明显的区别。虽然大多数国家长期以来都存在这两种变化的要素，但是2007—2009年全球金融危机和经济衰退后的几年里，二者的发展都突飞猛进。在发达国家，私人金融利益集团通过国家救助逃避个人责任或惩罚，以及阻止银行和金融的激进改革，充分展示了其力量。因美国、英国和国际机构等在危机前所倡导的模式——一定程度监管的金融自由化模式失去可信度，国家资本主义获得了威望和合法性，体现在这种国家主导的经济体在全球产出中的份额迅速增加。

三、美国将何去何从

虽然美国的政府官员通常会在上任时剥离自己的商业控股，以防有任何不法行为的嫌疑，但在唐纳德·特朗普当选为美国总统时，他仅仅是让儿子接管了名下的产业。批评者指责特朗普破坏了"对民主的健康至关重要"的规范（列维茨基和吉布拉特，2019）。特朗普对女儿伊万卡和女婿贾里德·库什纳（Jared Kushner）的任命虽然没有违法，但在许多人看来，依然"藐视了法律的精神"。他还鼓动美国民众对政治制度腐败不满的情绪。批评者表示："大约一半认同共和党的选民说，他们认为美国的选举就是一场大规模的操纵"（同上，第197页），而这种看法极大地损害了美国社会。据报道，在特朗普担任美国总统的第一年，被任命为白宫官方特别顾问的伊万卡和贾里德·库什纳，2017年的个人收入已经超过了8 000万美元。

然而，美国政治的腐败并不是从唐纳德·特朗普的当选开始的。特朗普能够成功当选的一个原因是选民将其对手希拉里·克林顿视为腐败的民主党的候选人。此外，与英国和其他国家一样，美国管理金融风暴余波的方式使许多民众认为是唯亲资本主义在作祟。两位受人尊敬的经济学家给出了下面这样的结论：

底线：自大萧条以来最严重的金融危机结束仅八年后，美国财政部已经从增强全球金融体系复原力的主要倡导者，转变为以促进增长为名为少数金融巨头的私人利益服务的机构。（切凯蒂和舍恩霍尔茨，2017）

在2007—2009年金融危机后的十年里，全球最大的银行因洗钱和其他错误行为，被罚款超过3 400亿美元。这比爱尔兰或芬兰等国的年产值还要多，但没有一个高级银行家因此被起诉。这种有罪不罚的现象也极大地激励了他们参与政治的热情，这体现在特朗普政府的高层人员中挤满了有权有势的前银行家。尽管设置了错综复杂的法规和庞大的监督机构，美国仍然吸引了腐败政客和有组织犯罪的头目，因为他们可以在这里通过投资政治机构牟利。正如反腐监督机构透明国际（Transparency International）的创始人之一弗兰克·沃格尔（Frank Vogl）所说："美国金融业的大部分高层都弥漫着腐败的铜臭味。"（沃格尔）

尽管在特朗普当选之前，美国市场资本主义的防线和道德基础就已经受到了围攻，但在特朗普的第一个任期内，围攻显然更加激烈。正如监督机构自由之家（Freedom House）所说的那样：

对美国民主的挑战，正在考验其宪法制度的稳定性，并有可能破坏全世界的政治权利和公民自由。虽然按照全球标准，美国的民主仍然很强大，但"在过去八年里它已经大大削弱了，现任总统'特朗普'对美国法治、基于事实的新闻报道，以及其他对民主原则和规范的持续破坏，有可能引发进一步的民主衰退"（自由之家2019）。美国的宪法制度，虽然比历史上的任何制度都古老和健全，但"依然很容易被干掉其他民主国家的问题影响"。（列维茨基和吉布拉特，2019）

四、英国紧随其后

另一位有实践经验的观察家是阿维纳什·珀索德（Avinash Persaud）。他是一位经济学家，曾与几个政府合作。珀索德称，伦敦成为"世界洗钱之都"绝非偶然。因为洗钱者和资助恐怖主义活动的人有两个核心的要求：

首先，这必须是金融交易非常活跃的地方。只有这样，他们的交易活动才能够轻易隐藏踪迹。其次，这必须是设立监管公司和开设银行账户的机构能够对企业所有者身份睁一只眼闭一只眼的地方。这是因为对公司实际所有权保密是洗钱机构的主要义务。

根据英国内政事务特别委员会的说法，伦敦房地产市场成为每年洗白1 000亿英镑非法资金的主要渠道。珀索德引用了调查记者罗伯托·萨维亚诺（Roberto Saviano）对国际毒品贸易的评价"墨西哥是它的心脏，伦敦是它的头"，描述了伦敦在洗钱活动中的作用。

在这里，我们无需讲述更多恐怖的内幕或数据（布洛在2019

年的报道中提供了更多详实的信息）就能够体会到问题的严重性。人们对禁止和管制此类活动的呼声越来越高，但全球反洗钱官僚机构的成本巨大，且仍在迅速增加。许多仅仅被怀疑参与洗钱的普通人已经被禁止使用全球资金网络。但在尊重独立国家主权的前提下，我们在目前的法律框架内能做的事情十分有限。这就是为什么历次对"离岸中心"的调查，甚至像格林尼、布洛和福格尔等反洗钱运动者的惊人披露，除了再度重申已经十分官僚化的反洗钱规则（"了解你的客户"）外，未能产生任何持久的影响。

五、银行业的可悲衰落

在 20 世纪 80 年代之前，银行业还充满了令人骄傲的名字，充满了拥有悠久历史的伟大机构，如花旗银行、大通曼哈顿、摩根大通、富国银行、汇丰银行、巴克莱银行、劳埃德银行、德意志银行、渣打银行、瑞银集团、瑞士信贷和其他如雷贯耳的银行。但这些银行机构以及其他银行的声誉已大不如前。没错，许多银行家正在努力重新赢得公众对其职业的尊重；新的银行业机构已经成立，以努力提高行业标准，但是腐败的现象仍在蔓延。我们意识到，对银行而不是对责任人处以罚款的做法是错误的。这种罚款对银行家的贪腐欲望无法产生任何束缚（古德哈特，2017），但这种做法仍在继续，同时利用金钱来影响政治进程的做法已经变得肆无忌惮。

这不仅是花在政治游说上的巨额资金问题，还可能出现走马灯效应。如上所述，许多公共政策制定者计划在离任后，前往私人金融领域谋求高层职位。如果有人认为这种职业规划在这些人担任公职时对他们的政策判断没有任何影响，那就是幼稚过头了。因此，银行成功地挫败了民众对根本性改革的要求，这一点并不令人惊讶。在一份关于丹斯克银行重大丑闻的报告中，沃格尔写到，只要董事会的董事能够根据短期利润结果给高级管理人员发放大量奖金，这种将自身的利益置于健全的道德和对公众声誉的关注之上的银行文化就会持续存在。而那些在过去曾经让人震惊以至于不会被尝试的做法也将成为常态。

六、一个贿赂无处不在的世界

基层公务人员的受贿已经成为许多国家的普遍现象。为了获得医疗、教育和其他服务，或者为了逃避通过官方渠道进行支付的义务，每年约有16亿人利用金钱行贿。这可能涉及一些违法行为，如贿赂警察以避免被起诉，或用黑钱行贿以使规则对自己有利，如在医院预约时插队等。全世界每年大约有24%的家庭至少向公职人员行贿一次，比例最低的是日本，为1%；最高的是海地、阿塞拜疆、柬埔寨和非洲的一些国家，这些国家的比例都在50%以上。在欧盟，该比率平均为4%，最高的比率出现在立陶宛（29%）。透明国际组织的全球腐败晴雨表显示，在2013年，51%的受访者表示，腐败（定义为滥用公众信任以满足私利）在他们国家是一个非常严重的问题（透明国际组织，2013）。根据监督机构自由之家的数据，2018年是全球民主和民主机构连续第13年出现下滑的一年。在世界经济中，"不自由"类国家的份额正在快速增长。

七、援助的死亡

外资援助，即每年向新兴市场提供的价值数十亿美元的赠款和廉价贷款，长期以来一直被业内人士视为导致资本主义畸形的主要原因之一。官方设定的目标是，每个捐助国应提供相当于其GDP 0.7%的资金，这又是当代金钱助长的另一大极端错觉。当然，援助机构已经设立了保障措施，以确保援助提供给目标人群，防止滥用，但它们更优先考虑与所有类型的政权保持合作，无论这些政权的历史或口碑如何。这些提供对外援助的机构不坚持新闻自由或独立的司法机构，或人权，声称这是在干涉主权国家的内部事务。因此，它们的所作所为遭到冷嘲热讽仿佛也不足为奇。丹比萨·莫约（Dembisa Moyo）在其影响深远的著作《援助的死亡》（*Dead Aid*）中指出，外国援助带来的坏处远大于其好处（莫约，2010）。她在这本书中致敬了我的熟人彼得·鲍尔（Peter Bauer），他是一位先驱性的市场经济学家。除了这本由前外国援助工作者以内幕大披露形式撰写的书籍，我个人最喜欢的是哈佛大学前经济学教授罗伯特·克里特加德（Robert Klitgard）的《热带黑帮》（*Tropical Gangsters*）。这本书描述了作者在赤道几内亚为期两年半、有趣但野蛮的生活经历（克里特加德，1991）。然而，外国援助的马车仍在继续行驶。

金钱病毒的传播可以与18、19世纪帝国主义者以强迫的姿态入侵其他国家和社会的方式相比较。帝国主义的工具是贸易、军事侵略和宗教传教士，而货币病毒传播的工具是金钱、高科技和生态传教士。无论在什么时候，无论西方社会的主流理论是什么，国际机构都会要求世界其他地区遵循它。如果盛行的西方规范要求所有的接受国将自己描绘成民主国家，接受关于性别关系、妇女角色和民族平等的最新理念，那么它们就会争先恐后地全盘接纳。这就是货币侵略：强行使用货币的力量，将外来的思想和道德行为规范强加给其他人。

正如内部人士所证明的那样，国际货币合作的主要机构，即国际货币基金组织和世界银行直到最近才开始正视腐败现象，此前都对其视而不见。曾在世界银行高层工作多年的弗兰克·沃格尔深知这一点，并敢于公开直言真相（这些机构聘用的顾问都签署了明确禁止揭露腐败的合同，即使他们在工作中看到腐败现象）。但援助机构始终存在一个压倒一切的目的：扩大其贷款和赠款的数量，扩大其货币资产和负债，因为这意味着更多的预算和更多的工作。正如沃格尔所说的那样，这些机构其实应该更关注援助的质量，而不是数量，他们的确尝试过，但是……"他们都更希望现金流动起来"（沃格尔，2012）。

保持对外援助强劲的势头也证明了金钱文化的影响。让我们想象一下，如果各国政府看到无可辩驳的证据，证明如果没有这些外国援助，本国的发展或许不会如此缓慢，腐败和苦难或许不会如此严重，会发生什么？这些政府还是会选择继续这样做。当大卫·卡梅伦作为保守党领袖，需要摆脱其作为"讨厌的政党"的形象时，他承诺增加对外援助，最终让英国成为近年来达到0.7%"对外援助目标"的几个少数国家之一。人们经常听到的观点是，对外援助反映了西方国家对其帝国主义历史的"忏悔"，但这可能只是一部分原因。保持国际援助行为得以持续的真正原因是我们被"金钱错觉"的心态所束缚，为自己遵循基于证据的政策而感到自豪，但我们并没有跟着证据走。这就要求我们必须相信国际援助是有效的。

八、俄罗斯和印度：恐惧滋生镇压的地方

在普京总统的领导下，俄罗斯最终建立了一个新的体系，将资本主义和苏联社会主义的各个方面成功地结合起来。这是在叶利钦

总统的改革计划失败后，夺取俄罗斯资产控制权的寡头集团的创新。其经济计划包括：在压低俄罗斯巨大的矿产资源价格的同时，放开对面包和租金价格的管制。一个新的商人阶层随之涌现。他们以旧的苏维埃时代的价格（即世界市场价格的四十分之一）购买这些商品，再以世界价格出口，将差价收入囊中。据说，这种致富行为是历史上最大的盗窃行为。

印度是另一个拥有活跃的政治犯罪网络的国家。几十年来，银行一直被政客和他们的亲信所滥用。在普通公民榨取借钱无门的时候，那些有关系的人能够继续从这个系统榨取利益。批准贷款过程中涉及的政商勾结和权钱交易导致了许多不良资产（NPA）的产生，并迫使银行出台了延期、暂停和重组方案。印度既有通过与国家的密切关系或利用国家机构的弱点而实现了繁荣发展的企业家，也有不依靠或不依赖国家影响而建立起大型企业的企业家。印度一方面存在唯亲资本主义的代表，另一方面也存在只依靠自己现有的社会资源建立大型企业的资本家。在其他国家，寡头的统治是明目张胆的，例如在乌克兰，有一段时间，寡头集团在某种程度就是政府。世界上不存在犯罪、国家腐败、贿赂和敲诈相关联的地方，已经非常罕见了。

九、金钱含义的变化

当货币化身权力时，其在社会中的运作方式就会改变，在社会中的"意义"也会随之改变。当货币有了这种可供选择的用途时，也改变了社会中每个人的动机。越来越多的人用恩惠、权利、许可、豁免、信息和特权来交换在竞争性市场中确定了价格的商品和服务。在极端情况下，只有傻子才会按照明码标出的价钱购买商品，因为所有的一切都是可以谈判的。在这样一个社会里，人们收到钱的第一反应不是想着应该花在什么地方，而是这笔钱在其他地方价值如何。调查显示，在许多国家，一半以上的人经常行贿。

货币的力量也改变了国家的斗争方式。在一个货币网络支撑了全球经济发展的时代，想必没有比剥夺金钱使用权更糟糕的惩罚了。当你的价值或你的企业的价值是由全球货币市场决定的时候，切断货币网络，无异于将你或你的企业判处死刑。这就给控制支付网络的人带来了新的权力，如银行使用的庞大的信息传递系统——环球银行金融电信协会（SWIFT）。伊朗经济在2019年的崩溃就是这个协会实施制裁的结果。

货币的一些共同作用将这些变化联系起来。人们需要将金钱作为政治的工具。拥有权力的人都在寻找能将权力轻松转化为金钱的方法，而所有拥有金钱的人都想将金钱转化为政治权力。在极端情况下，拥有政治权力才能获得任何东西。将人们想要的东西控制在手中的人，可以选择接受金钱还是权力。将金钱和权力联系在一起的交易，往往游走在法律的边缘，相关人员被抓和被定罪的可能性微乎其微。

腐败的资本主义破坏了公众对政府的支持，提高了商业成本，因为总收入中越来越多的份额来自腐败带来的收益。而且，操纵政治家对商业人士来说，拥有无可比拟的诱惑力。一旦建立了适当的关系和适当的激励措施，唯亲资本主义就变成了印钞票的许可证，利润绝对会滚滚而来。公众对市场资本主义的支持已经下降了。在我写这篇文章的时候，世界上七个最强大的国家中，有五个国家的总统，被广泛地认为正在利用他们的政治权力积累惊人的个人财富。为此，公众对政府的信任接近了历史最低点（在美国仅有17%），这不足为奇（皮尤研究中心，2019年4月）。

第十七章

全球货币：局内人和局外人

　　大多数人都在全球货币空间中找到了可以适应现代货币的生活方式，但有些人依然被时代抛弃了，这些人被称为"局外人"。他们包括被我称为"反对者"、"被遗弃者"和"其他局外人"的一些小群体。总之，他们在一起组成了我所说的抵抗者。局内人通常认为这群抵抗者最终会逐渐被主流同化，最终只留下一个无法产生任何威胁的残余群体。这种情绪与前工业化时期的欧洲基督教对异教徒的态度大同小异。我个人的观点恰好相反。我认为抵抗者仍将是一支重要的力量，因为抵抗者群体有着不同的构成和规模。这种多样性也给予他们进行反击的力量。他们将主流货币文化社会视为有侵略性的和无法容忍的。这种态度带来的或许不仅仅是无力的愤怒，还可能是抵抗到底的决心。因为它往往深度根植于传统、文化和信仰。大多数抵抗运动都是隐秘进行的，但如果全球货币空间的守护者因此而否定了其他传统思想的作用，那将是一个错误。这些人对人类命运提出了激进的愿景，他们也将在塑造人类的未来方面拥有发言权。

第十七章 全球货币：局内人和局外人

显而易见的是，全球货币社会的发展已经使人们难以逃脱货币的影响。除了偏远、孤立的社区成员之外，很少有人能够忽视现代货币的力量和影响力，或不被它令人不安的诱惑所触动。我们已经被训练得既想要金钱，又担心与金钱的联系存在风险，尤其是这种联系被切断的风险。地球上60亿人口中，每一个成年人都可以选择自己对金钱的态度，并在某种程度上选择与金钱接触的条件：人们可以选择接受它、与它斗争、操纵它、恨它、爱它，但没有人可以轻易摆脱它。每个人不仅必须通过接受训练掌握获得金钱和使用金钱的方法，还可能受到其他人的金钱行为和习惯的深度影响。人们可以获得的金钱决定了他们的人生机会，而政府花钱的方式则改变了我们的社会。

全球货币社会的成员有着不同的义务，并需要接受既定的游戏规则。如第十二章所述，成员拥有一个或多个银行账户，或其他支付和收款手段，是参与国际货币体系的先决条件。他们居住的国家应该允许几乎无限制的跨境支付，或者在货币不可兑换的国家提供可轻松地获得支付和接收此类款项的方式。成文和不成文的行为规则包括：遵守合同的决心，履行承诺，并向社会支付应付款，包括由合法的国家或其他正式成立的机构征税等。守法的公民似乎别无选择，剩下的可自由发挥空间很少。随着时间的推移，我们每个人都形成了一种生活方式，其中包括我们与金钱世界打交道的基本方式。它反映了我们的信仰、价值观和态度，但我们每个人都采取一种适合自己的方法。在国际货币空间的这些限制下，我们开辟了一个属于个人的货币空间，即在全球货币社会包含的众多集团空间中，我们创造了属于自己的迷你货币空间，并与其他人的空间争夺一个好的位置，一个可以看到过往场景的地方，一个可以接触到其他货币空间的地方。就像利用感官与外界联系和互动那样，我们把感官连接到货币空间网络的管道上，当我们的手指、眼睛和鼻孔因为接收到了声音和光波而颤抖的时候，这些信息也被送到大脑皮层进行处理。当大脑给出的答案传递回来时，这些颤抖就会影响到周围的网络。不管是哪种互动的方式，我们都能够在这个空间中找到自己的位置，继续我们的生活。

但本章讨论的是那些不遵循这种正常模式的人，可能是因为不愿意，也可能是因为没有足够的能力。不管出于什么原因（正如我们将在下文看到的那样，背后的原因可能错综复杂），这些人都未能在全球货币空间中找到自己的位置。然而，我们也必须了解维持和捍卫这样一个全球货币空间的方式。正如我在第十二章结尾处描述货币复兴和全球空间的诞生时所说那样，宏观经济的力量，尤其是不稳定的资本流动和保护主义障碍，可能会导致全球空间的分裂。它当然受到这种宏观力量的压力，尽管我相信，促进一体化的力量更为强大，因此可以确保这个全球空间不会因此而崩溃。但它仍可能，而且我相信也注定会承受来自微观经济和社会学的力量以及公认的缺乏合法性的压力。要捍卫这个空间的长期存续，就需要证明其监管机构权力的合理性和合法性。武力将永远是维护货币秩序的一个重要因素（因为所有的缴税都不是自愿的），而在自然状态下，武力就是唯一重要的力量。但是，如果这个秩序无法重新获得合法性，并且我们无法回归一个由契约，而不是赤裸裸的权力所支配的社会，它最终注定以失败告终。

因此，尽管本章论述的重点是局外人，但我会首先分析局内人，特别是那些控制和监管全球货币空间的人。

第十七章 全球货币：局内人和局外人

一、局内人

当今货币的本质是将社会划分为局内人和局外人，而在全球货币空间的周边巡逻的是它的守护者，包括那些有权授予或拥有教育、商业和其他领域资格的人。当然，不具备任何前述资格的人也可以成为成员，但会非常困难（正如我们将在下文看到的那样）。然后，还有一些公务员，他们在特定领域的标准和资格要求上拥有决策权，如确定身份的标准、获得特定国家护照的权利，以及可以提供或扣留一些重要的身份表格，如国家保险号码、绿卡和所有其他现代国家的证书和记录。还有警察、移民当局，他们决定了一个特定的人是否可以合法地跨越国家边界，并在另一个国家找到一个新身份。2018年，全球约有6 000万难民。在美国，130万人无家可归；在英国，25万人无家可归，他们没有固定的住所。如果他们不能以合法的形式证明自己的身份，就无法成为全球货币社会的一员。

二、金钱权力的等级制度

金钱权力的等级制度，从最底层的"普通成员"开始，上升到企业、公共部门、媒体人员这个中间层，一直到合伙人、首席执行官等高层，最后到中央银行家和监管者等顶层。作为公共知识分子的经济学家，能够与这些高级圈子打交道并影响舆论氛围，指导行为规范和官方政策。正如他们对货币的态度、价值观和信仰经历了相当快的变化一样，我们应该研究关于全球货币社会的观念是如何发展的，以及人们是如何对其辩护的。这远不只是一个纯经济理论的问题，因为它取决于权力阶层之间的关系。思想和权力结构通过各种渠道相互作用，继而改变了主流的意见（从资本流动管理，到通货膨胀控制和储备管理政策等问题），其中最具影响力的一个渠道是在美国怀俄明州杰克逊霍尔举行的中央银行家和经济学家的年度聚会，市场和政策制定者都对这一活动充满期待。此外，其他一些论坛和机构，它们成为内部人士测试他们的想法和意见的渠道和平台。

三、超级精英阶层

1979—1986年，我曾担任一个精英机构——"30人小组（Group of 30）"金融监管机构的首席执行官。事实上，我可以算是这个机构的创始人之一。从过去到现在，入会的资格一直都是邀请制。这个机构对所需的入会资格也没有明确或正式的定义。会员大多由指导委员会从他们认为掌握了巨大的机构权力（如主要银行、中央银行或企业的负责人），并有能力为当前货币、银行和国际经济问题的高级别辩论做出贡献的人中选出。30金融监管机构的成员通常包括主要国家和欧洲中央银行的前任或现任中央银行行长、两三个主要银行和商业公司的负责人、一些经济学家。世界经济论坛组织的年度达沃斯会议以推动公私合作的国际组织自居，是超级精英的另一次狂欢。它吸引了包括政治家，以及文化和货币与金融以外的许多领域的意见领袖的参与。但是，顶级金融家和政策制定者更多地将其作为测试和传播其政策的一种方式，而不是在政策制定期间与同行测试想法，或者通过影响力和赞助进行货币交易的场合。[1]

超级精英阶层的成员统一了看待世界的方式，即将世界视为他们的囊中之物。这个基调是由私营部门、媒体、娱乐、金融和商业领域的大亨确定的。尽管作为个人，他们有着丰功伟绩，而且有些人的原生家庭背景并不显赫，但在权力阶梯的最高层，整体的风气是一种深思熟虑的、极为克制的优越感。这个阶层狂妄自大的自尊心，至少在公开场合被痛苦地抑制了。这些拥有超级权力的人，包括高级官员和监管者，在社会上享有与超级富豪不同的地位和权力。当然，这两个群体的成员都相信，他们有权力获得当前的地位，无论是财富地位还是权力地位，这是一个无须论证的事实。但权力地位胜过财富地位，所以超级富豪也在追逐权力。因为，仅仅身为亿万富翁，并不能让你与英国女王或日本天皇共进晚餐，但成为美国总统却可以。

这些局内人就是全球货币空间的核心经营者和支持者。他们不仅经营全球货币空间的金融，还经营与之相关的其他网络——人脉、媒体、商业、娱乐、高雅艺术、医疗保健和体育等。在金融领域，他们主要从监管过度的金融银行业转移到资产管理、对冲基金、金融科技、不受监管的房地产和替代金融等领域。他们在各方面引领世界潮流。经济学家在现场提供了一个理论依据，即该系统已经或将要为全球货币社会的普通成员带来好处。局内人的信心并没有被灾难摧毁，但公众对局内人和监护人的信任却被削弱了。

四、局外人

我认为存在三种类型的局外人：反对者、被遗弃者和被我称为"其他局外人"的群体。反对者彻底拒绝全球货币社会，他们怀疑这个新兴秩序的合法性，并希望用其他理想的秩序取而代之，或对其进行颠覆式改革；他们憎恨将货币动机强加于他们的文化倾向，但事实上他们自身的动机总是复杂的；他们对生活方式和人类未来的看法可能更激进，但与局内人和媒体的看法完全不同。被抛弃者是那些无法适应的群体，不是因为他们不愿意，而是因为他们没有能力。他们中的许多人没有合适的资格，没有官方批准的身份证明，或者有犯罪记录（在一些国家，高达三分之一或更多的年轻人有犯罪记录）。总的来说，这个群体可能占全球产出和收入的很大一部分。其他局外人是一个庞大而与众不同的群体。这些人虽然能够应付金钱的规则和要求，但却喜欢尽可能地生活在一个不受市场和金钱的严酷约束的环境中，例如受到保护的社区。在那里，生活的基本需求由集体提供。

下面，我将更详细地研究一下这些群体的构成和态度。

五、反对者

（一）经济成因

许多个人和社会团体认为，从经济方面来看，全球货币系统无法给他们带来好处，全球化正在伤害而不是在帮助他们。全球货币经济的建立不仅没有给他们带来更多的机会，反而导致了新的恐惧和威胁。这些群体不仅包括发达经济体的工人阶级成员（他们的国家被新兴市场的低工资压制），还包括世界各地越来越多的专业人员。他们对自己的工作前景感到不安，因为许多服务可以（或很快可以）远程提供，避免或大大地减少了面对面接触的必要；医疗、常规法律工作、教育等职业，属于数百种正在经历服务模式向远程服务转变的行业。但这个群体也包括许多发展中国家和新兴经济体的贫困人口。他们既没有技能，也没有兴趣迁移到有工作机会的大城市，或者因为年龄太大，受教育程度过低，无法尝试适应新的秩序。因此，从经济角度出发，拒绝全球货币空间的人，除了都自视为现代化经济进程的输家之外，没有其他共同之处。

反对者还包括那些在20世纪后半叶加入反全球化运动的人。他们经常抗议世界贸易规则、国际经济机构和跨国公司。他们主要是发达国家中社会地位较高的人群，如大学讲师，但他们反对经济全球化的理由是经济全球化给发达国家的许多社区带来了压力。这些社区的人发现自己的工作受到进口产品以及低工资经济体对工人的剥削导致的威胁。这些批评者特别强烈地反对许多西方政府在20世纪80、90年代采纳的新自由主义议程。2004年美国、英国及其盟国对伊拉克的入侵又给了他们反对全球货币体系的另一个理由。这些反对者又分为民族主义者和国际主义者，但在21世纪初反对的声音逐渐消失，又在金融危机后获得了新的活力。这场运动的知识分子领袖，包括诺贝尔奖得主阿玛蒂亚·森（Amartya Sen）和约瑟夫·斯蒂格利茨（Joseph Stiglitz）等知名经济学家。

（二）社会成因

紧密联系的社区可能不适合每个人，但往往能使社会中的人健康、快乐。因此，当快速的经济变化带来的跨地域、经济和社会流动不可避免地侵蚀了传统社区的紧密人际关系时，许多人感到悲伤。这样的人往往被视为无法向前看，故步自封，顽固地抗拒变化。当然，这个群体包括了那些总是缅怀往昔的人，他们总是感叹"事情已经不像过去那样了"，还包括那些对失去社会支持——世界各地的村庄和小镇曾经给予他们的地——而感到遗憾的人。随着年轻人搬到大城市追逐名利，这些支持消失了。这个群体也包括一大批年轻人。他们希望与父母和祖父母保持紧密联系，但被高薪的工作和生活的压力左右而离开，想回家的时候，却发现"家"已经消失了。

（三）伦理 / 宗教成因

这个群体包括这些人：随着以金钱为中心的社会的出现，他们的态度呈现道德攻击、反人类、自私和反社会。他们认为这是一种更糟糕的自由竞争的社会，也是他们和像他们一样的人多年来一直在努力避免的那种自由竞争的社会，也是所有人都需要摆脱的社会状态。而出于宗教原因的反叛者，包括那些从神学角度看待人生的人，他们认为生活的意义在于上帝意志的实现。他们把对上帝的服务放在与经济完全不同的类别中。他们认为它已经受到了以金钱为中心的文化的威胁，并可能认为，在这样的环境中，不可能过上上帝召唤的生活。但所有以伦理和（或）宗教、精神为理由对机械化、现代化和金钱中心主义表示反对的人，往往秉持各种不同的伦理和宗教立场。

（四）文化 / 智力成因

有些人认为，当代文化破坏了人类从伟大的思想家、作曲家和作家那里学到的关于如何共同生活的一切知识。在他们看来，一个好的社会应该能够尊重和欣赏为音乐、艺术、文学和哲学做出贡献的人。同样，这个群体也包含了各不相同的派别。它包括欧洲的老文化精英阶层，他们对现代物质主义和庸俗感到恐惧（但在遭遇左派极端分子攻击的时候，也会第一时间站出来捍卫被其视为文明的东西）。许多人也哀悼旧欧洲资产阶级高级文化的逝去。然后是陀思妥耶夫斯基以及阿尔伯特·加缪（Albert Camus）传统的存在主义学派。后者的小说《局外人》（*L'Etranger*）可被视为他们对世界的整个立场的缩影。这本书在许多 20 世纪最伟大的小说排行榜上名列前茅。书中的人在一个"荒诞"的世界里，是孤独的。他所能做的就是用行动来证明自己的存在,证明他或她可以自由地创造自己的生活,像艺术家一样去描绘它,甚至不惜压制人类的正常情感,就像前20年极权主义独裁者的仆人,为执行他们主人的可怕罪行时那样。我们生活在这种创造性明星的阴影之下。另一位是乔治·奥威尔(George Orwell)。他在1949年出版的《一九八四》(*Nineteen Eighty-Four*)一书中非常惊人地预测了一个战争永存的世界。奥威尔设想了一个噩梦般的极权主义、官僚主义的世界,预见到电视等日常用品作为监视设备无处不在。这些加上语言的扭曲形成了一个人间地狱的景象。他认为在这样的全球经济中,劳动力和工业将围绕战争进行,从而使人们不断处于依赖状态。人们将过着悲惨的生活,没有任何提高生活水平的希望。到目前为止,对金钱和利润动机的腐蚀作用,最有影响力的批评者都是左派,如萧伯纳、D. H. 劳伦斯和第六章中描述的布鲁姆斯伯里集团的成员,如E. M. 福斯特。[2] 英国的大学讨厌撒切尔夫人并非毫无缘由。她倡导的企业文化被认为是可憎的;对金钱感兴趣,被认为是庸俗的;对赚钱的势利态度,简直令人难以忍受。但是,这比智人(*Homo sapiens*,现代人的学名)的模式更糟糕吗?因为常规的智人被视为一个理性的、追求利益最大化的、斤斤计较的、精于算计的、永不知足的生物。当然,这样的自画像在社会上广泛散布,也是一种滥用。它所服务的恰好是那些有东西可卖的人的利益。

(五)叛变的英雄

反对者还包含一个耐人寻味的群体,即那些交易员/金融家/对冲基金经理。他们曾经被金钱的光辉所诱惑,就像瓦格纳歌剧《尼伯龙根的指环》中的阿尔贝里希一样,但后来选择反抗自己的文化和职业。他们中的一些人既有胆量也有技巧来讲述行业的内幕,并在这方面做出了卓越的贡献。在这里，请允许我重点推荐乔治亚·安德森（Geraint Anderson）的《城市男孩：一平方英里的啤酒与厌恶》(*City Boy: Beer and Loathing in the Square Mile*，2009）、格雷格·史密斯（Greg Smith）的《我为什么离开高盛》(*Why I Left Goldman Sachs*，2014）和山姆·波尔克（Sam Polk）的《金钱之爱：回忆录》(*For the Love of Money: A Memoir*，2016）。其中，我尤为喜欢乔治亚·安德森的叙述。他利用自己在纽约市担任年轻分析师的经历，揭露了纽约市的腐败文化、畸形的自负以及助长世界货币市场的口头谩骂和药物滥用，还有他个人几乎迷失其中的经历。他们都证明了金融业对那些屈服于它的男人和女人的充满诱惑力的控制。只有极少数业内人士看穿了这一点，并有胆量站出来说出真相，并且他们的证词值得肯定。还有许多人主动辞职，然后默默无闻地进入他们认为更有价值的行业，如教学和护理等行业。其中有些人可能是在经历了一些改变生活的事情后，才开始反感金钱；或者就像一个匿名网友说的那样，他不过是因为在电视上看了许多《星际迷航》的情节，并发现在那里金钱并不存在，且船员的基本需求是集体提供的之后，才开始抵触金钱的存在的。

金融业的确需要更多的吹哨人，即需要更多员工报告工作中可疑的错误行为。在英国和美国，公司试图阻止吹哨人的行为已经被明令禁止。员工可以根据法律规定，报告企业内发生的不正确的、非法的事情或任何玩忽职守的行为，包括导致他人的健康和安全受到威胁的行为，对环境的破坏，刑事犯罪，公司不遵守法律（如没有购买保险）的行为，以及掩盖错误的行为，等等。然而，毫无疑问，许多人仍然宁愿保持沉默。

六、被遗弃者

被遗弃者，是那些被全球货币社会拒绝的人。他们被拒绝的原因很多：可能触犯了官方规定，或者由于其他原因被拒绝进入银行系统。被遗弃者的一个重要群体就是犯罪分子，尤其是犯罪团伙。他们的行为直接破坏了全球货币社会的规则和运作。任何在监狱里待过的人，都可能难以在银行开户（220万美国人曾在监狱里服刑）。此外，高度腐败的统治者也被归类为被遗弃者，尽管他们能够使用官方货币社会的服务。被抛弃者的数量可能会大幅增加，可能有多方面的原因：

例如，政府和金融监管机构正在收紧银行拒绝开户申请的规则。这些规则包括缺乏适当的、官方批准的身份证，有欺诈记录，未解除债务的破产和不良信用评级等。随着侵入性的金融监控（了解你的客户规则等）成为打击犯罪和洗钱的主要武器，潜在的被遗弃者的数量将迅速增加。当金融制裁成为美国和其他一些大国外交政策的主要武器时，对金融制裁的更大依赖可能成为扩大被遗弃者群体（包括伊朗在内）数量的又一武器。废除现金的举措也会导致类似的后果。腐败所得的大量资金流也预示了被遗弃者的又一个重要来源，因为相关腐败人员被揭发，并被剥夺了获得金融服务的机会。

任何被银行拒绝的人都会发现在任何其他正规机构开户变得非常困难。在没有任何理由的情况下，越来越多人的银行账户被冻结。在某些情况下，银行有权这么做。一些政府正在鼓励银行充当监视客户的间谍，向政府报告任何可疑的金融活动，而所有这些人最终都可能成为被抛弃的人。这个群体还包括犯罪分子和帮派成员。他们的生存策略就是盗窃、掠夺、敲诈、贩卖人口和进行恐怖活动。

七、其他局外人

其他局外人完全不属于当前的全球货币社会，因为他们不遵守其规则，不参与货币体系，不加入金融机构。然而，与反对者不同的是，他们并没有拒绝全球货币社会；与被遗弃者不同的是，他们也没有被这个体系拒绝。除其他群体外，他们还包括没有银行账户，或除现金外，没有其他支付和接收手段的人；包括那些无论是因为心智、年龄、无法处理技术问题或其他原因，无法应对现代货币的复杂性的人；此外还包括那些生活在全球货币空间之外的社会群体。这个类别，还包括采取孤立政策的国家，如朝鲜民主主义人民共和国的公民。直到20世纪70年代，这个类别还包括工业经济国家的大多数工人阶级。即使在先进的经济体中，大多数妇女在50年前，也属于全球货币社会的局外人。她们中的大多数人没有钱或银行账户。如果说她们能够与正式的金融系统建立任何联系，也是通过男性亲属或监护人的渠道。换句话说，即使在发达国家，大多数人也都在这个系统之外。

许多人仍然被排除在获得核心金融服务和咨询的机会之外。在英国，几乎两百万人没有银行账户。在英国最贫困的地区，超过三分之一的人无法申请银行账户。世界银行估计，在全球范围内，60亿成年人中约有20亿人无法获得金融服务。虽然情况正在改善，但速度很慢。富裕的表象令我们经常忘记了那些在社会边缘挣扎的数十亿人，包括那些没有钱购买住房，也没有食物和饮料来维持身体健康的人。尽管我们都在致力于打造一个包容性的全球社会，但是我预计局内人和局外人之间、监管者和被监管者之间的鸿沟将进一步扩大。成为全球货币社会成员的资格和条件将变得更加苛刻，而这在很大程度上将取决于民族国家的命运，因为民族国家

第十七章 全球货币：局内人和局外人

往往被视为弱者和弱势群体的天然保护者。然而，民族国家和其他人一样，也在同一个货币空间中挣扎求生。总而言之，仅提出包容的概念是不够的，我们还要问一句：为了什么而包容？在局内人认识到全球秩序需要恢复其合法性之前，新秩序的推行将越来越依赖武力。

结论：行动导致后果

  2010—2020年的十年间，发生了全球经济大衰退、大贬值以及犯罪资本主义和唯亲资本主义的崛起等事件。我们目睹了全球秩序如何严厉地惩罚那些无法适应新的全球货币文化，以及那些在紧缩计划中站错队的人。对于那些认为物质进步稳定、民主机构值得信赖的一代人，这是对他们的粗暴冲击。我还认为，资本主义的这些疾病和畸形是我们全球文化的"成果"之一，这是全球货币空间的参与者所共享的文化。它们是20世纪末，全球货币空间形成后的特殊意识形态以及它的伴随物——金钱错觉导致的后果。本书的第一部分显示了全球货币空间和社会是如何在20世纪的思想斗争中出现的，即思想推动了行动。全球文化以其对金钱错觉的责任，自然鼓励了债务的过度积累，并推动了其最终的崩溃。这种全球文化提倡抛弃道德的赚钱行为，完全放任唯亲资本主义关系和腐败资本主义的发展，并将反对者和被抛弃者送入类似于维多利亚时期囚犯工厂的地方进行管理，它还导致了虐待、成瘾、不公正、犯罪、排斥和文化破坏等恶行。然而，各国政府和中央银行家都声称，我们的货币没有任何问题，且仅靠出台一些法规和印发大量的货币是无法纠正其错误的。我们已经看到了这种态度所导致的后果，即在本书的第二部分中充分论述的各种不良后果。

  我们还必须质疑当前的一个共识，即要求每个人都加入新的全球社会，并认同其文化的共识。让每个人都接受目前流行的货币文化而放弃本国积累了数百年、甚至数千年的文化，将是一种全球规

结论：行动导致后果

模的文化破坏行为，其害处不亚于我们对自然环境造成的伤害。要明确的是，我并不反对货币，它可以带来巨大的好处。我也非常尊重许多在发展中国家担任国际货币基金组织、世界银行和其他多边机构的官员或分包商的人（通常是非常能干的人）。他们维护了国际合作，并帮助创建了一个全球货币空间，这是他们所处时代的伟大成就。然而，我们目前的货币形式是具有破坏性的，就像两次世界大战之间的货币一样，尽管表现的方式完全不同。就像人们试图坚持旧的金本位制，但没有意识到社会条件根本无法使其发挥作用一样，所以当我们需要摆脱它们的时候，政府就会坚持20世纪的国家金钱观念及其侵略性的金钱文化。

第三部分
未来时期：后果催生新思想

我们或许需要再一次重新对货币进行想象。尽管发生了令人难以忍受的事件，迫使货币的再度重构成为当务之急，然而直接简单粗暴地套用一个技术解决方案也是一个错误。只有作为更广泛思想的构成部分时，金钱才能够更好地发挥作用。要解决问题，我们首先需要的恰好是这个更大层面的想法，金钱只不过是这幅巨大拼图的一个元素，应该最后才被放进去。我们需要首先在脑海中勾勒一个全局的画面，才能确定金钱在其中的位置和作用。尽管我们目前还不能够看到整个画面，但我们知道，人类的创造力是无限的，至少历史已经证明，人类总是能够产生新的想法，提出新的愿景，以迎接新的挑战。

因此，本书的第三部分将讨论重新想象货币的方法，并将有助于我们以一种新的方式看待金钱和其他技术。在探讨具体问题之前，我将先对本部分内容进行一个简短的介绍，旨在为后续章节所探讨的主题设定一个整体的框架；同时提醒我们，鉴于本书前面两个部分论述的历史经验，如果未来的事件比我们大多数人所预期的更具富戏剧性，我们也不应该感到惊讶。

一个新的极权主义悄然来临，会令我们所有人措手不及吗？如果这样的事情发生了,也是我们咎由自取。因为20世纪的历史已经表明了独裁者蒙骗民众有多么容易,只需短短几个月的时间,他们就可以夺取国家政权、扼杀自由讨论(未来有可能成为独裁者的人,现在问自己的问题必然是,如果不是为了贿赂选民给予我最至高无上的权力,这些钱都是用来干什么的)。在这种设想下,奥威尔的小说《一九八四》经常被提及。

美国政治的两极分化,使许多以前无法想象的情况第一次出现并被视为合理。各种民意调查表明,大多数共和党人认为美国的选举是被操纵的。2017年6月进行的一项调查问道:"如2020年的总统选举应该推迟到美国只有合格的美国公民可以投票的时候,你是支持还是反对推迟选举?"总共52%的共和党人说,他们会支持推迟选举(《华盛顿邮报》,2017年8月10日,转引自列维茨基和吉布拉特,2018)。人们有史以来第一次可以清晰地想象出这样一个噩梦般的场景:位于政治光谱两级的世界上最大的几个经济体控制着全球大部分实际的和潜在的军事力量,而这些都将由独裁政权统治。自全球空间欣欣向荣、充满信心地发展以来,整个世界已经走过了漫长的道路。现在,它似乎正在朝着黑暗之地坠落。

不难想象,这种坠落是由货币冲击引发的。我们对货币网络的集体和个人的依赖,强化了我们共同的脆弱性。虽然我们全球货币秩序的守护者努力地确定和预测可能的威胁,但它们永远不敢肯定所有这些防御措施能够持续有效。充满愤怒的局外人是另一个潜在的威胁,超级富豪群体掌控的政治力量也是威胁。民族国家尽管依然是最可靠的政治单位,但是正受到全球资金的围攻,其税收基础被削弱,选民的信心被动摇,政治认同有可能失控。没有一家银行或企业敢肯定或有信心能够在下一次货币体系崩溃中幸存下来。

第十八章

嫉妒的民族国家和货币的未来

对国家货币信心的削弱，远非最糟糕的结果，我们离魏玛共和国的境地还很远。但是，对社会来说每一次对货币失去信任，都是沉重的打击。货币应该是对抗不确定性的堡垒，金钱被存起来作为储蓄，或等待适当的时机被花掉，它应该像寒冷的冬夜里那一条毯子，为我们提供温暖。只要通货膨胀得到合理控制，这些钱就能够保持其潜在的购买力，直到我们想要将它花掉或投资于一些长期资产（如房子、债券或股票）。失去对货币的信任，就会导致其作为毯子的作用丧失，而快速的通货膨胀就是导致货币信心丧失的一个原因。更直接地说，当人们认为银行不安全的时候，货币的威信就会动摇。另外，人们越来越频繁地质疑，为了保证银行的安全，自己到底付出了什么样的代价。如果重大的经济危机每十年出现一次，迫使政府付出巨大的代价拯救银行，那么这条毯子就会变薄，让人感到寒冷。如果这种情况一直持续，那么国家政府，即便是发达国家的政府，还能够保持多长时间的公信力？国际清算银行（BIS）监测的43个国家的政府债务，在2008—2017年翻了一番，占国内生产总值的比例，从 30% 上升到 60%。此外，还存在大量的负债，即在某些情况下会被要求兑现的由政府做出的货币承诺。如果每一代人都要经历重大的经济危机，看到因为需要反复救助政府的财政而陷入一个黑洞式循环，公众的愤怒就将达到临界点。此外，近年来的超低利率或负利率，在为国家的廉价融资提供便利的同时，剥夺了民众根据储蓄收取合理回报的权利，退休人员受到的打击尤其大。在唯亲资本主义、国家资本主义、监视资本主义和其他畸形的资本主义经济条件下，对金钱和权力的滥用损害了国家的基本经济功能。而正如前一章所显示的，很多人对当代的货币文化的感受是，它具有分裂性及令人不快的侵略性和破坏性。

尽管在相对稳定的国家里，许多人仍然相信国家的中央银行能够维持货币的稳定，但也有少数人坚定地认为，"法定"货币之所以有价值，是因为民众被中央银行欺骗得相信了其价值。他们认为所有的法定货币终有一日会变得一文不值。持有这种观点的人使用现金应付日常开支，但以贵金属或其他有形资产（房地产、钻石等）的形式进行储蓄。他们认为当前的货币系统一定会崩溃。相较之下，世界上很大一部分生活在不稳定或腐败国家的人，有着更迫切且合理的理由来保护自己的金钱，并为其寻找一个安全的避风港。

本章从一个特殊的角度探讨了货币的未来，即它将由国家来塑造，还是由私人或市场来主导。从最新的数字货币比特币和 libra（脸书平台推出的加密货币）开始，到现金（纸币和硬币），再到黄金，本章考察了货币最新和最古老的形式。然后，简要讨论了一些相互对立的现代理论，其中一方主张私人主导货币，另一方主张国家主导货币。

第十八章　嫉妒的民族国家和货币的未来

一、为何比特币重要

我们首先探讨的是比特币。这是一种为了特意挑战现行的货币系统（按照比特币创造者的说法，现行货币系统完全不可信）而构思和发行的数字资产，它是以黄金为模型的。中本聪（比特币的创造者所使用的别名）在2008年10月的一篇论文中宣布推出比特币。他说"这是一个纯粹的点对点的电子现金系统，将允许在线支付直接从一方发送到另一方，而不需要通过金融机构"（在这一点上，比特币的功能与现金或金币类似；中本聪，2008）。中本聪表示，互联网上的商业已经开始依赖金融机构作为可信的第三方来处理电子支付，"虽然这个系统在大多数交易中运行良好，但它仍然受到基于信任模式的固有缺陷的影响……现在需要的是一个基于加密证明，而不是信任的电子支付系统，允许任何有意愿的双方直接进行交易"。他在2009年1月3日创建了比特币的第一个区块——创世区块，并登上伦敦《泰晤士报》当天的头条新闻。该报道强调了他将比特币定位为现有货币体系之外货币系统的决心，"尤其是财政大臣正处于第二次救助银行的边缘时"（《泰晤士报》，2009）。比特币的区块链实际上是一个超级庞大的账本、一个巨大的电子表格，同时保存在世界各地的数千台电脑上。没有一个实体能够控制它，所有的交易都被永久地记录在上面。在推出十年后，市面上有1 740万个比特币在流通，还有360万个等待生成。

这个案例说明，私人主导同样有可能推出或产生一种新货币或货币形式。这本身并不新鲜，但是很少有经济学家会相信一个无息的、私人的货币资产有可能出现如此惊人的增长。诚然，许多地方货币、社区货币等都已经出现，但它们都以当时的国家货币为记账单位——可以与占主导地位的国家货币以固定汇率进行兑换。但比特币是一种私人创造的、不可赎回的电子资产，具有类似货币的特征。比特币以及其他一些乘着比特币的东风推出的虚拟资产都很重要，因为它们可以获得更多类似货币的特征，但它们依然有很长的路要走。比特币只在有限的范围内被接受为一系列商品和服务的交换或支付媒介，不被视为价值储存，也不是一个记账单位，而是可能而且事实上是用来表达商品、服务和资产的价格。而记账单位的功能，通常被视为货币最核心和最关键的特征。只要商品和服务没有以比特币定价，人们在支付时，就必须把价格兑换成另一种交易货币，如美元或英镑，这就导致了使用比特币的成本增加。比特币还没有达到成为记账单位的程度，因此中央银行家坚持认为它不是一种货币，这也是正确的。

然而，在经历了2015—2019年的指数暴涨暴跌之后，比特币的价格在2019年中期再次超过1万美元，但当年晚些时候，滑落至8 000美元。如果比特币作为一种价值储存或货币，没有任何基础，那么它在推出后不久就应该跌至接近零价值。它的高昂价格显然说明许多人愿意投机，这些人冒着损失大量资金的风险投资比特币。虽然货币专家几乎一边倒地谴责比特币的存在，且部分中央银行家和商业银行家几乎被比特币激怒到发狂，但市场却给出了另一个信息：拭目以待。比特币有一些内置的保障措施，其设计使它能够抵御黑客攻击，甚至防止最先进的，试图快速创造（开采）更多比特币的行为——当比特币被"开采"得太快时，挖矿者必须解决的数学难题会自动变得更加困难。但这并不能保证比特币在未来不会被成功破解。人们认为，量子计算机等技术或许能够破解其密码并识别比特币的持有者，这就引发了关于比特币供应量的争论。一些人认为，虽然技术上比特币的总量上限被设定为2 100万个，但如果大多数"挖矿者"（将交易记录添加到比特币公共账簿上）达

第十八章　嫉妒的民族国家和货币的未来

成一致意见，这个上限就可以增加。当中本聪发布挑战传统货币体系的比特币时，对国家货币的不信任从一开始就刺激了对比特币的需求。但是，也有人说，由于比特币被创造或开采的特殊方式，它最终可能被垄断机构控制。无论如何，假设比特币的供应量确实是固定的，其价值将完全取决于需求。许多监管机构已经对其风险提出了警告。欧元区央行行长贝努瓦·科尔（Benoit Coeure）将比特币描述为"导致金融危机的邪恶祸根"。这是一场典型的拉锯战，但最终，市场和民众将决定什么形式的货币有价值，什么形式的货币没有价值。

二、抢尽风头的 libra

尽管私人数字货币存在风险，但它也为官方货币提供了有益的潜在竞争。2019 年 6 月，脸书平台及其合作伙伴推出了基于手机的数字支付系统计划——libra 加密货币，这立即吸引了政策制定者的注意。这是因为 libra 货币的预期使用规模很大，将被用来向任何地方的任何人进行支付，它除了成本低廉，还比通过传统银行和支付运营商进行的支付更迅速和方便。这预示着它将极有可能迅速在货币中获得主导地位。虽然 libra 在本质上是一种支付机制，而不是银行，但它依然可以改变现行的货币体系。首先，在使用纸币和硬币进行支付越来越罕见的情况下，它将代表与现金等值的数字货币。

在那些货币疲软、通货膨胀的国家，人们可能会选择抛弃本国货币，大规模地将本国货币兑换成 libra（与比特币不同的是，libra 将得到一系列现有主要货币的支持）。如果商人开始用 libra 来报价，它将很快演变成为成熟的货币。这反过来可能促使这些国家的中央银行向个人客户提供 libra 货币的银行账户,还将迫使主权货币(由国家发行的货币)陷入与 libra 和其他私人形式的数字现金的竞争中,而这种货币竞争最终可能撼动银行系统的主导地位。正如科尔所言,我们如何应对这些挑战,取决于我们自己,"我们可以集中精力,确保私营支付系统在尊重共同的全球政策优先事项的空间内实现蓬勃发展。或者我们可以加快克服全球支付系统当前弱点的步伐,并相信最终只有公共货币才是安全的价值储存、可信的账户单位和稳定的支付手段"(科尔,2019)。另一种选择是,基于市场的支付系统和公共支付系统相互补充,这个选择也更符合本书选取的文章所赞成的方法和提倡的理念,即货币是公共部门和私营部门的合营企业。两种支付系统将通过合作,共同塑造 21 世纪的支付世界。libra 已经向货币的官方监护机构发出了示警。这种示警值得欢迎,也使得 libra 应该比比特币更受重视。

三、关于现金未来的争斗

在 20 世纪,现金是人们的货币,每个人都使用纸币和硬币。对于大多数人来说,银行是遥不可及的存在,因为直到 20 世纪末,仍只有少数成年人拥有银行账户。在 20 世纪 70 年代之前,想要提取现金,你通常要尽早赶到银行的分行,因为它们往往很早关门。到了银行,迎接你的将是一个男性银行职员,他站在四英尺长的抛光木材柜台后面。人们的银行账户在发生交易时,通常由银行职员用铜版印刷体输入。彼时,银行业务主要由男性完成,很少有工人阶级使用银行。更多的人用罐子来保存钱:一个罐子装账单,另一个罐子装钱。那时候,口袋里有没有钱真的很重要。除了家庭、学校和工作场所外,每个人面临的现实情况是口袋没钱、寸步难行。

第十八章 嫉妒的民族国家和货币的未来

当时的工资以银行票券的方式发放。即使到了20世纪末，世界上也只有一小部分成年人拥有银行账户。到2019年，全球这一比例上升到60%（含发达国家的90%），其他人则可以使用非银行移动支付服务。然而，纸币和硬币仍然满足人们对即时的、易于使用的、最终支付手段的需求。现金交易允许双方在不暴露身份的情况下完成支付，不留痕迹。虽然人们在日常使用的现金数量的确在减少，但许多人在家里保留的现金量还是多于以往。

一些政治家、经济学家和银行家希望限制现金的使用。平均而言，人们持有的纸币价值确实远远超过了正常交易的需要。那些赞成国家加强控制的人声称，现金主要被用于地下交易，以逃避税收，或用于犯罪活动，如贩卖毒品和人口等。根据美国国家税务局的估计，美国的税收缺口——因地下经济中使用现金而使政府损失的税收——在联邦一级税收的损失约为5 000亿美元。另外在州一级损失的税收约为2 000亿美元。中小型企业平均只报告其收入的一半，剩余一半收益将大部分以现金形式存储。这些被隐藏的现金收益只要减少10%，就能够增加700亿美元的税收收入（联邦和州级税收的总和），这还不包括来自非法活动的收入。南欧国家的税收缺口约为16%—25%，德国和法国为10%—15%，英国大概为7%。此外，还存在现金货币在犯罪经济中使用的情况。一家餐馆只需申报多于实际的晚餐供应，然后开具假收据就可以进行洗钱活动。巴拿马文件的泄露暴露了大约140名公职人员的秘密海外账户，包括一些前任和现任国家元首和政府首脑。巴拿马文件显示出这些犯罪活动不是一次性的，个人和公司持续利用离岸实体来躲避缴税或避免作为罪犯被起诉。全世界每年的洗钱活动可能达到GDP的2%—5%。在欧盟，因使用现金逃税而损失的税收估计约为GDP的10%。

（一）对纸币的限制

为了减少这种逃税漏税行为，一些政府和中央银行已经停止发行大面额纸币，并限制可以用纸币结算的最大交易规模。加拿大在 2000 年停止印刷 1 000 加元面额的纸币，尽管国家要求上交此面额的所有纸币，但仍有约 100 万加元的纸币下落不明。新加坡已不再发行 1 万新元面额的纸币，但它们仍在流通。欧洲中央银行，在 2018 年底，停止发行 500 欧元面额的纸币，这意味着以后发行的最大面额纸币是 200 欧元。然而，500 欧元面额纸币仍将是法定货币，可以无限期地兑换。瑞典、丹麦和挪威都发行 1 000 克朗面额的纸币（价值在 100 至 120 美元之间）。法国对现金支付规定了 1 000 欧元的限额。目前仍在发行的最大面额的纸币是文莱的 10 000 文莱元（BND）纸币（约合 7 122 美元）和瑞士 1 000 法郎（CHF）纸币（价值约 1 000 美元）。英国最高面额的纸币是 50 英镑（约合 80 美元），并将以聚合物形式发行（塑料就是一种聚合物）。日本仍发行价值约为 90 美元的 10 000 日元。许多银行家赞成废除大面额纸币，但这充其量是一个收效甚微的措施。影响人们货币习惯的强硬干预会很快遭到抗议，其风险将在下一节中，通过论述政府非货币计划的最新失败来说明。

（二）印度令人震惊的非货币化实验

2016 年 11 月 8 日，印度政府在没有任何预警的情况下，直接宣布收回面额 500 卢比（约合 7.50 美元）和面额 1 000 卢比（约合 15 美元）的纸币，并将其非货币化。这是印度最大面额的两种纸币，从宣布当晚的午夜开始，它们将不再是法定货币。政府宣布这些纸币"在不久的将来"，可以在中央银行的分支机构或商业银行

第十八章 嫉妒的民族国家和货币的未来

兑换成新的 500 卢比和 2 000 卢比面额的钞票。政府声称这一行动将遏制影子经济,并打击使用非法和伪造现金资助非法活动和恐怖主义的行为。但这一突如其来的政策以及随后几周内长期的现金短缺给印度的整个经济造成了巨大的混乱,威胁到了整个国家的经济运行。突然间,流通中的 86.4% 的现金不再是法定货币(按当时的价值计算)。而印度是一个现金消费大国,在印度的所有消费交易中,98% 是现金交易。这一行动也给数以亿计的贫穷印度人造成了困难。而雪上加霜的是,政府无法在五六个月内准备好足够数量的新纸币来取代旧纸币(总共 220 亿张)。

官方给出的理由是为了解决伪造印度钞票的问题,使以现金形式囤积的黑钱变得无效,并遏制用假钞资助恐怖主义的活动。但是这一举动并没有迫使大量未缴纳税款的黑钱被公开或被征税,这是一种一劳永逸的做法,但无法确保大量现金经济永久性地进入正规金融体系。无论如何,在印度,非法财富一般不是以纸币的形式持有,而是以财产或其他形式的资产持有。经济条件较好的公民有各种各样的逃税漏税方法。不管怎么样,旧货币的持有者都需要设法处理这些货币。在施行非货币化之后,复杂的洗钱网络如雨后春笋般涌现出来,以帮助富有的印度人在不被税务机关发现的情况下存入大量以前未申报的货币。据称,这些人以折扣价将旧钞票卖给经纪人,然后经纪人派遣低收入的印度人去银行存款或兑换。

这是国家权力在金钱方面滥用的一个典型案例,反映了与国家货币理论有关的常见的错误态度。其背后的可悲逻辑是这样的:如果货币只是国家的一种工具,那么国家用它来促进任何被国家认为有政治吸引力的目标,就无可指摘。如果人们因此而受苦,那么这就是为了更高尚的利益而需要做出的牺牲,这就是这些社会管理者的心态。

四、支付习惯的变化

人们的支付方式的确在发生快速变化。在英国，2016年刷卡支付的总量超过了现金支付量。人们更愿意使用银行卡进行小额支付。然而，零售商仍然花费了超过10亿英镑（12.9亿美元）来接受信用卡支付，而且信用卡费用仍然很高。人们依然在广泛使用现金，它仍然是欧盟最主要的支付方式。在2017年，欧盟79%的交易是使用现金进行的（占所有支付总价值的54%）。尽管许多文章预测了无现金社会的到来，但是事实上，在大多数国家，人们依然主要依靠现金进行支付。为此，在全球广泛持有的100美元钞票，占所有美国货币价值的78%的情况下，禁止大额美元的发行或流通，可以被视为近乎主权债务违约。在那些汇率不稳定、政府专制、资本管制或有银行倒闭历史的国家里，现金为民众提供紧急储备的方式。在全球金融危机后的十年里，不仅是在欧元区，在日本和美国，我们也看到了现金流通量的增加，这是因为许多人无法信任银行。监管机构曾认为他们的改革加强了民众的信心，但公众意见调查证实了这种信任的缺乏。为了使反对现金的运动取得成功，所有拥有重要货币的国家都需要参与大额纸币废除运动。然而，一些国家（例如瑞士）原则上拒绝参与，但实际上仍使用大额纸币。瑞士人不太可能废除其面额为1 000瑞士法郎的纸币。

经验表明，随意改动人们熟悉的货币习惯会引起巨大的社会动荡。现金成本低廉但效率奇高。与银行账户不同，现金不需要密码存取，也不会被黑客攻击，也无须依赖可能而且经常发生故障的现代技术。用现金支付通常不会像使用银行卡支付那样，经常遭到拒绝。此外，我们还应该考虑到禁止现金对弱势群体的不利影响。为了达到预期的效果，使用非现金支付时，每个人都必须拥有数字技术，并且能够使用数字技术。但在现实中，许多人没有这种技术，如果被迫依赖这种数字技术，还有更多的人将很难进行交易，并且会使自己受到伤害。从这个角度来看，废除现金的建议简直是残忍的：很难想象还有什么其他单一的经济措施，可以对如此多的人产生这么不利的影响。

此外，除了穷人，还有很多人依赖现金，包括那些在政治上被认为不正常的人，准备好身份证明和两张身份证，包括护照或带照片的驾驶证的人。特别是对老年人、社会弱势群体或未成年人来说，简单易得的现金是他们能够参与社会的条件。当人们使用现金时，他们不会面临申请信用卡或开设银行账户的障碍。由于网络和电力故障等原因，现金总是能够比其他依赖技术的支付方式更好地发挥作用。因此，在未来很长一段时间内，纸币将继续保持其作为法定货币的地位和作用。此外，印刷钞票仍将是欧洲中央银行（ECB）的核心业务。如果公众对中央银行的数字货币有需求，这应该只是现金的一个技术变体。

重要的是，我们要意识到，现金并不是促成洗钱和资助恐怖主义行为的最大因素。美国提供的证据表明，促成洗钱或资助恐怖主义的罪魁祸首是银行，其次是不健全的法律服务，现金只排在第三位。此外，2015年10月，英国政府对洗钱和恐怖主义融资的风险评估，也将现金列为第三大风险因素，略高于法律服务提供者，同时会计行业也位列前排。如果国家真的想阻止洗钱，就没有理由攻击排名第三的风险因素（现金），而对排名第一和第二的风险因素置之不理。再进一步说，银行和会计服务提供者都已经受到严格的监管，尤其是在非法交易领域。考虑到类似的规定已经出台并实施了很长一段时间，但银行和会计师事务所仍然是主要的风险因素，这也充分表明这种监管已经相当失败。

讨伐现金的真正目的在于其他方面，即为中央银行或政府引入负利率政策扫清障碍。如果人们依然可以选择使用现金，他们就无法对货币征收这样的税款。这实际上涉及向公众的银行存款收取费用（而不是提供利息），以促使公众增加消费，从而推动经济走出通货紧缩的困境。因此，许多人自然会得出结论，如果"他们"不能再通过通货膨胀来窃取我们口袋里的钱（通货膨胀，是国家从民众的钱中分一杯羹的古老操作），那么他们将以鼓励我们花钱为名义直接从我们手里拿走钱，或干脆废除我们手里剩下的钱。但是，除了人们大量持有现金被政府抢劫外，零利率政策也是政府抢劫民众的重要手段。为了抗议国家对银行存款征税的行为，民众可能会选择回归更古老的货币形式——黄金。

五、黄金与国家

大多数政府和现代中央银行家喜欢自己持有黄金，但不喜欢他们的公民拥有黄金，因为他们肯定不想把国家货币与固定重量的黄金联系起来。对于理性主义者来说，希望货币拥有任何物质实体，不过是一种历史遗留的迷信，就像对仙女的崇拜那样。我们要对启蒙运动的成果有信心，现在肯定没几个人相信仙女教母的存在了！表示，黄金不应该被视为任何种类的货币。黄金可能赏心悦目，很适合作为珠宝装饰品，但我们没理由让金钱跟黄金绑定，毕竟金钱并不需要看起来美丽。如果在历史上遭受过快速通货膨胀的国家（如德国、印度和拉丁美洲的几国）对黄金的需求仍然特别强劲，这就被视为维持良好货币政策的另一个理由。那么，如果在过去的100年里发生了50次恶性通货膨胀，而且是持续的、世界性的通货膨胀，甚至美国的物价在20世纪也上涨了23倍，又该怎么解释

第十八章 嫉妒的民族国家和货币的未来

呢？反对黄金作为货币的人士表示，这是证明了良好的、理性的中央银行存在必要性的进一步证据。的确，我们必须学会如何管理纸币，为此要感谢那些颇具奉献精神的中央银行家的不懈努力，我们现在知道该怎么做了。

官方的说法是，在整个国家货币时代，黄金作为货币资产的地位已经下降。在20世纪伊始，金本位制正处于如日中天的地位。当它被废除时，除了作为剩余储备，黄金据说已经被废除了所有的官方货币功能。从20世纪60年代黄金储备占官方储备的50%—60%降到2000年的14%，官方持有量从高峰期下降了约5 000吨，降至约33 000吨。黄金储备量在20世纪90年代达到了一个低点，当时它作为一种严肃的价值储存手段，消亡看起来已经迫在眉睫。因为黄金没有赚取任何利益，其价格多年来一直在下降，且大多数中央银行家认为它已经过时。1996—1999年，当时的英国财政大臣戈登·布朗根据财政部的建议，以每盎司300美元（或约200英镑）的平均价格出售了400吨黄金（英国剩余黄金储备的近一半）。后来，这被认为是一个重大错误，因为黄金价格（以美元和英镑计）在接下来的十年里飙升了五倍。布朗的财政顾问认为出售黄金的举动当时使他看起来聪明和现代，但最终的结局却使他看起来像一个失败者。［在最近的历史上，可能只有美国金融家乔治·索罗斯（George Soros）在一次事件中，让英国的黄金储备损失了这么多——他在1992年的黑色星期三，成功地对英镑进行了投机操作。］

对黄金的战争始于1971年布雷顿森林体系的消亡。以美国为首的各国政府，尽其所能地削弱黄金在国际货币体系中的作用。根据美国推动的国际货币基金组织的新条款，各成员国被禁止以黄金来定义货币。国际货币基金组织也被禁止选择黄金作为新汇率体系的共同标准。以黄金为单位的特别提款权条款被废除，任何关于黄金官方价格的概念，以及成员国以黄金支付国际货币基金组织款项的所有义务，也同时被废除。特别提款权取代黄金，成为国际货币基金组织的记账单位。国际货币基金组织还出售了其持有的部分黄金，甚至连支持黄金在体系中起作用的法国也让步了，并将其希望转移到欧元上。全球各国政府都火力全开地反对黄金，但是，事与愿违的是，黄金不仅会存活下来，而且会成为抵御即将到来的通货膨胀狂潮的最佳避风港之一。

（一）作为政策制定者愚蠢行为风向标的黄金市场

国家货币的发行者憎恨黄金市场，它结合成千上万的个人订单和需求产生一个价格。面对愚蠢的政客和有缺陷的市场，这个价格提供了一个客观的、非个人的市场预判。当政客采取通货膨胀政策时，黄金市场立即发出信号，预期价格将通过黄金市场上升。在其他条件相同的情况下，有关国家货币的金价就会上涨。黄金市场看穿了政治家的诡计和空头承诺，它具有前瞻性，可以预测将使货币贬值的政策的影响。但它有时也会让主张金本位的人失望，因为在金本位支持者认为黄金价格应该上涨的时候，它顽固地拒绝上涨。2018 年，为什么黄金市场没有对特朗普的巨额支出赤字和减税的愚蠢行为做出反应？它有自己的理由，我们可以进行各种各样的猜测，但永远无法得到黄金市场的确认。毫无疑问，黄金市场已经释放信号，表明美国通货膨胀的前景不会有什么变化。但在适当的时候，当情绪发生变化时，黄金市场将是第一个反映市场情况的指标，也是最好的指标，然后特朗普总统将对它大发雷霆，并希望像他之前的总统（包括 1934 年的罗斯福和 1971 年的尼克松）那样压制它。

（二）金价总是会反弹回来

虽然被废除了其作为官方货币的角色，但黄金的价格却一路飙升。到 2011 年，黄金价格达到 1 600 美元每盎司，是 1999 年英国出售黄金后价格最低点 252 美元的六倍。1999 年年底，欧洲中央银行宣布达成协议（后来又经历了两次更新，尽管每次细节不同），在未来五年内，限制黄金的年度销售量为这一波金价涨势奠定了基础。这个协议，实际上是为金价设置了一个底线（详见第十七章的内幕大揭秘）。导致金价这一波显著反弹的其他原因包括：中央银行的超低利率制度和宽松的货币政策；金融市场的创新使更多的投资者有能力购买黄金；新兴市场的收入大幅增加，特别是中国、印度、俄罗斯和巴西这些国家都有着悠久的黄金文化，现在民众突然有能力购买更多的黄金用于私人用途，例如制作珠宝首饰等。

无论各国如何宣传他们的货币并贬低黄金，黄金总是随时做好了充当货币的准备。除了黄金长期而稳定的购买力之外，还有几个原因：第一，黄金排除了所有可能的依赖性。使用任何国家的货币作为国际货币系统的支点，意味着需要依赖该国的信仰和信用，以及其货币市场的完整性和其政策的谨慎性——换句话说，需要依赖这个国家保持其货币健全的意愿和能力。但国家违约、贬值和货币崩溃的历史表明，依赖政府的承诺是愚蠢的。第二，黄金被看作是一个安全的避风港。世界上每个成年人都知道黄金是什么，其价值的普及性没有东西可以媲美。而对于一种货币来说，使用者的信任是最重要的。第三，黄金的市场价值独立于其作为货币的用途之外。由于大量的黄金在世界各地因为各种各样的原因被民众自愿持有——例如作为多元化的投资，作为珠宝，或作为中央银行的价值储存——每年新开采的黄金量总是很容易被消耗掉，且通过价格机制自然实现。

如果你认为中央银行会确保价格稳定，使得黄金的吸引力减弱，就要意识到中央银行的目标并不是稳定价格——从常识上讲，就是价格长期不涨也不跌。中央银行的目标是每年2%的通货膨胀率——这相当于每35年价格水平翻一番。如果在21世纪初，中央银行让通货紧缩顺其自然，那么黄金的价格确实会下降，因为这将是政府货币政策的一个意外转变。但是，通过采用通胀目标，中央银行做出了强大的、协调一致的国际努力来提高黄金的价格——但与此同时，他们还在诅咒黄金！因为黄金不支付利息，但由于世界上所有主要的中央银行都在为利息工作，所以这足以满足大多数投资者。

黄金制胜的奥秘中还有一个重要的因素——这个因素与货币的性质有关。与其说人们拥有黄金，不如说人们是黄金的受托人，他们是黄金的临时监护人。黄金将过去、现在和未来连接在一起，形成一个安全、可靠的链条，将几代人联系起来。这恰好是好的货币应该具备的特征，但这却超出了当代货币的能力。

（三）为何黄金无价

我们在谈论黄金的时候，默认它有一个价格，因为在国际市场上，黄金是以美元为单位定价的，所以大多数人认为黄金的美元价格就是黄金的基本价格。如果黄金以其他货币报价，他们将采取美元价格为标准，然后将所得金额按当前汇率换算成其他非美元货币，但这可能是一种误导。黄金的价值是由全球对该金属的需求和供应量决定的。黄金的不同币种报价应该反映了该货币对黄金的预期，而不考虑黄金的美元价格。因此，如果人们预测欧元区的通货膨胀会更加迅速，那么在其他条件不变的情况下，欧元的黄金价格

第十八章 嫉妒的民族国家和货币的未来

将上升，而对黄金的美元价格没有任何影响。以日元或肯尼亚先令或其他货币计算的黄金价格也是如此。津巴布韦元的黄金价格是由津巴布韦中央银行决定的，而不是由美联储决定的。换句话说，黄金的真正价值是黄金本身。它在任何货币中的价格不过是反映了该货币对黄金的预期。我们不可能看到或触摸到真正的黄金价格，因为它的真正价值是由黄金的需求和供应决定的，而不是由任何中央银行决定的。这就是黄金能够不带任何主观色彩、客观、沉默地见证纸币命运的原因。因此，黄金是真正独立于国家货币之外的存在，这就是为什么黄金可以成为市场的敏感晴雨表。黄金是一个测量杆、一种装饰品，也可以成为货币。这意味着持有黄金的人可以在任何时候进行交易（除非黄金被嵌入牙齿作为装饰品）。但是，一代又一代的人对黄金有更多的需求，因此每年新开采的数量（只增加了一小部分——通常每年增量约为全球总库存的3%）很容易被吸收。这就是即使黄金已经被非货币化，它仍对法定货币施加着无形的压力和影响的原因。

诚然，在金本位制时代，黄金作为官方货币时的实际价值更加稳定。当人们对作为货币以及其他用途的黄金有需求时，需求变得更加稳定，且其名义价格变得固定。在不稳定的法定货币环境下，信贷浪潮引发的通货膨胀和通货紧缩的力量，自然会传递到黄金市场。在过去的70年里，黄金价格（包括名义价格和实际价格）的大幅波动主要是由官方政策造成的：在20世纪60年代，当美国实行通货膨胀政策时，黄金对美元的价格是固定的，其实际价值被低估了。当固定价格被放弃后，市场价格对20世纪70年代的通货膨胀政策、20世纪80年代和90年代的通货紧缩政策，以及2003年到2011年中的超宽松货币政策，做出了教科书式的反应。在这一时期的后半段（1990—2000年），中央银行和政府对黄金的不稳定销售加剧了这些波动。证据表明，如果没有这种破坏稳定的官方政策（货币政策以及对黄金市场的直接干预），黄金的实际价格会更加稳定。

我们是否是这样一种金钱错觉的受害者，即认为我们的法定货币虽然是真正有法律效力的东西，而实际上它仍然是黄金的衍生品？最终，我们的货币将由民众来评判，最能反映这种评判的市场是最好的非法定货币或货币替代品的市场，即黄金市场。如果一种货币完全失去了它的黄金价值，哪怕当时的政府坚持要用这种货币纳税，并宣称它是可靠和健全的，它也将无法发挥货币功能。

其他推崇黄金的论据，来自其购买力的长期稳定性。人们说，黄金的价格是由美联储的政策决定的，但实际上他们应该说，黄金的美元价格受到美联储政策的严重影响。货币政策并不是影响当地黄金价格的唯一因素，例如，对黄金进口或出口的限制会导致当地价格与国际价格存在偏差。另外，黄金的大量销售或购买（特别是中央银行发起的销售或购买）也会对金价产生很大影响。但是，从长期来看，对世界各地的人来说，黄金的实际购买力依然是稳定的（无论他们的法定货币是什么），这意味着许多人仍然认为黄金是最佳的长期价值储存手段。

六、私人货币：稳定的货币？

"在我们用来解释资本主义概念的基本模型中，"一位主流经济学家说，"货币并不重要。真正重要的是，不同商品的相对供应和需求，以及它们的相对'价格'（波特斯，2016）。"（但是，你可能会问，'除了货币，价格还能够如何表达？'好吧，我们可以想象，可能有一个无法直接观察到的"真实"价格，货币像面纱一样轻飘

第十八章 嫉妒的民族国家和货币的未来

飘地罩在它的上面。）还有人认为，货币是国家权力的一个特定方面的产物，即税收：通过要求公民用货币交税，国家创造了对货币的需求（见下文现代货币理论部分的内容）。经济学家持有的前述观点反映了一个古老的贵族传统，即尽可能地消除金钱——具有讽刺意味的是，许多中央银行家也持有这种观点，正如第十三章所讨论的那样。但对我们其他人来说，货币是我们感受到经济环境变化对我们的实际影响的一个因素。对经济学家来说，经济是一个真实的实体，但对大多数人来说，经济是一个抽象的概念，而货币，作为经济学可以抛弃的东西，对我们来说是真实的存在。我们可以计算它，并且没有它就无法生活。而那些领着稳定的公共部门工资、享受着税收资助的津贴，以及有丰厚的养老金的官员，能真正理解金钱对民众的意义吗？一部分公众已经开始怀疑这一点。

这就是新的私人货币学派的有趣之处。它由凯文·多德（Kevin Dowd）、杰拉德·欧德里斯科尔（Gerald O'Driscoll）、乔治·塞尔金（George Selgin）和劳伦斯·怀特（Lawrence White）等经济学家为主导。他们试图通过分析，倡导一个脱离了国家控制的竞争性银行系统的自由社会。他们解释了私营部门如何创造货币稳定性，保护银行系统免受危机影响，并在不需要中央银行的情况下，如何保持货币的价值。他们通常认为，在大多数中央银行制度下施加的限制，反而导致银行系统更难以应对恐慌和存款挤兑。为此，他们提出了一个现代版本的商品货币理论。首先，亚当·斯密在18世纪（追随亚里士多德）提出的关于货币起源的进化论，经过卡尔·门格尔（Carl Menger）在19世纪充实之后的说法，仍然适用。正如怀特所描述的那样，货币是一种诞生于市场的制度。因为易货商试图寻求更有效交易的策略，并最终趋同于适用一种或两种商品作为共同支付的媒介，在此过程中，没有人以最终找到哪种商品为目标（怀特，2017）。其次，关于为什么黄金和白银成为最受欢迎的商品货币这个问题，国家理论派并没有给出令人满意的解释。如果货币是由国家创造的，为什么统治者会选择金银，而不是一些更便宜的材料（如铁或铜）作为货币呢？因为他们知道（像私人商人那样），这种金属具备一些成为货币所需的关键特性。第三，通过信用创造货币需要信任，而信任是从反复的互动和道德感悟（正如亚当·斯密自己提到的那样）中发展起来的，而不是国家权力所能决定。

　　亚当·斯密承认互助和信贷在家庭和紧密社区中的作用。此外，他还知道商业的兴起反过来会降低亲属关系和这种个人关系的相对重要性，从而进一步提高货币交换的重要性。货币对于促进陌生人之间的贸易至关重要。

　　这场辩论还涉及了一个重要的内容。古典自由主义秉持的一个原则是，只要不干涉他人的事务，人们就有权利寻求自己的利益、处理自己的事务，而不被追踪和跟踪，或受制于他人的算计。无数人的口头禅是"如果你没有做错什么，还有什么好担心的？"这表明他们对我们的权利结构的不稳定性一无所知，并可能认为我们在宪法中建立的保护措施能够抵御精心算计的攻击。我们必须了解金融隐私权的基本依据，并准备好捍卫这些隐私权；正如希特勒的崛起所表明的那样，一个残忍的人，可以不管不顾地将这些限制抛在一旁，而且我们很快就会发现，后悔已为时过晚。金融隐私权是对言论自由权及和平享有个人财产权的自然且必要的补充。与这两项基本权利一样，金融隐私权不仅服务于个人的利益，也同样服务于社会的利益，用来限制政府滥用民众赋予他们的权力的趋势。

七、一个野心勃勃的"现代货币"理论

兰德尔·雷（Randall Wray）在他对货币的国家理论（源自凯恩斯的经典论述，而凯恩斯的经典论述又在很大程度上归功于基纳普）的解释中，阐述了一种截然相反的观点。兰德尔·雷对自己提出的综合理论评价颇高："简单地说，我们已经发现了货币在现代经济中是如何'运作'的。"（兰德尔·雷，2012）他声称，政府可以通过创造足够的货币来保证充分就业，且不必担心破产或造成通货膨胀。该理论提供的货币思想分析结构得到了很多人的追捧。"政府首先创造一种账户货币（美元、英镑、欧元），然后让这种国家账户货币履行纳税义务……货币的其他用途是辅助性的，源于政府愿意接受其货币用于纳税。"兰德尔·雷经常引用他的导师海曼·明斯基（Hyman Minsky）的话，大意是"每个人都可以创造货币，问题是如何确保它得到认可。"

按照凯恩斯的说法，我们首先要有一个账户货币，也就是为我们购买的商品和服务定价的单位（英镑、美元等），这些单位都是由国家选择的。然后，我们选择以该记账单位计价，并在购买和销售商品和服务时使用的"一些东西"，就成为货币。在美国，国会拥有"铸造货币"的权力。"美元"一词，既指记账单位或主权货币，也指美国政府发行的纸张或硬币。但兰德尔·雷限制了货币一词的使用，仅用来指代记账单位，并使用"钱物"一词来表示以该货币单位计价的纸币和硬币等。只有主权政府才有权决定它所承认的官方账户货币，也只有现代政府被赋予了发行以其账户单位计价的货币的权力。

货币是一种"价值的一般代表"。它可以购买所有的商品，而且当商品被出售时，商品反过来"购买"货币。资本主义是由商业人士通过生产和销售商品获得金钱（钱物）的愿望所驱动的。货币

是我们用来衡量产出价值的东西，它不是遮在"真实"经济上面的面纱，它是资本主义的本质。货币的载体由主权国家来定义，但货币"之物"可以由私人创造。事实上，银行的贷款行为成了创造货币的主要途径。但是，这种私人的货币借据是用国家的账户货币书写的。此外，如果发行人（如银行）承诺将他们的借据转换为另一种货币（如国家的货币），它们就需要向持有人保证，它们能够按要求做到这一点。为了使这一承诺可信，银行必须保持一定量的国家货币储备，或者能够方便地获得国家货币。银行在经济中发挥着关键作用，因为它们创造了生产者购买原材料、出售成品，并弥补这些生产阶段之间的差距所需的"钱物"。

为了保证充分就业和其他社会产品，政府可以花费尽可能多的钱，因为一个国家永远不会耗尽其货币。货币不像白银或黄金那样是一种稀缺商品，它的价值是由获得它的难度决定的——这是国家作为垄断发行者可以自主决定的事情。一个国家或社会如何发行、借出和使用货币的决定，最终都由其政治、价值观和惯例所决定无论其目标是减少不平等还是促进创业精神。通货膨胀可以通过税收来控制。只有在充分就业时，它才会成为需要解决的问题。国家可以保证任何想要工作的人都能找到工作，降低失业率，与私营部门争夺劳动力，全面提高标准和工资。这个极端版本的国家理论是21世纪初开始流行的一系列类似建议之一。当时许多国家确实在采用印发货币作为抵御经济衰退的手段。当然，还有其他类似的版本，如各种所谓的以现金转移的形式向家庭提供直升机撒钱[1]的建议。

这个对货币创造能力的极端主张完全是不切实际的，因为如果

---

[1] 从字面意思看，就是政府或央行提供大量货币供应的政策，就好像有人拿着大把的钞票坐在直升机上撒钱一样。实际上指国家中央银行以税收返还或者其他名义直接给家庭或消费者发货币，刺激消费，降低失业率，克服通货紧缩。——译者注

第十八章 嫉妒的民族国家和货币的未来

政府真的想给民众发钱，有一个更简单的方法——减少甚至取消税收。政府不能这样做的原因，不是国家没有印发钞票的能力，而是他们意识到这样做有可能把通货膨胀和通货膨胀的预期推高到社会无法容忍的水平。国家随意创造货币的权力不会是"无代价的"。如果国家使人们持有比个人预期更多的钱，就会引起通货膨胀，从而降低国家债务的实际价值——也就是降低人们对国家债券投资的实际价值，这等同于违约。除了中央银行通过货币政策已经能够实现的目标以外，我们不能期望它能够带来更高的增长，或带来更多的就业资源。现代货币理论（MMT）并没有揭示出，在没有通货膨胀的情况下，有更多的赤字空间，正如英国高士集团（2019）所指出的那样。尽管现代货币理论努力改变我们对货币和财政政策的看法，但它放弃了基于市场的反周期货币和财政政策，对资源分配进行有针对性的中央控制。它将依靠具体的干预措施，在政府保障就业计划的基础上，解决"拦路虎问题"。他得出的结论是，这是"一个不成功的、空洞的尝试，试图说服我们，我们可以通过印钞票来为绿色新政和联邦就业保障计划提供资金，且不需要付出任何代价"。但现代货币理论不过是试图重新包装和复活20世纪60、70年代在经验上和理论上不受欢迎的凯恩斯主义政策。2019年对主要经济学家的调查显示，他们一致反对现代货币理论的断言，即"以自己的货币借款的国家，不应该担心政府赤字，因为他们总是可以创造很多货币为债务融资"；"以自己的货币借款的国家，可以通过创造货币为想要的实际政府支出融资"。

然而，这一理论符合我们这个时代的思维方式。它用现代的语言重新包装了凯恩斯主义的补救措施——而这种语言是货币语言，并非偶然。因为，世界上所有的问题都可以通过注入足够的货币来解决。在我看来，这恰好是社会必须摒弃的典型的心态：这种荒谬的想法认为，世界上存在一种技术性的货币解决方案，它可供国家使用，就像一根神奇的货币魔杖一样，可以轻松地解决失业问题，并让我们所有的焦虑都消失不见。

第十九章

货币的新社会学

在最近关于货币的社会学研究中,学者提出了一些新主张,与寻找更好的货币理念有关。阅读相关研究之后,我提炼出以下主张(用自己的话表述):

对货币性质的社会学分析,可以揭示我们目前在维持和管理货币方面遭遇的困难。

社会利益和阶级之间的冲突总是在产生金钱的过程中发挥作用。

货币的未来总是开放的,货币是我们为改善人类状况所做的广泛努力的一部分。只要能解决当代的实际问题,关于货币的创新想法总是有发展空间的。尽管许多货币改革者经常被视为怪人,但他们的影响力却不容忽视。

尽管货币通常需要得到国家或其他机构的认可,但货币也可以由私人倡议创造。或者,货币也可以由国家创造,但需要得到市场需求的支持。现代货币在本质上是市场和国家之间的一个合资企业。

民众和市场决定了货币的价值，因此货币不可能是中立的。

民众不是货币的被动接受者。他们在货币问题上的行为不一定是可预测的，因此货币将被民众塑造以满足他们的需要。

如果这些说法能够得到证实，那么我们就有充分的理由希望当前的货币安排能够而且一定会引导彻底的改变。然而，社会学的历史经验也确实表明，要实现变革有多么困难。如果货币的价值来自社会深处的运作过程，包括权力的争夺，我们就不能随心所欲地改革货币。我们不能简单地应用一些抽象的经济和货币稳定的理想来推动变革，因为社会中产生当前货币的力量太过强大，导致这种方法不可能产生任何结果。这也解释了为什么许多改革建议，最后都无疾而终。但社会学的思考能够帮助我们将思想集中在有可能行得通的改革探索上。在下文中，我将按照上述观点来分析这些观点和主要与之相关的学者，让我们从最离谱的观点开始。

一、为何我们会遭受金钱错觉的折磨

特拉维夫大学的诺姆·尤兰（Noam Yuran）以其独创的、有争议但发人深省的方法，荣获最离谱观点的头奖。我把这个奖项颁给他，是因为他的分析提及了我前文所说的金钱病毒对我们社会机构的侵蚀——这就是所谓的金钱错觉。钱是如何对我们和我们的社会产生如此大的控制力的？

尤兰讲述了丹尼尔·笛福（Daniel Defoe）的《鲁滨孙漂流记》（Robinson Crusoe）的故事，这本书通常被视为英国小说的原型。因鲁滨孙独自被困在一个荒岛上（尤兰，2014），对他来说，钱是毫无意义的。当他在海滩上发现一些钱时，便犹豫是否要把这些钱捡起来。后来，他对自己说，"不，钱在这里是非常无用的"。事实上，鲁滨孙诅咒金钱，称其为毒品，并表示很高兴终于摆脱了它。鲁滨逊在故事中说，"然而，经过深思熟虑，我还是拿起了这些钱"。他为什么这样做？是什么样的想法令他回心转意呢？毕竟，从经济学层面来看，在荒岛上金钱的效用是零。一个正常的人不会去积累任何没有显而易见用途的东西。经济学家只把金钱看作是一种手段。与现行经济学的分歧，从这里开始显现。对于个体而言，他们不受收益和损失计算的驱使，他们对金钱的渴望本身就是一个经济现实。

很明显，鲁滨孙"经过深思熟虑"之后，显然出于某种无法抗拒的驱动而捡起了这些钱。到底发生了什么？尤兰认为，货币和经济是一个非个人的系统，它独立于社会个体之外，利用其自身的规则与人类对峙。金钱会与鲁滨逊进行"对话"，要求他以某种方式服从其驱使。换句话说，金钱是一个超越个人观点的社会现实，是一个年轻人耳濡目染并逐渐被教会去渴望和追逐的东西。我们中的许多人或许都记得，孩提时的我们在得到一张购书券作为生日或圣诞礼物时，会激动得浑身颤抖。我们盲目地继承了这个东西，这个系统，并向其妥协。金钱可能起源于人类的想象，但没有人可以怀疑它的客观存在。

尤兰否定了货币的常规定义，认为它不是"被认为是钱的物体"，也不是"被接受为钱的东西"，也不仅仅"是一种支付手段或价值储存"；相反，它是一种像金钱一样被渴望获得的东西。在古希腊关于米达斯国王（King Midas）的神话中，米达斯被赋予了能够将所接触的一切变成黄金的天赋。一开始，当他发现自己可以触摸树枝并将其变成黄金时，欣喜若狂，但后来他发现，所有的食物和饮料，在被触碰后也变成了黄金，就异常沮丧。发生了什么？他真正想要的东西（饮食）变成了其他人想要的东西（金钱）。任何你非常渴望的东西都会变成金钱，从而变成支配你的力量，这就会削弱你的其他欲望。为此，当经济学家把金钱看作达到目的的手段时，他们就犯了错误，因为只有当对金钱的欲望是其本质的一部分时，金钱的影响才会被真正理解。

这种洞察力揭示了金钱错觉的影响，因为它引发了各种各样的社会异常，如连续的危机和尝试改革货币体系的无数次失败。对金钱的渴望是如何形成的？根据尤兰的说法，它的出现是出于对实际拥有任何东西的挫败感——因为购买了某样东西，必然意味着用这些钱购买其他东西的行为被推迟。对各种大牌商品的购买，以及将当代艺术品作为替代性投资（见第二十二章）等，都因其与金钱的相似性而得以持续。品牌进而演变成产品本身，当耐克运动鞋成为某些人群的"必备品"时，它的一位高管说："耐克成为一家营销公司，耐克的产品——运动鞋，就成为其营销工具。"品牌的声誉增强了产品的可取性和可交换性——也就是说，它们与金钱一样，都成为被渴求的对象。货币本身的演变也说明了这个过程。当货币是黄金时，人们对它的欲望是理性的，因为黄金的市场价值独立于它作为货币的价值之外。虽然货币可以是纸质的或抽象的概念，但我们仍然表现得好像货币代表了某种实际存在的物质，货币从来没有完全脱离过其物质基础。任何东西都可以成为货币，但使其成为货币所需的欲望将以挫败告终。

当全球主要的中央银行，在2010—2017年创造了数十亿的类货币材料时，经济的反应很迟钝。尤兰说，这暴露了现代货币在本质上是虚幻的；显然，人们并不像过去那样，或像中央银行家所认为的那样渴望它。货币的价值只由它的使用者决定，而公众可以耗尽货币的价值。因此，在遭遇经济危机时，仿佛一夜之间，所有人都把注意力集中在债务和偿还债务的困难上,民众对借贷和信贷的需求崩溃了。诚然,在危机发生后的十年里,主要货币区的货币需求增加了(以实际货币存量衡量),但这只是通过极端的利率进行操纵,以及官方创造货币(量化宽松政策)来抵御私人部门需求和信贷下跌导致的疲软。货币必须成为被渴望的对象,但拥有货币反而可能带来创伤。

二、金钱的未来是开放的

正如我试图通过本书各个章节内容所表明的那样,在过去的100年里,货币在各个社会中扮演了不同的角色。然而,金融和政治精英依然鼓吹这样的观点:除了他们"久经考验"的货币,没有其他的选择。人类学家大卫·格雷伯(David Graeber)急切地呼吁民众,拒绝这种宿命论和自我服务的学说。他说,"不要屈从于债务的逻辑!没有人有权利告诉我们欠了什么"(格雷伯,2011)。回顾历史,债务减免的事件无处不在,更不用说违约。事实上,违约是这个货币系统的一个基本特征。只有担心违约,银行家才会关心他们的贷款给了谁,只有这样,银行才会根据最有效的用途,来分配信贷——至少在理论上是这样!

如果我们像格雷伯那样,对现行货币系统进行刨根问底式的审查,就会发现货币的历史并不美好,推动现代货币机制产生的因素和力量,双手都沾满了鲜血。货币经济的传播,以可怕的暴力、奴隶制、债务奴役、强奸和盗窃为标志。债权人阶层和他们的盟友会使用任何可用的武器,来执行他们对债务人的要求。如果你仔细观察,当前的全球货币体系依赖于类似的机制——军事力量、无处不在的监视机器、警察和法院,坚持要求弱者全额偿还债务而强者则不用偿还，以及通过货币机器，将劳动力逼迫到低人一等的地位。

根据格雷伯的说法，货币和银行用来粉饰自我的故事，就如童话故事一般虚假。它们并不是从自愿合作和易货贸易中自然产生的。现代货币的出现是为了资助战争。中央银行代表了掌权者和金融家之间的利益联姻的制度化，所有货币从古至今都充斥着战争以及战争的鼓点。尼克松在1971年发行了大量美元（放弃了对黄金的固定价格）以资助越南战争。但直到现在，美元仍然得到美国军事力量的支持。美国从未犹豫过使用军事力量为其意识形态和货币利益服务。美国的国债名义上是对全世界的承诺，但所有人都知道它不会兑现。各国在借钱给美国时就知道这笔钱不会被偿还，但为什么还要借呢？格雷伯说，这些国家投资美国债券，不过是迫于美国的武力淫威。历史上，美国国债的主要买家正是那些正在或曾经被美国军事占领的国家，如德国和日本。除美国以外的所有国家都必须立刻偿还债务，否则将面临毁灭。美元之所以能够成为全球主导货币，其根基在于美国强大的军事力量。

全球唯一重要的货币机构——国际货币基金组织，坚持认为所有债务国（美国除外）必须偿还债务，违约行为可能带来巨大灾难……看看它曾经对希腊施加的压力吧！

格雷伯表明，社会在历史的某些时期，的确能够控制货币。思想和宗教信仰纠正了债务经济和债务奴役的缺点。他认为，我们今天应该寻求政治行动、道德和新的机构，并可能发挥类似于欧洲历史上由教会发挥的作用。在格雷伯对一个更光明的未来的设想中，债务人将有更多的权力（但我们怀疑谁会借钱给他们）。改革后的货币，将再次支持一个"以人为本"的经济，而不是目前毫无人性的商业经济。格雷伯是一个愤怒的无政府主义者。他提出的愿景是不现实的，但他的分析和历史洞察力也为我们当前的困境带来了新的启示。

三、将金钱为己所用

在《金钱的社会生活》(*The Social Life of Money*)这一雄心勃勃、范围广泛的调查中,奈杰尔·多德(Nigel Dodd)邀请我们以积极的方式看待金钱。金钱,首先是一个非常强大的概念(多德 2014)(这也是我的观点)。他生动地描述了金钱观念的多样性及它们滋生的希望:好的金钱可以改变社会。虽然从亨利八世时期的托马斯·莫尔爵士到卡尔·马克思等改革者经常想要废除金钱,但还有许多人选择重新想象金钱的角色和作用,并将其作为一种改善社会的手段。事实上,多德说,几乎每一种形式的货币都有乌托邦的成分。看看那些经常被用来装饰纸币的国家或地区团结的象征,例如那些被印刷在英格兰纸币上的"著名的英国人",印刷在美元上的著名的美国人,等等。多德对主流经济学家所持有的货币理论不屑一顾。根据他的分析,这些理论支持的政策抑制了个人自由、腐蚀了社区,并加剧了社会不平等。新的货币理论如果得到传播和采用,就可以改变这种状况。没错,货币已经被玷污了,但它仍将成为解决方案的一部分。多德说,让我们证明无政府主义思想先驱,皮埃尔·约瑟夫·蒲鲁东(Pierre-Joseph Proudhon)的一句话的真实性,即"当全面破产即将到来时,人类的创造力反而处于巅峰"。

多德批评了货币国定论。的确,面对国家对现有货币的既定控制,人们不可能轻易地创造出新的货币形式,但他们可以让货币变得非常无用,把它的功能,限制在小额储备现金上。他们可以削弱其作为价值储存和记账单位的功能,仅保留它作为支付手段的功能。人们可以从货币中给予和提取价值。与英厄姆一样,多德认为信任的丧失对货币和经济的削弱作用,比许多经济学家意识到的要更严重。

（一）创造货币不一定需要一个发行机构

虽然现代货币都是法定货币，但货币可以在没有发行机构的情况下产生。在社会学上，货币的价值不是来自其发行机构，而是来自使用它的人。事实上，尽管民族国家一直致力于确保官方发行的货币是唯一的法定货币——尽管有税收、禁令和对使用非国家货币的严厉惩罚等手段，但私人货币仍在不断涌现，如比特币。以这个思路为论据，多德支持了货币发展或出现的自发的理论。

与所有理论流派的教条主义者的主张相反，没有一套生产货币或规范其行为的安排是自然而然的。货币可以脱离国家和银行的控制，被使用者重新占有和使用。多德还暗示，国家对法定货币的控制力正在逐渐减弱，这也将创造机会，赋予用户更多的控制权。货币的社会功能是一个跨越时间和空间的桥梁。在这一点上，它可以与社会学奠基人埃米尔·杜尔凯姆（Emile Durkheim）所定义的宗教功能相提并论。货币反映了一个社会的文化，并反过来塑造它（这实际上是本书的一个主要主题）。

货币改革者和理想主义者，常常被斥责为怪人——的确，他们中的一些人是怪人。但这个评价对他们中的大多数人来说并不公平。我们应该听取部分理想主义者的意见，因为他们提出了改进货币的方法。创造了金钱概念本身的是梦想家，而不是自我利益者或国家。当然，人们必须在自己和想要的物品之间拉开一段距离，以便使他们能够将想获得的东西与其他物品进行比较，从而形成对其相对或实际价值的想法。要做到这一点，想象力是不可或缺的。换句话说，我们需要在心理层面创造这样的"距离"。只有想象层面理解力的飞跃，才能使人从其他人的角度来看待具体事物，然后想象出一个共同的测量杆（标准）。即使在今天，依然有新的货币仍在不断被想象出来，例如欧元和比特币。因此，我们应该尝试重新想象货币，不管是小规模的，还是大规模的。否则，既存的社会惯例将无法满足我们快速变化的社会需求。断言货币会像动植物的种类一样自然进化太过武断，而假设国家会提供所需的东西也是一种懒惰。英厄姆（见下文）认为，作为国家和私营部门之间的合资企业的货币的变化，反映了社会和权力的斗争；格雷伯则呼吁通过革命动乱来推翻不公正的秩序；多德期待个人和小团体，在重新创造货币方面发挥自己的作用。货币是一种公共物品，一个人的使用并不会减少它对另一个人的作用，而货币这种公共物品也可以通过私人努力和合作来提供。

（二）国家 VS 市场：一个错误的对立？

在努力理解金钱错觉的过程中，我们也可以从另一位社会学家凯斯·哈特（Keith Hart）的成果中学习。在 1986 年的开创性著作中，他断言我们应该把国家和市场看作创造货币的基本二元论的一部分。他做了一个十分精辟的比喻，即请我们将其想象为一枚硬币的两面。任何硬币都有正反两个面。在正面，你通常会看到一个君主的肖像或其他主权的象征。这代表了货币和政治权力之间的联系，并暗示了货币价值的等级制度，即价值从最高等级向下流动。这也表明，硬币的价值由国家决定，也就是说，其价值反映了货币与权力的联系。反面体现了硬币在市场上作为交换媒介的功能，其价值最终是由市场决定的，人们为这枚硬币提供了交换条件。这里的价值来自一种横向关系，因为交换被认为是自愿的。国家关于这枚硬币的名义价值应被接受为真实价值的断言，在每次使用硬币的时候都会受到检验。货币体系就这样在国家监管和市场交换之间摇摆不定："两者之间的摇摆引发了革命和旨在遏制矛盾的机构

(哈特，1986)"。在后来的研究中，哈特认为民族国家在货币生产和管理中的主导地位正在走向终点（哈特2001，由多德引用，第307页）。

四、货币作为公私合资的企业

剑桥大学基督学院的杰弗里·英厄姆（Geoffrey Ingham）在这方面。起了带头作用。他的《货币的本质》(The Nature of Money)（2004）一书，是社会科学家重新发现货币的一个里程碑。英厄姆认为，国家起着核心作用，这与一些社会学家同行的观点不同。事实上，国家行为对于创造早期资本主义发展的条件至关重要。例如，清除国内土地、资本和劳动力贸易方面的障碍。但另一种社会产品——大众消费市场的形成也同样重要。国家和新资产阶级之间的斗争导致了一个独立的企业家和银行家阶层的崛起。他们同意资助国家的战争，但前提是这些战争也能符合他们的利益。这就使国家和资产阶级之间实现了权力平衡，并反过来又促进了政治稳定和信任。这些都是信用货币产生所需的社会条件，它们反过来又推动了工业革命，形成了现代货币体系的基础。

银行创造货币的关键是民众承诺还款。银行把钱借给它们认为有信用的客户，即预计有意愿和能力偿还债务的人，这使得银行能够兑现他们对存款人的承诺。货币就是信贷，但不是所有的信贷都是货币。银行的债务货币化大大推动了资本主义的动态增长。正是在货币市场上，债务商人通过评估信贷决定谁应该得到什么。国家在这个过程中扮演着重要的角色：提供法律、秩序和公共产品，纠正市场失灵，管理金融危机，等等。反过来，信贷的增长也成了刺激消费者需求的不可或缺的条件。在资本主义制度下，仅仅让人们

第十九章 货币的新社会学

接受勤奋工作和禁欲主义的新教伦理的熏陶是不够的，资本主义还需要消费主义（见第四章），它需要金钱。然而，根据这种解读，金钱总是处于危险之中，它可以消失。这些斗争使金钱变得脆弱，但也使资本主义充满活力，"货币不可能是中立的：它是最强大的社会技术，但它是由特定的货币利益来生产和控制的，而且本质上也是不稳定的"。强调"实体"经济的经济理论，事实上颠倒了双方的实际关系：虽然收入必须由商品的生产和销售产生，但"这是在主要由货币决定的条件下发生的"（英厄姆，2004）。

一些经济学家认为，货币的供应应该完全由国家控制，但英厄姆却认为这不是正确的做法，因为这意味着贷款决定将完全是政治性的。此外也没有任何简单的改革能使这个系统更加稳定，因为不稳定性就是其本质。例如，人们或许无法接受"大而不倒"的银行制度，因为它被认为是非常不公平的，但我们也不可能仅仅通过政治意愿的努力就终结这种制度。华尔街需要华盛顿特区的支持（反之亦然），而伦敦市需要威斯敏斯特政府的支持（反之亦然），这些就是英厄姆所说的资本主义的"轴心关系"。尽管双方的关系经常处于紧张状态，但任何一方的长期存续都关乎另一方的生死存亡（英厄姆，2013）。实际上，国家将生产信用货币作为价值储存的权利外包给银行，并为交易提供担保，但这造成了道德风险。现代资本主义最灾难性的混乱就来自这种关键的外包关系。在货币生产中，国家和金融部门之间的联系是共生的，因此认为它们可以被切断是不现实的，正是它们之间的斗争赋予了货币价值。英厄姆对银行和货币的根本性改革的前景持悲观态度，并严厉地批判了那些声称已经找到理想货币的理想主义者：

> 首先，虽然有人声称已经找到了解决货币如何创造及创造多少

的最佳方案,但是我们可以肯定,这不是唯一的方案,而且必须是在两种不同的利益集团之间为经济存在进行了本质上的政治斗争之后得出的。其次,没有这样的斗争,货币就不可能有价值。(英厄姆,2013)

(一)民众铸造的金钱

最后,被公认为重新发现货币的先驱的普林斯顿大学的社会学家维维安娜·泽利泽(Viviana Zelizer)表示,我们居住在一个货币多元化的世界中,有各种不同的支付系统和货币媒体。下面是她的一些原话:"我们看到的每一个地方,人们都在创造新的货币种类";"不是所有的美元都是平等的";"没有单一的、普遍的货币"(泽利泽,1997)。主流经济学很少注意到新的货币形式,也没有认识到社会压力将货币的支出变成了一种复杂的活动:钱应该买什么?金钱的来源会给它的用途——储蓄或消费带来任何差别吗?泽利泽关于她研究的社会团体的著作说明了人们是如何区分金钱的用途的,即把它分成不同的小包,用于不同的目的;人们塑造金钱,以满足他们的需求。这就预示着在 21 世纪会出现新的货币形式。

(二)明斯基的观点

尽管经济学界整体忽视了新社会学(仅有少数例外),但有一位经济学家秉持了与之非常接近的理念,而他的研究成果比前述提到的观点出现的时间更早,他就是海曼·明斯基(Hyman Minsky)。早在 1986 年,他就提出了一种与标准观点截然不同的关于货币、银行和金融市场的观点。他批评后者将对货币如何影响经济的分析与对货币如何创造的分析割裂开来。尽管大多数经济学家认为货币是一种可以被识别、测量和分析的东西，可以完全独立于它的制度背景和用途：

但事实上，什么是货币，是由经济的运作决定的，且通常存在不同货币之间的等级制度，用于不同目标的特殊的货币工具。（明斯基，1986）

在此，我们需要暂停片刻，牢记明斯基的这句话，即"什么是货币，是由经济的运作决定的"。货币在不同的时间和地域，并不总是相同的东西。同一个经济中，也存在许多不同类型的货币："每个人都可以创造货币，但关键是让它被接受"（明斯基，1986）。因此，根据明斯基的分析，只要比特币被广泛接受为货币，它就是货币；而根据尤兰的观点是，只要比特币被当作货币来看待，它就是货币。但两者都没有提到国家的作用。

五、更多值得学习的观点

我从这些作者身上学到了很多东西：从尤兰那里，我们可以看到金钱错觉背后的心理过程，尽管这不是一个完整的解释。金钱必须是人们渴望得到的东西，但这种欲望必然会遭受挫折。从凯斯·哈特那里我了解到金钱不仅是造成社会中诸多令人不满的关键因素，它也将构成前进道路的一部分，因为它是一种人类表达自己身份的不可避免的方式；"如果我们希望建设更加和平和一体化的世界，金钱肯定会在全球从目前的僵局复苏的过程中发挥重要作用。我们正在寻找一种"足以满足人类共同需求"的货币结构（哈特，2017）。

从补充了明斯基理论的奈杰尔·多德那里,我了解到了许多具体而独特的货币观念及其影响。金融的全球化、银行重要性的下降有利于管理货币和证券化的发展,意味着原则上银行具备了创造信贷的无限能力。当有息证券将被接受为货币,它们就无需求助于银行资本,这本质上就是私人信贷货币。

这种货币概念的多样性对经济理论来说是陌生的。与之相反的是,多德的书中有一章是关于乌托邦的。在这里,他计划将乌托邦精神从货币内部释放出来——这种说法只会让大多数经济学家感到困惑。读到多德关于众多社会哲学家以及不同领域的思想家所推荐的思想和改革的讨论时,他们或许会感到不知所措。尽管怀抱了乌托邦式的同情心,多德依然支持实用主义的观点。他赞同维维安娜·泽利泽的观点,赞成"真正的货币多元化"。在这种情况下,各种货币均可在网络中自由流通,供个人根据需要和情况使用。从杰弗里·英厄姆那里,我了解到货币是如何通过产生它的社会过程获得价值的,以及货币理论本身是如何成为这个过程的一个组成部分的。他对货币作为国家和私营部门之间的合作关系的分析,以及对合作伙伴之间的紧张关系给资本主义经济带来活力的方式的分析是富有成效的。

那么,这篇文章的要点在哪里?我挑出四点来讲:把金钱看作改善人类状况的广泛努力的一部分,对金钱错觉如何在人类心理发挥作用的洞察,把金钱看作国家和私营部门之间的伙伴关系,以及对金钱如何从社会,特别是社会斗争中获得价值的解释。我想,前文提及的所有社会学家都会同意这样一个结论:货币的未来是开放的。虽然它将被各种社会需求和压力所塑造,但总是有创新、灵感和新想法的空间。我们必须抵制那种将目前的货币安排视为最佳安排的观点,并无视那些试图停止关于替代方案讨论的人施加的压力。

第二十章

货币与古典自由主义的衰落

在上一章中,我们学习了一些社会学领域学者的研究成果,他们花了很多年时间思考货币的本质。下面我们将了解的知识分子或许没有经济或货币领域的专长,但其思想或理论对舆论环境产生了强大的影响力。他们撰写书籍和文章,编辑杂志,导演戏剧和电影,并以各种方式塑造行为规范、态度、前景、时尚和趋势。全球货币空间的发展为他们打开了整个世界帮助他们传播思想。他们是不同思想的仲裁者。这些不同的思想是意识形态结构的基石,是新社会的基础。因此,他们对新社会的文化和幻觉的形成具有不可替代的作用。

这些知识分子、记者、作家和艺术家并不是一个同质群体,但他们共同持有一些非常普遍的态度,使其成为这个群体的代表性特征。他们通常认同最近由史蒂芬·平克(Steven Pinker,2018)倡导的启蒙运动项目超越了政治忠诚和左派与右派之分、自由市场与干预主义的对峙立场。他们认为,整体而言,这个世界正在变得更好。然而,这种乐观主义也被一种不祥的预感和深度的模糊性所笼罩。西方文化有很大的缺陷。这些知识分子已经意识到（甚至痛苦地反思着）西方的文化已经摧毁或破坏了许多其他文化。因此，他们备受内疚感困扰。他们也对国外或国内的机构对被剥削者或弱势群体的关注充满了怀疑。因为国际社会、西方国家或西方文明对所做的或未做的一切事情，必须赔偿，必须使他们的生活水平得到提高，而不应该迷恋于国内生产总值（GDP）的增长。但我们为什么要鼓励这些被虐待的人进一步与西方文化的"错误价值观"纠缠在一起呢？

　　世界在几个世纪里缓慢而平和地变化的时代，人类承认彼此之间的文化差异并享受这种文化多样性在社会心理进化中发挥了重要作用。我们只需想一想，从希腊到罗马和巴勒斯坦，以及从过去的日耳曼或凯尔特人社会，最终造就了欧洲的不同文明，或者想一想印度教、佛教和道教在东方世界的相互作用。我们发现，从这种多样性和社会之间的交流中产生了许多"文化之花"。但全球文化严格地限制了沿着这些路线向前发展的空间。我们声称要尊重和鼓励多样性，但新的全球文化已经改变摧毁了所有丰富的传统文化。尽管联合国教科文组织设立了世界遗产名录，但没有任何社会学层面的遗产保留是可行的。在这种情况下，只有其他文化出于以备不时之需的原因，或者单纯因它们的内在美和趣味性而被保存下来才是可行的。进化斗争中的胜利者往往会很快变得相当孤独。当然，这种综合症远远超出了货币领域，但货币在其中发挥了关键的作用。其发挥作用的速度令人目瞪口呆，且其造成的后果不可逆转。为此，我们在货币方面遇到的问题应该被放在一个更广泛的社会背景下进行思考，但许多学会了保持货币应有地位的社会已经被淘汰了。

　　许多，也许是大多数的知识分子仍然相信政府可以从现代的工具包——科学、技术、货币化和生活的各个方面的理性化中——选择他们所要的东西,且一切尽在掌控之中。但是,在一些明显可控制的问题上的决策,比如说工业化计划,或者在发展中国家扩大初级教育,甚至仅仅允许公民与邻近国家交易,都会导致无法控制的后果。现代化的议程不是一个你可以只选择自己喜欢菜品的菜单。它更像是一个不提供选择的套餐,每个社会都要从头到尾吃完。

一、缺乏历史意识

因为缺乏对历史的认识,我们很难理解或传达这一切是多么富有革命性。我们生活在"当下"即眼前的时刻,迈出一只脚,"满怀希望"地迈向未来。很少有人能深刻地意识到或有兴趣了解,在我们每个人的意识觉醒之前人类的经历所具有的重大意义。旅游业是一个拉动经济增长的主要产业,但也是一个文化破坏和现代化的工具;旅游业的好处是可以通过估计游客的消费金额来衡量的。如果我们的一生被拍成电影,那么所有的客观现实就是这其中一连串的快照,但我们不愿意被提醒,这个时间跨度是多么小。因为我们如此沉迷于活在当下,为了当下而活,所以我们无限地高估了它在整体的人类经验中的重要性,我们也忘了自己与过去历史的连续性。这种意识一直存在于过去的社会中,无论这些社会是否留下符合现代定义的历史著作。由科学和高级技术驱动的现代经济,放到人类历史的时钟上来看,或许不过是过去短短几秒钟的产物。但典型的现代知识分子对以前发生的事情感兴趣,主要是为了展示我们取得了多少进步。

这是西方伟大的理性主义者的典型态度。他们倾向于认为不管他们的时代中有哪些特别值得欣赏的东西,都是事物的自然秩序的一部分，因此是安全的。亚当·斯密确信，在"天赋自由权"的体系下，对自我利益的追求会受到"同情"的制约［见诺曼，2018，他将斯密的早期作品《道德情操论》(The Theory of Moral Sentiments) 称为"礼貌、文明和自我完善的颂歌"］。同样，在我们这个时代，尽管哈耶克和弗里德曼已经令人信服地论证了资本主义和自由之间的密切关系，但是这种亲密关系并不是自然法则，而只对独立存在的自由社会有效。在这个社会中，自由本身被视为一种道行。哈耶克的社会主义批评者也遭遇了同样的命运。当社会主义者理查德·陶尼（Richard Tawney）把哈耶克对国家权力过度的担心视为夸大其词时，他不过是把民众文明的行为视为理所当然，就像亚当·斯密和他之前的其他人一样（陶尼，1927）。在陶尼看来，国家是"一种工具，仅此而已""理智和正派的人，将出于正派和理智的目的，使用国家工具"。人们用同样的逻辑来驳斥对我们金钱文化的批评。他们声称金钱不应受到指责，它只是一种工具，但是金钱必然需要一个道德的框架。

在这一点上，现代知识分子可能有点过于天真。他们没有意识到，或宁愿不纠结于被他们倡导为发展工具的力量的局限性。持有这种态度的早期代表是西格蒙德·弗洛伊德，他是又一个欧洲理性主义者。他们既憎恨他们的社会，同时又不知道社会给自己带来了多大的好处。弗洛伊德对病人和读者宣扬"诚实"的重要性，但没有给出理由，说明为什么对自己的诚实能够抑制邪恶。他只是默认人们会做出正确的选择，因为他默认正确是理性或科学的产物。最终，弗洛伊德被那些在凶残的反犹太斗争中毫不掩饰的人赶出了维也纳，并在伦敦终老。在那里，被他视为理所当然的人道主义价值观仍然存活。

新的全球文化为高科技的传播提供了理想的环境，科学和理性主义正在蚕食全球所有的其他遗留文化。前科学时代的社会已不复存在，就像前科学时代的人类一样。我们无法判断新人类将创造什么样的社会，但这可以归结为一个根本的问题，即新人类将相信什么。知识分子必须摆脱当前这种令人舒适的信念，即认为他们目前的意识形态能够带来乌托邦。因为这样的意识形态，同样可以导致暴政和战争的不断升级。正如一位哲学反叛者约翰·格雷（John Gray）所指出的那样："认为科学可以改变人类的命运，不亚于相信魔法"（格雷 2002）。那么，新人类会相信什么呢？

二、技术和金钱并不能造就一个社会

直到最近，知识分子还期望人们会满足于现代文化的统一性、技术官僚性和合理化。现在，在全球主要城市的街道上都出现了暴力抗议活动，书店里摆满了宣称民主的终结和"愤怒的时代"的书，或许我们应该敦促接受这一结论的人们进行反思：我们社会的根源是什么？"以技术为基础的社会"这句话经常出现在报纸的头条或政府领导人的讲话之中，以至于它看起来像是一个得到了证实的真理。如果这句话的意思是在任何一个国家，人们几乎每一天都要体验到技术变革所带来的变化，那么这句话看起来是显而易见的甚至是普通的现实。但如果说我们的社会是建立在科学和技术的基础上，那这句话就不一定是正确的。使用移动电话、电子邮件、社交媒体，并不能构成一个社会；同样，拥有现代医院、实验室和疫苗等也不能构成社会；即便渺茫的"价格和金融稳定"目标得到实现，它们也不能成为社会的一部分。全球各地的抗议活动应该提醒我们这一点，督促我们回到历史中去，研究社会是如何维系的。然后我们将重新认识到，没有一个社会是被维系在或建立在如此冷血、如此缺乏人类温暖和感情的体制之上——现代社会服务于合理化、节约成本和技术进步的货币纽带网络。

人类社会的基本品质与这些东西无关：它们无法量化，也无法定义，无法储存或处理，无法机械地应用或背诵，只能通过习俗和传统来传达，最好是通过模仿习得。它的价值或目的，超越了理性—技术—货币秩序，尽管它们可能欢迎这样一个秩序。我们对在全球货币空间运作的先进通信和货币网络，以及它们所支撑经济的盲目信心使它们看起来不可阻挡。然而这种信仰本身并不能为人类共同生活的任何方式提供基础。因此，寻找与之相容的联合形式的工作仍将继续。那么，人类以哪种形式联系在一起，才能够被接受呢？

看看我们周围，似乎人们真正想要的是美味的食物、运动、在愉快地方的度假、动听的音乐和漂亮的孩子等。按照这个观点，我们应该没有必要询问这些欲望的意义是什么。它们给人们带来的满足感就是它们存在的充分理由。因此，我们不难想象这样一个结果：全球货币空间将为全球幸福学说服务，假设或创造一个致力于最大化感官愉悦和避免痛苦的人类类型。这样的结果可能是很有吸引力的，但不太可能出现。主要致力于将全球社会从古老的贫困状态中脱离出来的精英群体肯定会拒绝无脑的快乐欲望，并将其视为进化的死胡同。但最近的抗议活动难道不是在告诉我们，人们普遍拒绝这样的设想吗？当人们说"我们不是那样的"时候，他们实际上是在说"我们不是由金钱动机或简单的寻求快乐所驱动的"。

这是对尤瓦尔·哈拉里（Yuval Harari）等思想家的回击，因为他们期望精英创造一个超级强化的人类种族。这些人类将追逐21世纪所独有的目标，如"幸福"和"不朽"（哈拉里，2015）。但这不能令人信服，因为所有的社会都围绕着一些特定的原则，不是因他们自己的生存和自我享受的原则而存在。对一些东西的信仰和共同持有的理论、关于存在的概述，似乎是不可或缺的，即使对于像我们这样拥有辉煌的全球货币文化的社会来说，也是如此！（诸如道金斯、哈拉里和平克这样的思想家，声称自己在批评传统观点，实际上是在邀请我们欣赏它，也就是欣赏我们自己。）

三、社会个体发生了什么并不重要？

身份政治，只不过是长期以来西方知识分子所接受的自由主义主流思想的一种演变。在这种形式的自由主义中，个人只是物质世界中的一个物件，或者说是一块建筑砖头，而阶级、族群和社会则更强大、更有趣、更容易识别。"个人主义"是这种进步的自由主义提出的政治观点，是其创造的一个适当但丑陋的表述。它对个人与社会单纯的分离性给予了非理性的重视。在个人主义理论下，社会为了自身的目的，可以选择将权利让渡给个人，但这些权利是通过明确（但可撤回）的授予来实现，而授予的理由通常是他（她）被认定为属于一个群体、阶级或少数人，且这些权利并不被认为是人类天生就拥有的权利。但杰斐逊的古典自由主义则认为，这些权利是我们不可剥夺的一部分。例如，美国的《独立宣言》中提到的权利并不是任何国家、联合国宪章或任何组织有能力给予、授予或赐予的恩惠或特权。同理，它们也无权剥夺我们每个人与生俱来的权利。但对于高举着理性主义旗帜的当代自由主义来说，这些权利纯粹被视为一种神秘主义或音乐，并被认为属于社会，由社会决定是否授予个人或扣留。这就是用来证明关于货币的主流信念——货币国定论背后的逻辑。正如我们所看到的那样，在过去100年里，货币国定论一直是货币政策和实践的根本基础。同样，它也是被用来论证国家侵犯隐私和反对私人货币、现金、黄金和虚拟货币的运动的基础，详见第十八章的讨论。

关注社会个体的思想的贫乏，也反映了以科学为基础的物种思维和阶级思维的进步。在这样的知识氛围中，真理由专家揭示，并成为专家的财产。只有他们才有资格讨论真理，但不包括约翰·史密斯（John Smith），他是真理的消费者。由于失去了对这些区别的清晰把握，特别是对古典自由主义与当代进步主义之间的鸿沟的理解，我们在发展方向上摇摆不定、随波逐流，有时被拖向集体主义的方向，有时又被拖向极端个人主义。这也为最近各种形式的民粹主义和社交媒体大亨的操纵打开了闸门。虽然政府依然遵循社会惯例，社会个体仍可以拥有权利，但在左翼和右翼的阵营里，权力掮客正在幕后操纵。正如第十六章中关于唯亲资本主义和国家资本主义的讨论所示，已经没有什么限制可以阻挡它们的前进，因此市面上最近也涌现了一波预言民主制度终结的书籍。

知识分子面临的问题是如何找到一个可以停驻的位置及任何可以表明立场的理由。对表象背后真实世界的信念丧失，给此时此地的世界带来了难以承受的压力。如果死亡终结了个人主义尤为珍视的所有努力及所有仔细权衡的选择，那么从个人的选择中得到的满足，或者个人当下培养的感觉，就获得了一种超自然的、绝对的意义，因为那就是现在的一切或未来的一切。因此，个体的人生观也发生了根本性的转变，变得短视而专注于当下，取而代之的是埃德蒙·伯克（Edmund Burke，被视为英美保守主义的奠基者）的经久不衰的"各方面的伙伴关系"，以及在个人的权利和义务之间保持平衡的学说，因为个人的权利与义务都被视为一个更大的事业发展过程的一部分[1]，随之而来的是对满足感的不懈追求。这种满足感必须是即时的、具备绝对意义的。这就赋予了货币控制技术文化的能力。

四、"社会"权力的扩张

人们在对话和写作中的表达，好像在某种程度上将对真理的热爱和对社会正义的追求视为隐含在自然和宇宙中，然而实际上，它们是社会留下的遗产。同时，一种恶性反馈正在发生。如果个人认为他（她）是不重要的（除了作为一名顾客），可能是一个虚构的，在道德行为完全以社会环境为前提的情况下，甚至越来越没有能力去施行相对的善和恶。那么，在同样的程度上，社会的要求也会相对应地比组成它的所有个人更重要。这就是在从古典自由主义向新自由主义过渡的过程中发生的变化，而人们对此几乎毫无知觉。可以看出，这个过程中的共同因素是个人和真理等普遍概念的意义已经被缩小了。它们曾经是开放的，两个概念都包含了一扇打开宇宙的无限可能性和多样性的门。这种可能性可能是一种幻觉，这扇门可能是海市蜃楼，但我不关心这个问题。我只是想证明，在用一个封闭的理性主义世界代替以前的形而上学思想时，我们正在破坏我们文化和政治的基础，这就是过去一个世纪以来，知识分子正在做的事。他们忘记了，每一个持久的社会和政治观点都不仅是一个逻辑结构，一个关于如何最好管理或治理民众的公式。而且，在它的背后是关于人类的观点、生活的目的和我们应该如何共同生活的思考。从这个角度看，社会民主似乎越来越不合逻辑。

五、自由主义的糟粕

当代自由主义已经成为一个多么卑鄙、庸俗的东西！它把人看成消费者，人们的职业就是为了满足欲望。其代表类型是大富翁和梦想家，其天堂是无休止地创造永不餍足的欲望，其地狱是需求的消除，其敌人是知道为什么它应该被摒弃，并感觉到有更好的东西可以救赎它的少数局外人。而最后能够终结文化中的这些糟粕的东西，反而恰好是我们能够从这些糟粕中发现的一种品质：浅薄。在认为"经济是存在的中心"这一普遍的假设中，浅薄这个特质体现得淋漓尽致。因为经济学对我们每个人的善与恶都不可能做到绝对的公正。被告知没有免费的午餐是多么令人恼火的事情，仿佛获得免费的午餐就是我们存在的唯一目的。

六、回归本质

在政治层面，技术加金钱的结合体是一个强大的游说集团，其势力与艾森豪威尔总统警告过美国人的"军工结合体"一样强大。为此，改革者需要一个同样强大的政治力量，但这是目前所缺乏的。同样，环保运动在开始时也是很弱的。我们应该从它的成功中得到启发，也许可以模仿其先驱所使用的方法。在这本书中，我一直提倡的观点是，思想和信仰是第一位的，它们对善和恶都具有巨大的影响力。而关于善的观点，18世纪苏格兰哲学家大卫·休谟（David Hume）阐释得最好。他是亚当·斯密的朋友，不仅阐明了古典自由主义的理由，还解释了为什么创造货币的压力会使民主灭亡。在这两点上，没人能比他论述得更好。

七、"大卫·休谟的当代意义"

1992年，我为位于爱丁堡的大卫·休谟研究所写了一篇同标题的论文。在论文中我提出的观点是，苏联国家在向市场经济过渡时，接收的经济建议是不完整的（普林格，1992）。它需要补充关于自由民主的哲学基础的更多认识。事实上，我认为在探讨和解决经济改革和政策问题之前，必须先厘清治理的问题。但这个想法并没有得到重视或采纳。西方国家的政府和国际机构仍然狭隘地关注经济和货币问题，比如建立独立的中央银行——而这又是金钱文化发挥作用的一个例子。

在本文中，我试图论证休谟为自由主义辩护的核心观点是休谟认为他正在努力推进的过程，即对真理的追求。休谟关于自由概念，不是要求个人自由追求自己在政治或道德的问题上的喜好和奇思妙想；而是要求实现所谓的公共自由，也就是发表、宣扬和追求真理的自由。只有社会的个体才能揭开真相，这就是为什么个人必须获得自由。同时，个人获得自由后的利益也将反哺社会，就像社会滋养了个人，给了他朋友和家庭那样。对真理的爱是个人所有探索的"第一来源"。不管他对终极事物的信念是什么，休谟为自己和其他人要求追求真理的公共自由。但这些自由的意义的前提是，存在一个或多个真理需要发现——否则这些自由将毫无意义，是最荒唐的自我放纵。这些好处流向社会，它们不应该被作者所垄断。

八、繁荣作为一种副产物

休谟认为自由被许多敌人包围，因此需要盟友。如果哲学希望保留一个确保其存续的环境，它就必然成为政治性的哲学。为此，经济繁荣成为出于其他原因而建立的副产物也是合理的。一般来说，人们喜欢自由地想自己喜欢的东西，表达自己的思想，但他们也明白想要获得这些自由是多么艰难。为了维护这些自由，人们需要就如何保护公共自由以及为什么要保护公共自由达成共识。如果没有对公共利益的热忱，很少有人会有勇气抵制自由和真理的敌人（休谟，1777）。我们珍惜自由，不是为了追求个人的快乐或利益，而是因为它在科学和道德进步以及公共启蒙过程中的核心作用。如果运用得当，即便在现代社会，这也仍然是一个令人备受启发的观点。

九、反叛的理由？

我们的任务是及时纠正我们的乌托邦式的超市哲学，以免为时过晚。我们可以转向哪里？在本书的这一部分，我建议我们可以从三个方面入手：重新发现自由主义的真正原则（本章），研究那些似乎对金钱有更好控制的文化实例——以日本为例（第二十一章），以及学习如何以新的方式"看待"金钱和其他技术（第二十二章）。首先，我们应该尝试重新认识西方文化中想象力最丰富的作家所描绘的人类状况。至少，这样的努力能够让我们在说出那些已经失去原意的词汇和短语（真理、个人、自由和自由讨论等）之前，停下来思考。我们甚至可以想象得出，那些在被货币—技术结合体统治之前，建立这种文化的人在谈到真理、个人、自由和进行自由讨论时，可能想到的东西是什么。

如果我们想知道，为什么我们的金钱已经不能正常地发挥作用，这些就是我们应该讨论的问题，这已经远远超出了可以由专家解决的技术问题的范畴。归根结底，我们当前拥有这样的金钱形式，也是咎由自取。

第二十一章

我们可以从日本文化中学到什么

早期来到日本的西方游客发现，这个国家与他们之前接触过的任何国家都不同。其国民普遍拥有非常高的识字和算术能力，且与欧洲几乎持续不断的战争相比，日本相对安宁，被外交官欧内斯特·萨道义（Ernest Satow）称为"超乎寻常的和平"（萨托，1921）。英国女旅行家伊莎贝拉·伯德（Isabella Bird）是第一个走访了日本许多地方，并与当地人生活在一起的西方人。她写到，"日本已经在许多方面，远远将我们抛在身后"（伯德，1881）。来自西方的游客惊叹于日本手工艺人展示的超高专业水准，惊叹于日本各行各业的人创造的美物、俳句、诗歌、书法、插花、茶道等精致的艺术。他们还发现，在日本社会中，金钱似乎不占什么地位。每当这个话题被提及，日本人似乎常常为之尴尬。

在这个简短的章节中，我将提供关于日本历史、社会和文化等方面的个人理解，因为它们给我留下了特别深刻的印象。几十年来，我经常访问日本（作为金融记者，我在1972年第一次到访日本），采访了许多主要的银行家，包括日本近期所有中央银行行长，撰写了关于日本的生态和货币发展的文章，并应一些主要学者的委托，撰写关于日本经济和货币体系的论文。就本章而论，我选择了以下话题进行评论：第一，日本商业文化的指标；第二，货币在日常生活中的作用；第三，开创了日本版资本主义的商业领袖的哲学；第四，日本的历史性的社会结构；第五，简要回顾一位杰出的美国记者的分析，他在1945年日本战败后随美国占领军来到日本，他的分析鲜为人知。最后，提出一个问题，即日本是否最终屈服了？

一、日本的商业文化

根据许多商业标准，日本是特别的存在。例如，日本的许多企业历史都非常悠久。在全世界约5 500家至少有200年历史的公司中，3 000多家在日本。德国远远落后，只有800家左右；荷兰和法国各有200家左右。有几家日本企业的历史超过了1 000年，主营业务范围从建筑到酒店，再到造纸。

有多少社会能够像日本这样，具有足够的力量和弹性，能够在数百年间自我更新，同时保持其独特的形式和特征，并创造出能够适应千年来条件不断变化的商业企业？

日本文化及其社会的组成部分，包括各种类型的企业，均显示出惊人的耐力，这其中当然包括许多因素，但最具日本特色的因素，包括对所服务的企业的无私奉献、对以金钱为动机的憎恶、谦虚、对完美的不懈追求和无尽的耐心。即使在经济态势非常糟糕的漫长的几十年里，这些历史悠久的企业也以某种运作方式而存在。英国也有一些值得骄傲的老牌公司，但这极少数的公司在英国发挥的作用并不像日本的公司在日本发挥的作用那样强大。日本拥有

21 000家超过100年历史的公司。这些都是其独特的商业道德的成果，且这种韧性和耐力并不是来自对利润的追求。

在此，我们以日本的寿司厨师职业为例。要成为一名寿司厨师，需要很多年的练习和培训。一名学徒需要经历多年的练习。先从学习如何正确磨刀开始，然后再学习如何按照师傅的严格规定准备米饭。学徒期可能会延长到学会如何正确地准备日常新鲜食材，如准备鱼块、磨姜和切葱等。经过多年的训练，才能够成为一名寿司大师。

我个人认识这样一个历史悠久的企业，它是京都众多插花学校中的一个。像所有同类组织一样，它由一位宗匠，即一位大师领导（在插花学校中，是一位女性大师）。这种企业的传承制度是，现任管理者将职位传给一位接受过长期培训的家庭成员。这种制度也被用于日本音乐、茶道艺术、书法等艺术领域。正如许多其他同类企业一样，我所知道的这个插花学校，其历史可以追溯到一个特定学校或分支机构的创始人——这个插花学校的前身是Myuki Enshu创办的插花学校。在插花领域，不同的起源体现了不同创始人试图表达的不同插花哲学或流派。自19世纪中期以来，每一代人都在保持传统的同时，不可避免地经历了各种改进，但这些修改对于未经训练的眼睛（如我的眼睛）来说，太过微妙和细腻了。但神奇的是，在不断变化的情况下，这些企业依然保持了一种令人自豪的传承感和连续性。

二、日常生活中对金钱的顽固抵触

与西方国家相比，日本人在日常生活中不太强调以金钱来作为衡量成功的标准。就个人地位而言，日本人真正看重的是他或她得到的尊重，以及自己通过一生的努力攒下的资产。一个人通过个人的努力过上高质量的生活，在他或她的能力范围内，为家庭、朋友、他或她的公司、大学、医院或其他附属机构做出贡献，这就是其赢得社会尊敬的原因。当然，同样的标准在某种程度上也适用于全世界，但这些特质在日本尤为突出。大大小小的日本企业仍然以提供高质量的产品为首要目标，而工作者则以热爱工作为傲。

日本在社会稳定、法律完备和秩序井然以及低犯罪率的情况下，实现了高标准的生活。调查显示，日本是世界上贿赂率最低的国家，只有不到1%的人可能行贿或受贿。如果你的钱包落在火车上，它很可能被迅速送回失物招领处，里面的东西都完好无损，包括现金。我自己就有过这样的经历。日本也没有责备文化。当意外或不幸事件发生时，急于问责已经成为西方社会的惯例；当灾难或事故发生时，日本人不会首先寻求赔偿，而是耐心地着手修复和重建他们的生活。这种哲学态度在西方通常被称为"坚忍克己"。2011年东日本大地震时，日本民众的生活态度在全球电视观众的面前得到了充分的体现。当地震发生时，我就在现场——整个东京和高空建筑的所有玻璃开始摇晃，感觉地震就像波浪一样席卷了我脚下的土地。这场地震造成了1.5万人死亡。来自日本各地的志愿者前来帮助搜救幸存者，但没有发生一起灾后抢劫或动乱事件。

日本人不喜欢给小费。给小费是个西方的概念，给了小费，即认为自己付出了超出常规的价格，因此能够获得或接受比一般人更好的服务。但对于日本人来说，这种感觉或期望是不愉快的，它总是蕴含一种苦涩感。在日本，价值是以非货币的尺度来衡量的。例如，转瞬即逝的或偶然的相遇被赋予了意义，你永远不知道它们可能导致什么结果。在西方，事件——好事或坏事（如果它们没有明显的解释）都被归结为机会或上帝的意志，而日本人则会寻找它们背后的含义，他们喜欢在偶然的相遇中寻找意义。每一次会面都是在认识到生命的脆弱性的情况下进行的，这可能是我们与这个人的最后一次见面。即使是店主为顾客服务时，也会想到这一点。这就是茶道等仪式背后的理念：小心，以敬畏之心对待这一刻，并进行冥想。即使在现代日本城市的喧嚣中，在随处可见的与其他城市的相似境况之下，日本人的生活仍然是不同的。通常情况下，与朋友见面时，他们有时会享受沉默不语的相处，而西方人则会迫不及待地用语言来填补空白。

人们仍然相信因果报应：如果你遭受不幸，首先要反思一下自己可能做错了什么。这是许多东方民族共享的传统佛教哲学概念：即"行动会引发后果"。他们会想，自己是否玩忽职守了？是否行为不端或骄傲自大了？日本的民众都信奉这样一个假设，即如果自身行为不端，就一定会招致某种形式的惩罚，且往往以意想不到的形式出现，让人感叹"我当时到底有多愚蠢"！在事情发生时，日本人很少指责他人，因为他们知道其他人一定会尽力挽回损失，而遭受损害的一方不会试图获得金钱补偿。

三、日本人的金钱观

在日本待过一段时间的人，一定会注意到日本人一些很特别的习惯。比如，现金很少从一个人的手中直接交到另一个人的手中。顾客在购买商品或服务时，也不会把钱直接交给收银员，而是把付款（无论是现金，还是信用卡）放在对方提供的小托盘上，对方找回的零钱也会放在这个托盘上供消费者自取。在非商业的环境下交换金钱的时候，所有纸币必须用高级的纸张包好，所有的钞票都必须是干净的、崭新的，看起来像刚刚从印刷机里拿出来的（自动出纳机在出钞票前会对钞票进行消毒和压平）。在日本，公开展示钱币是不好的行为，因为纸币和硬币被认为是相当脏的。家长也会教育孩子要小心地处理钱币。在特殊场合下，金钱也会被视为一种礼物；作为礼物的金钱通常是大额现金，可能达到数百美元，起着很大的作用（送礼规则源于日本高度复杂的礼尚往来传统）。

　　日本人需要持续努力才能保持他们文化的独特性，换句时髦的话说，就是才能保持他们的政治身份认同。如果说日本社会的方方面面在现代化进程中需要避免什么危机的话，那就是需要避免被西方占领——无论是在政治上被当作殖民地，还是在文化上被入侵和同化。日本人对金钱的想法或态度应该放在这个背景下看待。在传统的日本社会（事实上在许多其他非西方社会），金钱被合理地限制和控制。金钱不是一个独立的物体，有钱人也不能为所欲为。但这并不是说日本人抵制货币关系、抵制以货币为中介的市场或抵制以货币为载体的市场定价体系。正如下面所讨论的，他们使用日本的先进信贷和银行技术的历史已经有几百年。但也许正是这种长期的经验使日本能够避免被现代的金钱观念完全接管。在拥抱最新的技术和流行文化的同时，日本仍然在捍卫自己独特的传统。

　　在能够帮助日本抵抗现代金钱观念的所有因素中，我将简要地提到下面这三个因素：传统的社会结构，武士道的精神，以及日本特色资本主义。

四、传统的社会结构和武士道精神

　　在19世纪末世界急促地推行工业化之前，日本社会在许多方面已经和资本主义的核心地区一样发达。与欧洲相比，日本人有较高的识字率和高雅的文化传统。此外，所有社会阶层的人都对美学

第二十一章 我们可以从日本文化中学到什么

和文学有成熟的鉴赏力,而且他们自己通常在一种或多种艺术或工艺方面拥有很高的技能水平。

相较于其他社会,货币在日本社会中扮演的角色的分量一直轻得多。诚然,日本的主要城市和贸易中心,至少从17世纪起就发展了复杂的银行系统和贸易融资,以及非常活跃的沿海贸易(走海路比在日本内部山区走陆路更有效率),但是国家货币并没有出现,彼时每个省都有自己的货币,就像18世纪的德国一样,而且使用易货贸易也很普遍。封建领主主要以大米收取欠款,贵重金属被用来装饰建筑和创造艺术品。总的来说,人们拥有的财产很少,国家税收制度也不存在。在农村,大米是主要的交换媒介和价值标准。

在封建时代,日本通过将商人置于所有社会阶层的最底层来控制商人获得过多权力的风险。在商人之上,是武士、农民、工匠等阶级。这反映了儒家教育的影响以及儒家对商人不事生产的看法。事实上,商人被视为寄生虫,从生产力较高的农民和工匠阶层的劳动中获利。商人在每个城市都有一个独立的活动区域,除了生意上的事,上层阶级被禁止与商人厮混。

日本的武士文化和法典——武士道或"武士之道"与中世纪欧洲的骑士法典以及世界其他地区的封建或贵族法典有共同之处。它被认为是维护忠诚、荣誉、纪律、自我牺牲和武术技能的美德。武士道尤为强调节俭和对金钱的蔑视。据说,一个受过良好教育的武士,应该对货币价值表现出极度的蔑视(以至于甚至不知道大米的价格,但实际上很多武士都非常贫穷)。由于整个日本社会地位最高的人所定的基调,整个社会被硬性划分为武士、官僚、农民、工匠和商人等阶层。研究者认为,日本地位等级的起源,应追溯到儒家的教导("武士道"一词在西方的流行,可以追溯到9世纪为西方消费而重新包装日本文化的努力)。

五、"日本资本主义之父"

19世纪末和20世纪初的日本特色资本主义的开启者留下了持久深远的社会影响。以涩泽荣一（Shibusawa Eiichi，1840—1931）为例。被称为"日本资本主义之父"的涩泽出身卑微，他以《论语》（*The Analects of Confucius*）为指导，致力于商业版图的发展。他认为，企业不仅要有竞争力和超强的效率，而且要有严格的道德准则和社会责任感，所有这些因素必须共同发挥作用。一个商人不应该把个人利益或利润放在第一位，但反过来说，利润和金钱对于构建一个良好的社会而言也是必不可少的。为此，它们不应该被视为必要的罪恶，而应该被视为拯救世界的工具。商业活动是实现最终的道德目标的前提。国家首先有责任让人们富裕起来，然后社会才能够繁荣发展。农民出身的涩泽荣一尽管地位比商人高，但他还是品尝到了被他人轻视的苦涩。在访问欧洲并亲眼看见了一个新的工业社会的形成之后，他致力于提高商业在日本社会中的地位。他创办了日本第一家现代银行和数百家其他公司，密切参与日本教育系统的现代化，并参与了大约600个与教育、社会福利和商业有关的项目（弗里顿森和橘川武郎，2017）。涩泽荣一是同期几十位崛起的日本商业领袖之一，他们通过努力将日本变成为一个强大的工业化经济体。事实上，涩泽将得到日本社会的认可，因为他的肖像将出现在2024年推出的新版10 000日元纸币上。

在研究了日本抵制西方货币观念的一些深层次原因之后，我们还需要回答的一个问题是，日本是否能在实践中采取任何措施来保护其独特的传统文化？

六、日本选择的不同道路会被容忍吗

从 16 世纪到 19 世纪中期，日本的统治者限制外国人进入日本，其中最引人注目的一个规定是，只有五个港口被授权从事对外贸易，因为日本政府担心开放港口会颠覆日本社会。日本统治者禁止日本封建领主获得先进的西方军备，并敌视基督教传教士和他们带来的商业理念。在当时的日本，基督徒受到迫害，被迫公开放弃他们的信仰。日本基督徒的最后一次叛乱发生在 17 世纪 30 年代。在长达 250 年的封闭统治中，外国人被禁止进入日本，日本国民被禁止离开日本，否则将被处以死刑。但是，当日本从 1868 年开始实行现代化时，它依然吸取了过去几百年的传统优势，包括非常高的识字率、工艺和特定领域的先进技术。明治维新和日本后来惊人的追赶速度是为了避免重蹈其他亚洲国家的覆辙，沦为西方国家的殖民地。看一眼当时的亚洲版图，日本人就意识到几乎每一个亚洲国家都被一个西方大国占领了。1898 年，菲律宾成了美国殖民地。

日本的现代史是一场抵御被日本人视为外来病毒的斗争史。在 1905 年对俄国的胜利中，日本成为唯一一个以武力击败西方大国的非西方国家，尽管它后来在一系列的侵略战争中失败了，但它鼓励了其他亚洲国家的独立运动。而事实上，近代的日本是作为西方国家的一个对手出现的。于是这就提出了一个基本问题：日本的道路会被容忍吗？西方社会能否允许一个非西方国家，作为一个强大的竞争者，加入国际经济秩序，但保留其独特的生活方式，哪怕这也意味着排斥基督教和犹太教的世界观，排斥西方文化的各个方面？

七、一个离经叛道的美国观点

在这一点上,我想向海伦·米尔斯(Helen Mears)表示敬意。她是一位美国记者,在《美国人的镜子:日本》(Mirror for Americans: Japan,1948)中,她对日美关系和误解进行了独到的分析,这也有助于解释为什么金钱在日本社会生活只发挥了有限的作用。下面,我将简述一下这项在我看来具有深刻和持久价值的研究。

米尔斯描述了日本是如何为了保持国内经济的运作而发展成为受控的社会的。她说,这并不是因为日本民族(就像西方在20世纪30年代和40年代经常说的那样是一个"受奴役"的民族),"我们"美国民族是一个自由的民族,而是因为两国的历史截然不同。正如她一再强调的那样,日本人的价值观和满足感与"我们"美国人不同。例如,金钱在美国生活中的核心功能是满足美国人独特的需求和发展。一言以蔽之,美国人总是很匆忙:我们有一个广阔的国家要去管理,所以让我们赶紧把事儿干完。相比之下,日本人并不着急,也没有那么多事情要做;"所以他们强调的不是速度,而是慢工出细活儿"。这不仅解释了日本人为什么如此抗拒现代化,也解释了他们为什么对日常生活的许多细节保持高度关注。

米尔斯说,日本人天生就专注于传统、礼仪和仪式。相较之下,美国人因为地大物博,可以承受得起资源的浪费,但日本人则不能,所以他们尤为节俭。美国人将奢侈当作一种美德,把浪费当作一种信仰,美国的文明是建立在快速更换生活中的一切的基础上的。这就解释了为什么美国人鼓励个人主义和民主,而日本人不鼓励。因为在日本的社会条件下,个人的主动性"将是破坏性的"。他们认为个人应从属于群体,且不鼓励竞争。所有这一切都是为了一个目标:一个稳定的社会。这解释了为什么美国社会从一开始就

第二十一章 我们可以从日本文化中学到什么

是货币经济,因为美国人一直喜欢钱,并且崇拜它,但"日本人在他们的前现代时期,只有少数人发展了对金钱的热爱……"(米尔斯,1944)。

鉴于这样的信仰、价值观和态度,日本人没有发展出一个由商人、银行家和专业白领组成的独立的、有竞争力的中产阶级。拥有这些能力的人,只是作为某个大家族的世袭家臣而存在。他们也没有发展出一个自由的企业系统。日本的经济是建立在分享的基础上的(即便到了21世纪,这种伦理在日本社会仍然很强大,而且确实在不断增长)。农民生产财富——大米,并与占人口约7%的土地所有者、贵族分享这些财富。日本人发明了精耕细作的技术,同时保留了土地的肥力。这就是一个极度贫困的国家如何将这座岛屿变成了"一座精心照料的花园"。

日本人通过挤在狭小的房屋里、断舍离、按规则生活等方法,解决了生活空间有限的问题。拥有很多钱的日本人依然要服从于家庭、社区和宗族制定的规则。在我看来,米尔斯在20世纪40年代描绘的画面依然是现代日本很多方面的生动写照。

然而,金钱病毒并没有放过日本。在20世纪80年代,它再次向日本发动攻击,这一次,日本屈服了。从1986年至1991年的资产价格泡沫是现代经济史上最特别的一次,而关于其诱发原因的争论尚无结果。但美国要求日元升值的压力起到了一定的作用——日元升值导致日本以出口为主导的经济衰退,而过度宽松的货币政策则加剧了这种衰退。但是如果没有日本大大小小的投资者的热情参与,资本市场不可能达到荒谬的过度水平。因此,日本人变成了像其他人一样追逐不义之财的人——对于那些曾经参观过在日本无处不在的弹球盘赌博店的人来说,这并不奇怪。在那里,数以百计的日本赌徒花上几个小时沉迷于往机器里装钢珠、触发弹簧锤释放钢珠，然后落入（或者更多时候，没有落入）获奖的杯子中的赌博（据说日本这个市场的赌博收入，有一段时间比拉斯维加斯、澳门和新加坡的总和还要大）。许多日本人对赌博的繁荣和经济的萧条感到羞愧，随之而来的是20世纪90年代和21世纪初的相对停滞——这是一个被称为"失去的十年"的时期（尽管事实上，生活水平仍在持续缓慢提高）。

在现代日本，货币的力量是毋庸置疑的，它对日本的金融丑闻和唯亲资本主义的形式有着不可推卸的责任（见卡尔森和里德，2018）。电通公司（Dentsu Inc）是世界上最大的广告公司，对日本媒体有很大的影响力。自二战以来，日本的电视广告就一直孜孜不倦地以美国式消费社会的梦想，以及对富足生活方式的追求诱惑日本民众。想要从媒体中寻找对日本权力结构的批评和知情辩论将是徒劳无功的。机器人式的、低能的电视游戏节目所产生的令人窒息的情绪从未被任何有争议的新闻报道所干扰。日本有一个顺从的记者团。记者几乎总是服从于官方指定的报道路线。事实上，自从安倍政府在福岛核反应堆灾难发生后加强新闻审查以来，情况变得更糟。对主流媒体的失望使许多日本人转向新兴的、更独立的在线新闻来源，然而其中一些来源的编辑标准相当值得怀疑。

文化历史学家克里斯托弗·哈丁（Christopher Harding）说，日本与现代性的斗争比以往任何时候都重要："现代日本提供了一个引人注目的案例，它展示了我们已经经历或即将面对的那种搏斗"（哈丁，2019）。许多日本人哀叹日本传统美德的衰落。京瓷是一家位于京都的极其成功和富有创新能力的陶瓷公司，其创始人稻盛和夫说："日本正在追求利润，没有任何道德准则"，动机是"受贪婪驱动"（稻盛，2004）。前演员和1999年至2012年的东京都知事石原慎太郎甚至将2011年的东日本大地震描述为对贪婪的日本的

第二十一章 我们可以从日本文化中学到什么

"天罚"。

按照日本的标准,日本社会的腐败现象确实在增加。这导致了内疚和痛苦。人们责备自己,而不是责备别人。在我看来,日本人的世界观仍然从根本上是与众不同的。按照这个角度来看,最近民族主义(大部分是温和的)的重新崛起是积极的。到目前为止,对日本向极右翼摇摆的担忧已被证明是没有根据的。在深层次上,日本仍在努力保持其独有的特性。当然,从其他经受住现代性冲击的伟大文化中,日本人可以学到很多东西,例如从不同形式的伊斯兰教到印度教等,然而日本的独特之处在于,它在生活水平和技术创新方面已经达到了西方领先国家的水平,但它同时保留了古老的文化。在我看来,日本社会还包含一个独特的优点,即对金钱保持着一种令人耳目一新的健康态度。尽管不断受到金钱病毒的攻击,日本社会悠久的历史文化遗产仍然保护着它。尽管日本有很多缺点,但那些早期到访的西方游客发现了一些特殊的东西。就下一章要讨论的方法而言,日本人仍然用一种不同的方式看待金钱。日本证明了西方人对金钱的态度并不是实现和维持一个具有竞争力的经济、拥有世界一流的公司和在许多领域占据技术领先地位的必要条件。

第二十二章

现代艺术：迈向"看待"金钱的新方式

文化的变化改变了人们对世界的看法。他们以一种新的眼光看待世界，注意到某些以前对他们来说并不重要的方面，而对那些曾经很重要，甚至是必不可少的事情则变得不太关注。现代全球文化要求人们不仅要使用通信技术，而且要持续关注连接他们与全球金融网络的各个渠道。他们在购物或仅仅浏览网页时，对机会、风险和威胁保持高度的警惕。虽然他们可能是在一个村庄长大的，在那里，关乎生计的是下一年的庄稼或邻居的健康，而现在他们的未来更多取决于数百或数千英里外的人在他们的键盘和手机上的操作。他们必须跟上这个新的世界，切断与新世界的联系将意味着付出难以承受的代价。在人类历史上，从来没有这么多的人不得不在这么短的时间内适应这种快速的变化，这必然会带来很多创伤。如果新社会的规范及其文化迫使我们对世界有新的看法，那么反过来，我们该如何看待金钱？它似乎无处不在，又无处可寻，它是无形的。谁在控制它？这些控制金钱的人，不管他们是谁，能够增加或减少对我或我所爱的人的金钱供应吗？人们心中的想法是什么，可想而知。

第二十二章　现代艺术：迈向"看待"金钱的新方式

至于我，我不知道这些人在哪里，但他们肯定在纽约生活和工作。特朗普总统能够控制这些决定了我个人命运的仲裁者吗？我能不能借到钱是由他还是某些算法来决定呢？算法会有情绪的好坏之分吗？我是否应该准备供品，来诱使他们批准我的请求——"哦，今天给我一个客户吧！"我的经验是，他们在早上刚起床时通常都很暴躁——如果我知道他们住的地方早上是什么时候就好了！我必须和我的一个网友谈谈，尽管我人在家中或办公室里看着窗外熟悉的风景，但我的心却早已去往远方。至于外面树上的鸟儿，"哦，不好意思，我太忙了，无心看鸟"；我也没有时间和邻居喝茶，因为我可能需要第一时间回复那封我翘首以待的重要电子邮件。我认识一些客户，因为有时他们会给我发一些与家人在一起的照片。虽然存在很多关于什么样的图片可以或不可以发送的规定，但最好避免发图，因为我可不想惹上麻烦，让网警到家里来。

不管怎么说，相信你能理解这段虚构独白的大致意思，这就是我们许多人所经历的心理过程，这样的事情以前从来没有发生过，它是惊人的新事物，因此一定会在人类的心理以及各地的社会关系中造成巨大的错位。

这样一个世界如何才能变得人性化？我们只有从正确的角度看待金钱才可能理解金钱。也正因如此我们将无法控制它，或者说，我们将无法对抗人类对金钱的天然渴求和欲望（见第十九章）。简而言之，金钱将控制我们。当我们眺望风景时，我们可能认为那是我们父母看到的"自然"，然而此自然早已非彼自然。无论我们住在哪里，环境污染已经改变了进入我们眼睛的光线。为此，相信自然界一成不变也是一种错觉。同样，来自电脑屏幕的闪烁的光线也改变了我们对现实（即外面真实存在的东西）的看法。

一、约翰·伯格的教诲

约翰·伯格（John Berger），一位先驱性的艺术评论家告诉我们应如何看待一件艺术品，以及它对我们意味着什么取决于我们对它的假设。而这些假设是后天习得的，我们从社会中学习关于美、真理、天才、文明和地位的想法。当我们看一幅画时，这些想法已经预先存储在我们的思维之中，但这些想法落后于现实：这些假设不再符合世界的现状。过去不是"等待被我们发现，被我们认识到它到底是什么的东西"，相反，历史总是"现在和过去之间的关系"。就像艺术一样，我们在使用金钱时也会带来一些看法和假设；就像在艺术领域一样，我们关于金钱的这些预设看法和假设也会与现实脱节。同样，我们可以像改变艺术形式那样，强迫货币的形式改变。在本书的第一部分，我已经表明社会可以做到这一点，但这种强制改变需要一些先决条件，例如我们必须相信自己能做到这一点。我同意伯格的观点，即对历史的了解是有帮助的。通过重拾过去，我们恢复了在未来行动的自由。一个与自己的过去隔绝的民族或阶级，在选择和行动上，其自由程度将远不如一个能够将自己置于历史中思考的民族或阶级。这就意味着我们需要以不同的方式"看待"金钱（以上所有参考资料见伯格，1972）。

但沉迷于过去的荣光也是错误的，"过去是一个装满了各种结论的井，我们要做的就是从中吸取经验教训，以便采取行动"。我们对金钱的态度也应如此。艺术和金钱的故事之间的相似之处可以追溯到它们的起源。视觉艺术一开始被视为一种神圣的保护，金钱也可能是如此。艺术是神奇的，但也是有形的，例如一个地方、一个山洞、一栋建筑，其作品就在这里完成。我们所知道的第一种货币也是如此诞生的，它是公元前 2000 年古巴比伦的祭司们用来记

第二十二章 现代艺术：迈向"看待"金钱的新方式

账的单位。艺术的经验，一开始源自仪式，后来与生活的其他部分剥离开来——"正是为了对生活行使权力"。后来，艺术的独有性染上了社会的色彩，演变成统治阶级专属的文化。艺术的权威性，"与拥有艺术保护权的特殊权威不可分割"。所有这些描述也同样适用于货币的历史。按照这个逻辑，艺术市场会不会发展出一个相当于中央银行的机构，负责为市场提供足够的流动性，以保持价格的稳定呢？

这也是对货币历史的呼应，货币曾经是国王和统治精英的专利，在古希腊成为公民的支付手段，然后随着国际市场的发展，成为通过商业在当时的文明世界传播有用知识的手段。货币的神秘感一直存在，社会把金钱的权力交给一小撮人。那么，类似加密货币（见第十八章）这样的技术，是否会像廉价的复制品对艺术所做的那样使货币民主化，同时推高原件的价值？正如在艺术领域那样，在货币领域，我们也有了一种新的语言。这种语言是否可以像伯格所敦促的那样，在艺术世界中被用来"赋予一种新的权力"？

二、为局外人服务的艺术

伟大的艺术作品总是具有革命性的意义，这不是说它们能激励我们采取行动——这是宣传的功能，而是说它们能够揭示我们过去看不到的东西，拓宽了我们看待世界的角度和视野。每当一件艺术品带来一种新的观察方式时，它就会以自身为撬动点，触发我们产生关于世界的新理解。在这个意义上，艺术总是在挑战常规，它可以唤起人们对被社会忽视的人的同情——对局外人的同情（想想委拉斯开兹描绘的侏儒和盲人、戈雅的黑画、布留赫尔的农民形象、毕加索的马戏团演员和悲伤、沉思的哈雷克）。这些被艺术描述的对象，无论出于什么原因，都无法融入当代社会，他们拒绝当代社会或被当代社会所拒绝（详见第十七章）。正如后面所讨论的那样，当代绘画市场可能由富人主导，但这也不是什么新奇的观点。

鉴于其被大资金所支配的现状，人们可能会认为艺术市场是最不可能找到挑战传统感觉和视觉方式的地方。但继续寻找，你会发现一些超乎预期的东西。在过去的一个世纪里，许多视觉艺术所做的，不仅仅是暗示社会上存在着一些扭曲的、不真实的东西。艺术家不会像会计师那样发现账目中的差异，并用社会的语言来解释这个问题，这不是艺术家的事。但是以油漆、青铜或石头中的图像的分裂和无序来表达事情出了错的信息，只有艺术家可以做到。人们会想到弗朗西斯·巴孔斯（Francis Bacons）照片中的脸像蜡烛的蜡一样慢慢融化。安塞姆·基弗（Anselm Kiefer）的严峻的风景和荒凉的城市景观，正如有人评价他的作品时说的那样，"他所做的，就是将尴尬的事情放大无数倍，将那些对人类而言至关重要的事情放大：全球超大规模的屠杀、地球的焚烧、过去的大灾难、反复出现的大灾难、在地球烧灼的废墟中表现神圣的脆弱的持久性"（沙玛，2007）。就个人而言，我在格哈德·里希特（Gerhard Richter）和安塞姆·基弗（Anselm Kiefer）等艺术家身上，发现了令人震惊和具有启示性的品质。正如毕加索希望他的作品能够做到的那样，这些艺术家的一些作品让我看到了以往被忽视的东西。如果没有他们，我将永远无法看到。有时他们唤起我对人类的同情，或以新的方式，将我与我的社会联系起来。通常情况下，我只看到一种抽象的激情，一种智慧的分析，一种玻璃和钢铁的机器，就像现代主义建筑和金钱。他们的作品像一面镜子，将全球文化映射出来。

三、焦虑助长了需求

人们可以在艺术中发现一种令人心惊胆战的美，艺术描绘了金钱的飓风肆虐过后，留下的破碎和荒凉景象。一切都在不断地变化，甚至连既有的财产也不再牢固和坚实，而这一认知令人们感到焦虑。

约翰·伯格（伯格，1972）写道："油画，在它成为其他东西之前，是一种对私人财产的欢庆。"在过去，拥有油画一直被视为富裕的标志。传统油画中描绘的物品，如丰富的织物、珠宝、黄金，都是可以在市场上买到的商品。要获得这些东西就需要很多钱，这使得描绘这些物品的艺术品成为有产阶级的另一个天然附属品。文艺复兴时期的绘画由在佛罗伦萨和其他城市拥有巨大财富的富人赞助完成。伯格还直接谈到了金钱和消费社会的问题。尽管油画展示了其所有者在他的财产和生活方式中已经享有的东西，但油画的宣传目的几乎与其内容截然相反，即"让观看者对自己目前的生活方式感到不满；不是对全社会的生活方式，而是对他自己在社会中的生活方式感到不满"。归根结底，一切都关乎金钱，而获得金钱就能够克服焦虑：

钱就是生命，不是说没有钱就会饿死，不是说资本让一个阶级拥有对另一个阶级的全部生活的统治权力，而是指金钱已经成为人类所有能力的象征和关键，即花钱的能力就是生活的能力……那些缺乏花钱能力的人就是无名小卒。相比之下，那些拥有金钱权力的人，就变得"可敬又可爱"了。（伯格，1972，第143页）。

四、金钱领域的伯格人在何方

伯格对新的"观察方式"的呼吁砸开了沉闷的艺术世界的大门，通过揭示我们给艺术作品预设的假设，即关于美、关于真理、天才、文明、地位、品味的想法和偏见，伯格让我们再次享受艺术的纯粹之美。相比之下，尽管许多中央银行家在使用人们能够理解的语言表述金钱方面做出了值得称赞的努力，但货币的生产和管理仍笼罩着一种尘封的信息，其神秘的光环依然存在。关于货币未来价值的决策仍由年长者在高度仪式化的环境中闭门造车，并通过仪式化的新闻发布会（就像远古社会的石板文字那样），传达给翘首以待的民众。关于这些决策的优劣势的讨论也只在其发起者之间进行。

看到艺术和博物馆世界中，私人所有权和公共拥有的空间之间的竞争，我们完全可以对货币的未来提出类似的问题。如果全球货币空间从一开始就是私营部门的产物，也许现在就是另一代私营部门开始创新的时候了。正如前文指出的那样，一些人认为比特币，libra 及其他新形式的数字货币标志着一个赚钱的新牛市的到来，就像春日的第一只飞燕预示春季来临那样。那么，国家是否需要批准什么来承认一种货币？是的，国家需要确认货币的定义，但它可能会选择采用现在已经被当作货币的东西。民众可能会被告知这些新的货币形式风险太大、不可靠。但为什么不让公众自己进行判断？这背后的真正原因，难道不是国家从制造货币的过程中赚了很多钱，然后拥有了购买力？（关于数字货币的讨论，详见本书第十八章）

国家的反应是更严格地监管创造经济中大部分货币的机构——银行。但这么做，是为了谁的利益？正如公共选择理论所显示的那样，如果不考虑其成本，不考虑其服务对象的利益，不考虑其是否会被滥用，那么赞成政府干预是没有用的（这一点尤其适用于政府对金钱的干预）。伯格对艺术馆的评价同样适用于金钱领域：正如通常所说的那样，这些都是狭隘的专业问题。但本书的一个目标就是要证明：真正的利害关系涉及的范围要大得多。

五、超奢艺术品的肮脏市场

新一轮的财富浪潮远远超过了历史上的各次浪潮。金融的增长，比任何其他因素都更能推动新一轮的艺术品购买。如此之多新富人的突然涌现，有了这么多的可支配收入，想要展示个人货币实力的野心已经变得越来越困难。这样的需求催生了创造一个全新的超豪华商品类别的压力。这个商品类别应该远远超出了普通富人的消费能力。应运而生的太空旅行是其中一种，而购买昂贵的艺术品则是另一种。

金钱将全球艺术、音乐和娱乐界的富豪精英联系在一起。在这个圈子里，遍地都是各种各样的文化产品，其中一些产品被当作货币，其生产方式也类似于印钞和造钞的过程。艺术界也已经被巨型画廊和顶级收藏家主导。他们将艺术品作为货币的替代品进行交易。全球售价最高的十件艺术品，每件艺术品的价格都超过一亿美元，其交易都发生在2012到2018年的六年时间里。艺术品交易市场参与者说，艺术品的销售是由投机、地位竞争、欲望和羡慕驱动的，这也是新的全球货币文化在发挥作用。它不仅渗透到艺术领域，也渗透到音乐、娱乐、出版、体育、高等教育和媒体等领域。艺术品市场很快从经济震荡中恢复过来，而且似乎没有上限。当有人花了五亿美元购买了一件莱昂纳多的作品（可能是假的）时，艺术品市场观察家开始猜测，十亿美元的里程碑成交价何时会被超越。所有这些钱，不过是为了一块废旧帆布上的几道划痕（艺术品）。

艺术评论家和专栏作家乔治娜·亚当（Georgina Adam）描绘了一幅艺术界一掷千金的过度消费的可怕画面，包括伪造、猖獗的投机行为、避税、洗钱和操纵价格（亚当，2014，2018）。与透明的市场截然相反，艺术品交易已经沦为各种阴阳交易、犯罪和欺骗的工具。亚当并没有直接点明这种联系，但她强调的艺术品交易市场的诸多恶习，也是本书所讨论的趋势自然发展的结果，即收入不平等的加剧、经济剥削和财富惊人地集中在极少数人手中。所有这些都使社会上层阶级的奢侈消费活动有增无减，哪怕其他金融部门已经出现了全球衰退现象。新富人们转而购买大宗艺术品，以此宣告他们位于食物链顶端的地位。正如亚当的一位受访者告诉她的那样，不问价钱、不问任何问题地买下一幅画，是进入一个新世界的入门券："当你理解了为什么要这么做，你就能够理解为什么这些事情会发生"（亚当，2018）。瑞秋·韦茨勒（Rachel Wetzler）观察到，世界上知名的艺术收藏家，往往是那些背景有问题的人，包括沃尔玛女继承人爱丽丝·沃尔顿（Alice Walton）[1]、赛克勒家族[2]、扎布罗多维克茨（PojuZabludowicz，其家族财富起源于军火交易）以及对冲基金创始人丹尼尔·奥奇（Daniel Och），其公司向几个非洲国家的政府官员支付了数百万美元的贿赂以换取采矿权，但这并不是巧合，因为"毫无疑问，他们宁愿因为对艺术的赞助而被记住（洗白），而不是因为从人类的苦难中获利"（韦茨勒，2018）。

六、金钱、艺术和时间

金钱与艺术这两个世界之间还有其他相似之处。一个有进取心、有活力的社会，往往会在货币方面进行创新，就像在艺术和商业方面进行创新那样——我们已经在历史的关键时刻，如文艺复兴

第二十二章 现代艺术：迈向"看待"金钱的新方式

时期，看到了艺术、商业和金钱领域的蓬勃发展。若要理解一个社会如何"看待"它的金钱，就要先了解它如何"看待"它的艺术，这是很有用的。因为金钱与艺术有许多共同点，包括对不断变化的时间观念的敏感性。瑞切尔·科恩（Rachel Cohen）表示，绘画的革命与我们对时间和金钱的看法不谋而合。她以纽约大都会艺术博物馆收藏的杜乔于公元 1300 年左右创作的圣母与儿童画作为例。这幅画最重要的创新点在于它以一种新的姿势描绘了圣母。这是西方艺术史上有史以来的第一次，圣母没有被杜乔描绘成一个不动的、一成不变的形象。在画面中，圣母和圣婴相互偎依，圣婴向母亲伸出手来，仿佛要观众想象一个动作，邀请观众去想象"下一步"会发生什么，为此杜乔引入一个动态的变化概念。这是一个创新的概念（在后人看来不足为奇），但在当时却是新颖的，因为几个世纪以来，圣母和孩子总是被描绘成同样的静止形象。当这场艺术革命在锡耶纳发生的同时，该城市的商人正在开创性地用未来以固定价格赎回的期票，在远距离和时间上传递金钱的想法。

紧随这一艺术创新出现的是记账方式的革命。记账是保存公司商业交易记录的一种方式。这一时期创新的复式记账法现在已经成为现代会计的基础。复式记账法使得一个人或公司的财务交易在一段时间内可以被统计出来，它让人们对自己的业务一目了然（以前每笔交易都要记录在不同的纸条上）。这个创新至关重要，因为它为贸易增长和工业革命提供了初期的先决条件。此外，时间对于货币的需求至关重要，因为货币是一种推迟购买的方式，也是一种储存潜在购买力的手段。社会对时间意识的改变，永远改变了商业、金融和艺术的发展。资本主义的做法需要不断计算，在不确定的未来，我们从现在的投资中可能获得利润，而不是把钱安全地放在现金（或短期贷款）中。

让我们跳过数百年的时间来到毕加索时代。毕加索在立体主义中，发展出一种抽象的艺术形式，使观众可以看到一个人、物例如小提琴等的正面、侧面和背面，这也被视为浓缩了时间的序列。与此同时，金融家约翰·皮尔庞特·摩根（摩根大通的创始人）不仅建立了大都会博物馆的艺术收藏，而且还开创了新的融资技术。例如，根据价格／利润比率，而不是总资产，来评估公司价值的想法（这个评估想法将对一家企业关于未来的期望和不确定性也纳入考量）。然后是杰克逊·波洛克（Jackson Pollock，美国画家）对抽象价值的体现；然后是今天达米安·赫斯特（Damien Hirst，英国新一代艺术家的代表）的鲨鱼，表明斥资两亿英镑或其他价格购买艺术品的行为本身就赋予了它价值。是金钱赋予了艺术价值，还是艺术贬低了金钱的价值？或者说，我们已经贬值的货币——中央银行直接甩到我们脸上的海量货币——不过是反映了那些被称为"当代艺术的垃圾"（正如一些人所认为的）的本质，货币本身是否已经是继艺术品之后超级富豪的玩具？对这些谜题的思考，让我们对绘画、金融、金钱和时间之间深刻而神秘的联系有了新的认识。

艺术和货币都是代表价值的方法。当价值被看作是不变的、永恒的、由上帝固定的时候，同时期的绘画也是静态的，缺乏移动性，并且可能是美丽的。即使以现代的眼光来看，它们仍然是美丽的！但随着文艺复兴的到来，人们意识到世界在不断变化，但世界变化的方式是可以被理解的，就像一个通过时间讲述的故事。人们意识到，即使是运动中或即将运动的人体也是美丽的。这对中世纪的欧洲人来说，是一个令人震惊的想法。金钱发生了变化，艺术也变了，但这种变化是渐进的。这些变化需要很长的时间，并且可以被表现为描绘人体运动的美丽艺术品。从20世纪末开始，瞬时变得更加重要，体现在货币交易在几毫秒内的完成，价值在瞬间的创

第二十二章 现代艺术：迈向"看待"金钱的新方式

造和毁灭。金融家已经丧失任何关注长期未来的意识。科恩将我们许多人在金融风暴到来时提出的问题归纳为"我们对金融的无助愤怒，部分来自我们困惑的共谋感：这些疯狂的即时价值到底是如何成为我们生活领域的主导的？"（科恩，2013）

艺术与金钱还有更多的相似之处。从道德层面来看，金钱帮助我们应对时间和不确定性的恐惧，艺术帮助我们看到了世俗的、破败的、残缺的世界中的美。两者都能在经验的无序流动中让我们瞥见秩序，都给予我们面对未来的力量，都以信任为基础。人们必须相信自己面对或处理的是真实的东西，相信自己不是骗局的受害者。我们如何才能获得这样的信心？银行家和中央银行家经常谈论信誉，似乎对他们来说，信誉几乎比其他任何东西都重要。但信誉是如何建立的呢？在艺术和银行业，信誉取决于能否说服客户相信一个故事，即艺术品的"背景故事"和为金钱提供的"支持"（两者运用的语言和文字再一次惊人地相似）。在这两种情况下作为受众的客户都需要基于信任，"接受"一张纸币或一幅画，即相信它背后的支持、它的叙述是可信的。就像艺术品那样，人们相信一种好的货币能够保持其价值和信用。它可能通过投资为我们带来利息的收益，但我们永远无法确定它是否会这样。（也许正是对世界上最不值得信任的债务人——美国政府是否会对其债务支付真正的利息的怀疑，解释了比特币的崛起。比特币的价值的来源，就像一些艺术品的估值一样神秘，因为根据大多数经济学家的说法，比特币价值应该是零。）

同样，一个好的创意作品会"辗转旅行"，并在这个过程中获得价值。写一本书，创作一部电影、一件艺术作品或一首音乐作品，就像发行一张钞票。发行之后，艺术作品和钞票都漂浮到外面的世界，它们的最终价值和保持价值的时间都由公众决定。创意作品和货币的市场是达尔文式的，即适者生存。它们的价值是由公众的预测决定的（公众将预测它们由市场决定的实际价值是多少）。时间可能会改变二者的相对价值，我们可以猜测，但无法鼓动其实现。

最后，艺术和金钱都在不断地挑战我们。管理二者都不容易，金钱会使我们误入歧途，使我们很难保持正确的视角；伟大的艺术常常被认为是令人费解的、难以解读的，甚至是可笑的。看看1912年（凡·高死后20年），在伦敦举行的第一次凡·高画展上，描绘现场观众的漫画：每个人都被描绘成笑弯了腰的形象，嘲笑如此荒谬画作的展出。当然，这并不意味着所有费解的艺术作品都是优秀的，但好的艺术往往是令人难以理解的，震惊的。原因就是，它要求我们改变习以为常的观察方式。

七、重新审视金钱和技术

2019年4月，英国广播公司第四台播出了一个四集系列节目，探讨了"看待技术的新方式"。在这个节目中，主持人、艺术家和作家詹姆斯·布里德（James Bridle）讨论了我们的工具如何塑造了我们看世界的方式。例如，互联网以前所未有的方式，让我们从不同的角度看待自己身处的世界。在互联网出现之后，城市街道可能看起来和以前差不多，但这些表象十分具有欺骗性，因为很多的活动，包括部分街头商店的用途，已经转移到网上。我们在过去可以看到的东西现在已经被隐藏起来了。以银行为例，在过去，我们走进银行时，会看到很多人，并与真实的柜员打交道；但因为现在很多服务已经转到网上，银行里的客户和服务人员都基本看不到了。

这就使得问责银行变得更加困难，因为我们很难知道隐形的业务是如何运作的（布里德，2019）。同时，世界看待我们的方式也

第二十二章 现代艺术：迈向"看待"金钱的新方式

发生了变化。艺术家曾是社会图像的创造者，现在机器已经接管了这个任务。机器不断地凝视着我们，拍摄数以千计的图像，阅读它们，扫描它们，存储信息，并将其用于不为人知的目的。我们所有人都生活在机器的监视之下，这使得我们几乎不可能控制这些信息的使用。布里德轻蔑但挑衅地说，"我们可以选择看世界的镜片"（布里德，2018）。我希望他是正确的。

如果艺术可以帮助我们以不同的方式看待技术，也许艺术也可以帮助我们以不同的方式看待金钱。我们或许可以依赖艺术的帮助，摒弃我们用来看待金钱的那些镜片，因为它们就是文化用来塑造我们对世界看法的主要工具。戴上金钱的镜片（从金钱的角度看世界），使我们沦为逢迎全球金钱文化的、热切的顾客和心甘情愿受其驱使的公民。投资产品的卖家希望我们总是戴着玫瑰色的眼镜乐观地看待金钱，这样我们就能看到投资的光明前景，而不是其风险。杰出的艺术就像好的记账方式和优秀的科学理论那样，能够帮助我们在这个世界上找准自己的位置，看到并了解真正存在的东西。只有这样，我们才有希望控制金钱。

换句话说，重塑我们与技术的关系，从而重塑我们与世界的关系，需要一种不同以往的思维方式。如果我们要控制货币，我们也需要一种新的思维方式。从这个角度来看，金钱不过是一种技术。如果我们希望自然、技术和金钱能够再次和谐相处，就必须摆脱对技术，包括被我们称之为金钱的技术的妄想。但这可能并不意味着轻视金钱；相反，这可能要求我们更仔细地管理和处理金钱，就像我们将来可能更仔细地关注我们的衣服、日常用品，甚至电脑那样，意识到它们已经消耗的自然资源。然后，我们应该从一个新的角度来看待为使一张纸币或一个数字信贷条目具有价值而做的所有努力。

你是否仍然震惊于艺术的货币化？科恩对此做了一个非常精辟

的总结：在她思考推动价格不断上涨的神秘力量时，猜测这股神秘的力量一定是"包含在绘画中那些超越了银行的东西"：

> 它们不仅能够代表财富背后的危险，还能让我们感受到拂面的清风和闪烁的星星。这是我们对时间和变化的最深切感受。

她说，正是为了这个，我们才会收起画摊，把画布搬到教堂。一个安静的、不受金钱干扰的时刻的价值有多大？杜乔和波洛克认为，我们将无法得到这个问题的答案：

> 在艺术家的作品中，有一种东西是无法用金钱来衡量的。可能银行家会为这些艺术作品付出巨额财富，他们认为艺术家创作艺术作品就像他们创造各种货币，但是他们永远无法理解艺术作品中有货币所不具有的某种东西。（科恩，2012）

总结：后果催生新思想

本书第三部分的内容尝试论证了这样一个观点：全球货币空间及其文化的不良后果会刺激对新思想的探索。总的来说，现有的证据已经倾向于支持这个观点。有趣的货币创新已经在虚拟货币领域开始了，而支付系统正在经历颠覆性的变革。社会学家已经提出了新的见解：关于了解货币如何运作，如何通过社会进程获得价值，如何吸引我们的注意力，以及为什么必须成为改善现状的广泛尝试的一部分。我们认为，知识分子对我们当前面临的危机负有一定的责任，但很少有知识分子回应这个观点。我们知道了如何从非西方文化中学习，了解其他社会控制货币的力量，我们还讨论了当代艺术如何教我们以新的方式"看待"金钱和其他技术。

考虑到当前危机的影响范围，似乎缺少了来自经济学家群体的任何新想法。但我认为，对他们期望过高是不公平的。他们不能决定社会想从货币中得到什么。当货币成为一个更大层面的、广泛共享的社会哲学的一部分时，它似乎可以很好地发挥作用。20世纪伟大的经济学家群体，本身就是对文化有深刻认识的群体。我们默认他们的继任者也掌握了同样深刻的见解。他们天真地期望教育会将广大人民群众的认知提高到与他们相同的水平，但这种希望显然落空了。事实上，经济学家引以为傲的很多文化被批评为白人至上、男权主义和精英主义。他们习惯的旧世界已经消失，但尚未出现任何替代品。事实上，金融危机打破了人们对新自由主义的信心，而新自由主义的最初形式可能是20世纪货币哲学中最好也是最成功的部分。全球社会还没有确定21世纪的前进方向。因此,期望今天的经济学家提出解决货币危机的办法是不合理的。经济学关注的是手段,而不是动机(罗宾斯,1932;萨缪尔森,1948)。

一个反复出现的问题是有个声音坚定地说存在一个既定的解决方案。换句话说,只要我们足够聪明,就能够找到解决所有问题的一个公式或方法。但我个人认为,这个看法是错误的。我相信,了解其生成背后的原因很重要。为此,我将在下文进行简单论述。

首先,我们必须抵制对政策关注的压力,因为政策并不是导致问题的根源。事实上,这种假设本身就是有问题的。我们被引导着去相信进步源自问题的解决,这就是科学—技术—金钱综合体作为技术解决方案能够发挥用武之地的理由。这些技术方案肯定有其作用,但只有在我们事先采取了必要的步骤的情况下,它们才会产生作用。政治可以被看作是新文化可以用来使我们脱离轨道。人们在熟悉的左—右阵营、干预主义与自由市场、国家与私人、集体与个人的二分法框架内试图寻找一个解决方案。读者在仔细阅读书籍之前会飞快地扫视,看看作者赞成哪种观点,并最终选择那些迎合了自身喜好的书,抛弃那些不符合个人喜好的书。无论作者的分析多么精彩、新颖或深刻,读者最终都会给出一个政治化的结论。这是否只是金钱病毒用来分散我们注意力的另一个伎俩,就像梅菲斯特描绘的那个魔鬼那样,控制我们的思想呢?就像这个魔鬼向浮士德许诺了他梦寐以求的所有快乐(一些甚至是他之前没有想象过的),以换取他的灵魂?这就是我们面临的挑战:我们必须先从新的角度看待全球货币文化,并充分理解它为什么变得具有破坏性,然后我们才有可能看到它的潜力,并采取行动释放这些积极的潜力。

第一步是要做出正确的诊断,我们可以从两个层面来处理这个问题——它们可以被称为"政策层面"和"结构层面"。

总结:后果催生新思想

政策层面,包括了货币政策辩论的所有领域。在这个层面上,我认为政策的理解及其优缺点的辩论不能脱离其历史背景。正如历史调查所显示的,人们从所发生的事情中吸取哪些教训很重要,而且这些经验教训不是一成不变的。经历了魏玛共和国时期的通货膨胀之后,德国思想家得出了应设立健全货币的结论。德国社会和政治家最终接受了这种观点,使得这种观点最终通过德国联邦银行进入了欧洲中央银行的章程。但他们并没有吸取关于正确使用债权人权力的教训。因此短短几年之后,经济大萧条就来了。当时的许多观察家认为,这是由于英国和美国分别在1931年和1934年放弃了金本位的缘故。但后来的历史学家得出了相反的结论:造成大萧条的根源,恰恰是各国政府恢复和维持金本位的尝试。这个现在仍然影响着西方政府决策的教训否认了资本主义具备自我修正的能力的说法,并坚持认为,要防止此类大萧条再次发生,积极的政府政策是必不可少的。

20世纪60年代和70年代的通货膨胀,在当时被认为是成本推高的结果,如工会压力导致的工资上涨和欧佩克(石油输出国组织)的垄断导致的油价上涨,后来其原因被解释为过度宽松的货币政策。不同的解释就导致对未来政策的影响完全改变了。未来的政策不再是控制成本的政策,而是转为控制货币,并向中央银行发出相应的指示。一些政府设定了货币的目标,但后来他们发现,货币太过灵活,就很难确认和定义它,更别说操控了。所以中央银行家又一次改变了策略,他们决定通过央行设定政策利率的职能来控制通货膨胀。货币供应量突然变得无关紧要,一些中央银行甚至停止了对货币供应量的估计。至于是什么引起了2007—2009年金融危机,目前还没有确定的诊断。因此,政府在这场金融危机之后采取的政策,不是由理论决定的,而是由市场和政治的斗争决定的。当社会的优先事项发生变化时——例如，20世纪中期向左翼和干预主义的普遍转变——那么所选择的政策以及其中所反映的货币理念，就必须跟上这个变化的步伐。

第二个层面，即结构层面，涉及金钱的社会角色，不同的社会如何持有某些特定金钱的想法，以及金钱在不同的文化中，如何以不同的方式运作等内容。最重要的是，结构层面涉及金钱对人们的意义，金钱如何成为自由意志和个人表达的媒介；但同时也是社会控制的媒介，以及金钱如何从社会获得价值等。这些社会过程包含了社会的价值观和制度，具有非常深远的影响。例如，我已经在前文中讨论了这些社会进程给美元带来领导地位和超级特权（美国优先获得金融的特权）的途径。它们也解释了为什么近年来，尽管美国经济占全球经济的分量在下降，但是美元的主导地位却变得更加显著。就经济而言，我们现在处于一个多极世界，但从货币角度来看，却身处一个单极货币世界，因为美元没有对手。我甚至认为，在很多重要方面，其他货币只是美元的衍生品，它们都在美元设定的轨道上流通。

简而言之，金钱既需要一个公共基础设施，也需要私人的主动性。钱可以用来压迫民众，也可以用来让民众获得自由。诞生之初，货币是一种脆弱的生物，但如果不受控制，它就可以成长为一个怪物。通过使用货币空间和货币文化这两个概念，我试图将货币运作的结构层面概念化。

当然，这两个层面是相互重叠和相互影响的。尽管我试图探索二者之间互动的各个方面。然而，我的兴趣仍集中在第二个层面（结构层面），因为相对来说，这是一个被人们忽视的层面。在这个过程中，我对过去120年的主要历史事件的总结，肯定是不完美的，鉴于所选择的广阔历史背景，我的总结必然是简短和不完整的。但正如第一部分所示，我对这段历史的兴趣在于找出我们现在的货币空间和文化是如何因过去几代人的行动而产生的,这些行动是如何被思想和物质利益所驱动的,以及如果人们有不同的想法,或者如果持有不同想法的人赢得了生存之战,结果可能会有多大不同。在第二部分,我讨论了全球货币空间和文化的一些影响——特别是令人不快的影响。这些影响是由过去100年的实际行动、做出的选择和未做出的那些选择造成的。同样关注了这个层面的第三部分,重点放在了如何摆脱原有的束缚。在这里,我们最需要的是新的想法。只有新的想法,才能够驱动新的循环。

在我写这篇文章的时候,第一个层面(政策层面)面临的关键问题是,政府和货币的监管机构将如何在利率仍然很低的情况下,对抗下一次经济衰退。在利率已经很低的时候,进一步降低利率的空间几乎不存在,除非政府愿意实施负利率——实际上是向持有货币的人收取费用。争论的焦点是中央银行是否应该竭尽全力提高通货膨胀率,使他们能够将利率提高到5%—8%,以确保他们在有需要的时候,仍有将利率降低3%—5%的空间。根据历史的经验,为了抵御经济衰退并仍然保持正利率,这是一个必需的降幅。这是一场重要的辩论,也触及了第二层面(结构层面)的问题,即关于"货币是什么"的问题。因为如果金钱被视为一种社会惯例,就应该设定一个不变的标准,这种极端的货币操纵——即使是可行的(尽管大多数时候被证明行不通),也将是一种诅咒。在我看来,鉴于与20世纪的经验相比,当前实际工资和价格的灵活性要大得多,我们有充分的理由让货币回归一个适当的标准。我们可以而且应该创造一个更好的货币世界,比目前在全球货币空间中争夺空间的各种货币组合都好得多。如果成功,这将是全人类的一个巨大进步。[1]无论如何,在本书的最后一章,我将仍然坚定地专注于第二层次(结构层面)的讨论。

第四部分
终　章

第二十三章

应得的金钱

一、濒临险境的进步

当今世界，人们在物质方面已经取得了惊人的进步，从更长的预期寿命到绝对贫困的减少，再到教育标准的提升，所有这些都是毋庸置疑的进步。在低收入国家，80%以上的儿童都在接受教育。这个比例在 1980 年只有 50%。货币机构的进步及其全球扩张在这方面做出了贡献。然而，这些既得的成绩已经被令人不安的趋势所笼罩。在这里，我指的不是人们已经熟知的问题，如不平等的加剧或地缘政治的紧张局势等，而是指我们的生存条件开始发生根本性的变化，给人一种不自然和不祥的感觉。伴随着繁荣程度的提高，人们普遍有一种失落感，并伴随着恐惧和焦虑。民粹主义的政治家并不是唯一发现这种情况的人群，小说家、社会科学家和评论家也都在讨论这些话题。民主制度正处于防御状态，当俄罗斯的普京总统说，自由主义已经"过时"，并且"已经失去了它的作用"时，他也是在利用这种感觉（巴伯和福伊，2019）。

在这一部分中，我试图将金钱的广泛含义——货币机制、金融体系、我们如何管理金钱、货币的力量——纳入社会、文化和历史背景中进行探讨。我认为，这些因素在很大程度上决定了货币是否对社会有良好的作用。这种方法隐含的一个概念是，让货币发挥作用在很大程度上不是一个技术问题，而关乎一个更基本的问题，即最能表达社会需求和发展重点的社会和政治哲学。这些哲学被分享的程度就决定了货币运作的背景。货币及其相关机制要么适合这样的环境，要么不适合，没有所谓的折中选项。凯恩斯的天才之处在于，他运用想象力创造了适合他那个时代的新的货币观念，但这并不意味着这些货币观念适合所有的时代。米尔顿·弗里德曼的情况也一样。目前的问题是，货币与社会的需求脱节。我们不知道为什么，也不知道该怎么处理，于是选择固守旧有的模式。政治家在左派和右派之间进行着过时的争论，他们提出的所有术语与现实几乎没有任何关联。

金钱的危机是自由民主危机和西方项目的核心问题。我想说的是，这也是全球核心问题。人们的困惑、愤怒和失望导致了我们最古老的、看似最安全的民主国家，选出了丑陋的政治家，并导致了唯亲资本主义和腐败资本主义的崛起。在美国，人们会问：特朗普当选美国总统，是否真的预示着美国陷入法西斯主义的前景？历史学家亚当·图兹表示："虽然听起来令人难以置信，但不能完全排除其可能性。"[1] 世界上最大的经济体（占世界 GDP 的 80%）是中国、美国、印度、日本、德国、俄罗斯、印度尼西亚、巴西、英国、法国、意大利、土耳其、墨西哥和韩国。唯亲资本主义和国家资本主义日益成为这些国家中的大部分采用的典型经济模式。在这个金钱权力可以肆无忌惮的危险世界里，人们渴望被保护。

这种力量对社会福利构成的威胁不亚于环境灾难。二者都是无情的，似乎都是人类无法控制的，而且都在缓慢地发展（尽管存在突袭的情况），且二者都不能通过技术专家提供的公式来解决。在货币和环境这两个领域中，许多政府只做出了空洞的保证，声称正在解决这些问题。与此同时，大型私人组织的运作似乎缺乏足够的社会或环境责任感。由主要参与者维护的金融网络，如脸书、亚马逊和其他同类垄断企业的通信网络，比任何国家组织覆盖的范围都更广泛。政治学家戴维·琅西曼（David Runciman）认为，脸书的首席执行官马克·扎克伯格（Marc Zuckerberg）给美国民主带来的威胁，比美国前总统唐纳德·特朗普更严重（琅西曼，2018）。正如下文将描述的那样，对这两个问题——货币的力量和气候变化——的合理补救措施，也可能存在类似的情况。

（一）对自由化的反击

我们是怎么走到今天的？我们不妨从本书第一部分论述的历史事件开始，即1989年的柏林墙倒塌事件，这是欧洲地缘政治史上的关键时刻。当时西方的主流意识形态是影响深远的自由化意识。当时，世界银行的一份报告就成了该时期态度的典型代表，该报告主张对金融部门进行彻底的自由化（世界银行，1989）。这将是我在论述本书的最重要一个主题"金钱的概念可以改变世界发展的轨迹"时引用的最后一个案例。全球自由化的议程并不是凭空出现的，它经历了很长一段历史发展过程，正如第六章中所描述的那样。当各地政府更加依赖私营部门和市场的时候，金融机构的变革也已经成熟："获得各种金融工具，使经济主体能够汇集、定价和交换风险"，世界银行的报告说，"贸易、资源的有效利用、储蓄和风险承担是经济增长的基石"。这份报告也邀请读者仔细地考虑，各国政府在此前为促进经济发展所做的努力而导致的不良结果。这些努力将重点放在政府在三个关键领域的行动中：政府对利率的控制，国家对信贷分配的指导，以及为政府争取廉价资金。这份报告称，国家在这些领域的干预已经扭曲了金融体系，因此，整个自上而下、由国家主导的规划方法需要被抛弃。公平地说，这份报告也谨慎地指出了成功实施改革的一些先决条件，并指出应考虑到"这个问题的人文和政治层面因素"。但其表达了一个十分明确的意图，即施行自由化，越彻底越好，越快越好。这为主要国际机构和主要政府，在未来十年内向发展中国家和从共产主义转向市场经济的国家传递信息定下了基调。而且，如前所述，此举带来的金融体系的改善确实带来了许多好处。

然而，具有讽刺意味的是，在经过30年的金融自由化实验之后，这场运动本应摒弃的那些缺点又重新出现了：许多政府再次人为地操纵或压制利率；许多国家再次从国家的借贷中获得廉价或零利率的好处；政府再次受到强大的压力，被要求通过政策将信贷划拨到重点经济领域，理由是市场据称无法做到这一点。例如，在市场指导的情况下，银行不会向中小型企业提供足够规模的贷款。一些国家已经建立了本国的国营银行。此外，这些干预措施似乎不仅标志着所谓历史积习的回归，而且伴随着远比20世纪50年代和60年代的"坏日子"更加繁琐和昂贵的国家金融监管，因为当时的银行监管还处于起步阶段，政府的干预主要限于信贷扩展的指导方针。然而，即使是这样精细的监管，也不能保证我们不会再次遭受金融危机。

事实证明，2007—2009年的金融大危机在其原因和影响方面都可以被视为一个分水岭。如果就像我们在第十三章所说的那样，造成这次金融危机的根本原因并非政府监管不力，而是金钱幻觉；如果人们因为受到严重的心理和社会压力而做了愚蠢的金钱梦，那么这些寻求通过更好的审慎监管来解决问题的努力将是徒劳无功的。这个思路的支持者梦想着一个圣洁的、无所不能的中央银行监护人，或合格的审慎监管者，有可能跳出现行体系之外，准备"逆风而行"，提高利率，把繁荣扼杀在摇篮里。这种说法犯了两个大错：首先，它忽视了这样一个事实，即监护机构和我们其他人一样，都面临着同样的心理和社会压力，此外还有政治压力；其次，它忽视了历史的教训，即一旦你赋予政府这种广泛的自由裁量权，赋予他们直接干预社会的权力，那么，无论改革者怀抱何种期望，这种权力都会被滥用——它一定会被部门利益所攫取，用于只有利于他们的目的。

在实施的过程中，自由主义的理念出了什么问题？有两个方面：首先，那些敦促政府和新兴的全球货币社会进行自由化的人，对其背后的新自由主义概念的理解是肤浅的。如第六章所示，像哈耶克这样的支持者一直坚定地认为，我们需要一个宪法规则框架作为自由货币和经济秩序的先决条件。这个想法，可以追溯到苏格兰的启蒙运动（哈耶克在《通往奴役之路》之后的第二本书是《自由秩序原理》*The Constitution of Liberty*）。货币必须在人们能够理解和支持的规则和预期行为体系中占据一席之地。这起源于一个广泛的自由主义哲学，但它已经失去了对社会的控制。所有这些因素都已经缺失了。其次，20世纪90年代自由主义的倡导者把确保政策建议适应现有文化的需要抛在一边——这也是本书中几个章节的主要议题。他们坚定地认为，他们的经济学是健全的、普遍适用的。他们将自己视为这个事业的充满正义的布道者，急于让全世界的异教徒都改变信仰。因此，他们提出的政策建议，无论其用意如何，都很容易被认为是一种需要抵制的外来入侵。

在理解和实施自由化议程方面犯下的这些错误——有时伴随着

西方必胜主义的恼人音符。所产生的影响是毁灭性的。诚然，这一时期的影响有一些可圈可点之处，如金融业对快速增长的支持，以及在货币管理方面，广泛采用中央银行业务独立的做法，但我们最终还是延续了国家计划时代的许多弊端。比这更糟糕的是公众对危机影响的愤怒不断发酵。鉴于各国政府以极其不公正的方式处理危机（详见第十四章和第十六章），民众似乎已经下定决心要抓住每一个可能的机会，惩罚精英阶层和政治领导者。最终，我们走到了这样一个境地：金融自由化已经被逆转，国家监管已经恢复，但对金融的恐惧和对不公正的愤怒，仍然在不断地发酵和加剧。

这样造成的后果是为金融自由化提供动力和理由的意识形态已经失去了可信度。我们有了一个以市场为基础的货币体系的框架，国家以公共费用支持，但缺乏一个共同的理念来证明其合理性或合法性。其弊端和危害在北美以外地区尤其明显。一些受金融危机打击最严重的国家恰好是那些最近最热衷于拥抱市场秩序的国家，不仅包括经历了亚洲危机和全球金融危机的东亚和东南亚国家，还包括东欧和中欧的过渡国家。为此，在全球范围内，反民主运动一直在攀升，一些独裁主义领导人上台，如匈牙利的维克多·欧尔班（Viktor Orban）、土耳其的雷杰普·塔伊普·埃尔多安（Recep Tayyip Erdogan），以及许多在苏联的国家里施行强人统治的领导人，他们实行高压统治也就不足为奇了。与此同时，在西方，对市场资本主义的直言不讳的辩护已经很明显消失了，但美国一如既往地成为例外，因为它有内在的活力和创新。因此，尽管有特朗普效应，但美国大约一半的选民对自由贸易的支持似乎依然坚定。然而，即使在美国，人们也很少在主流报纸上看到颂扬自由竞争和市场力量的文章。看看主流媒体对加密货币的私人倡议和创新发展的反应（如第十八章所述）我们就能够知道，主流媒体的社论家与中央银行家一起，警告其所存在的风险，并提醒监管者需要保持警惕。将竞争性金融与社会利益联系起来的哲学，缺乏广泛的支持，这成为试图恢复自由主义，给金融或者货币提供道德指南针的主要障碍。

（二）无须责备全球化

经济学家通常将关于这些话题的讨论，放在"全球化"的大范围内进行。他们从扩大贸易、跨国公司跨境增加投资、全球供应链兴起，以及其对收入分配和就业的影响等方面，分析了各经济体日益增长的相互依赖性。他们详述了更广泛的专业化带来的好处；价格降低所获得的利益，以及为抗衡下岗工人失业所建立的选择范围扩大和更大的市场所获得的利益；移民流动导致的压力，保护主义带来的紧张局势、贸易不平衡等造成的压力。这些趋势的好处是不可否认的。从宏观上看，好处也远远超过了代价。只要提到货币，通常被默认隶属国际货币体系、汇率政策和管理资本流动的政策等范畴。我的分析也并没有对这些既定的概念提出任何质疑。我只是请读者尝试通过不同的视角来看待已经发生和正在发生的事情，将注意力集中在一个不同于常规的角度。因此，在本书的文章中，我使用了"全球货币空间""全球货币社会"或"货币文化"等概念，以努力捕捉在"全球化"过程中，这个快速变化的世界被忽略的，或者至少没有被关注到的那些方面。

对金钱的关注将自然而然地引导本书采用个体分析的视角，去探讨社会个体如何面对自己的金钱选择，而非采用更广泛的经济类别的视角。正如米尔顿·弗里德曼表明的那样，如果我们想象，社会的个体从经验中学习并调整他们的期望，那么个人就会对他们被分为储蓄和消费的收入做出不同的决定，所以在一个全球化的世界中，对金钱的关注自然会导致我们关注金钱如何影响个人的选择，将重点放在小公司、生活方式的选择、创业和基层上，而不是探讨类似"资本流动管理"这样的大型宏观经济问题上。对金钱的关注也更自然地将我们的讨论与电影、小说、个人关系和个人的生活机会中所描绘的世界联系起来。这就是为什么在本书的所有文章中，我都努力将货币与一个社会的文化和世界观更广泛的趋势联系起来。这种方法认为，一个社会的货币和货币的具体形式，以及围绕它的正式和非正式的规则和道德，都是这个社会文化的产物。诚然，这样一个分析方法谈不上优越，但我想说它是合乎情理的。然而，在某些领域，这种以金钱为透镜的方法可能会导致不同的观点。例如，有时候会有人声称整个全球化趋势可能会出现逆转，并将其作为贸易战或又一场金融危机的结果或例证。从本书的角度来看，全球化逆转的可能性不大，或者说，任何全球化的逆转都将是短暂的。在全球化的社会中，货币网络和技术网络已经如此密集，并有如此大的空间来扩大社会和经济交往，例如，商业、职业和联合服务，很快就可以通过互联网轻松提供。因此全球化永久逆转的可能性似乎微乎其微。政府政策的作用也被放到了一个不同的角度进行探讨。事实上，民族国家的整个地位也是如此。

（三）宿命论

在现代消费社会中，人们享有广泛的选择权，各种商品和服务都可以用钱买到，但这是有代价的。现代货币、通信和相关技术形成了一个套装。先进的通信、数字技能、金融技能、适当的动机和计算、理性、测量和最大化的心态，都是其中的关键因素。国家和个人不能挑三拣四——这是一个只能全盘接受的套餐，在从头到尾吃完之前，没有哪个国家或个人可以离席。它提供了更多的机

第二十三章 应得的金钱

会,但也导致了损失和焦虑;许多人很好地适应了这个金钱社会,但也有人将其视为一种威胁。这是一个关系到生存、关系到生死的问题。

这也许就是为什么我们中的许多人倾向于对金钱抱有宿命论的原因,因为金钱看起来已经强大到无法抵抗。但在其他领域,在面临挑战时,我们会采取应对措施(尽管有时非常不情愿甚至去拖延)。例如,应对由社交媒体和最近的气候变化所带来的挑战。我们现在意识到,互联网的使用方式决定了我们向谷歌、脸书和亚马逊等公司提供的信息量;我们开始意识到监控国家及其私营部门的"监控资本主义"所带来的危险。在环境方面,社会习俗也在改变。我们施行垃圾分类回收,因为我们对环境负有责任,这种责任感也是一种新事物。所有这些都是我们对 21 世纪社会面临的挑战的回应。然而,到目前为止,当涉及金钱时,人们仍然经常认为金钱已经超出控制范围,太难理解,并且最好留给专业人士来处理。但这种没有得到历史证实的观点是不幸的,因为事实上,社会决定了它应该有什么样的金钱,以及金钱应该如何为社会服务。正如我在第一部分试图表明的那样,近代历史上的许多时候,人们都改变了货币在他们的社会中所扮演的角色。这种宿命论也是危险的,因为正如弗朗西斯·培根爵士(1561—1626)多年前指出的那样:"如果金钱不是你的仆人,它将成为你的主人;贪婪的人,不能被视为拥有财富,而是被财富拥有。"

为了帮助我们摆脱困境,我调查了一些来自经济学领域以外的想法,这些想法可能有助于我们重新调整关于金钱的前景(详见本书第三部分)。正如法国社会学家蒲鲁东(Proudhon)所指出的那样,金融危机的压力、全面破产的迫近是对我们创造力的挑战。现在是我们团结一致,共赴时艰的时刻了。

二、当代金钱出了什么问题

以下几段话，总结了我在本书几篇文章中讨论过的主题。

（一）它对国家是免费的，对社会是昂贵的

零利率或超低利率使一些政府能够以零成本或接近零成本的利率进行借贷，但这将带来沉重的社会成本，包括监管银行的成本，金融机构为遵守法规而产生的成本，政府对银行债务担保所涉及的补贴（大而不倒），补贴抵押贷款利息，允许企业扣除利息支付的成本，以及垄断企业在零成本资本下发展壮大，不劳而获地从社会攫取资源所带来的损害；再加上每次金融危机后，整顿金融系统的成本；最后，还有泡沫时期，在过度乐观的情绪下，进行的所有不良投资导致的成本——那些花在生产我们不需要或不想要的商品或服务的资本项目上的钱，以及那些要么因为政府的浪费，要么因为商人把钱花在对社会而言不划算的资本投资上，而导致我们不得不承担的支出。

（二）有利于局内人

现代货币的两个特点使其容易被私人利益集团滥用，即使在秩序良好的民主国家。首先，现代货币及其监督政策都是中央集权式的——由相关的国家或官方机构执行。这些机构对议会或政府负责，并接受其政治指导。即使是独立的中央银行，其任务通常也是由政治当局规定。其次，这些机构在履行其职能时也享有很大程度的自由裁量权。他们可以设定条件，规定哪些机构可以在很大程度享有自由裁量权。他们也受制于政府的指示、指导或影响。这也意味着私营部门机构有相当大的动力，对官方的监管结果施加影响。

在当前占主导地位的资本主义形式——唯亲资本主义制度下，看守者和偷猎者之间的关系更加混乱。

（三）它是排外的

许多人仍然被排斥在货币体系之外，包括那些无法掌握现代技术的人，只能使用现金的人（许多专家想废除现金），以及数十亿极度贫困的人（没有银行存款和利息）（如第十八章所示）。其他许多人可能拥有资金，但因为不符合现代国家法人公民的概念，即拥有两个经审批的身份证件、一份稳定的工作、经批准的推荐信等，而无法加入现代货币体系。然后是那些被赶出全球货币空间的人：银行可以在没有警告和不通知的情况下，任意关闭客户的账户。随着各国政府越来越多地使用金融信息作为外交政策、情报和数据收集的武器，并采用列出被禁止的行为、被禁止的个人和被禁止的国家的名单的做法（见第十七章），这些被驱逐出货币体系的队伍可能会进一步扩大。在现实中，只有特定人群才被允许进入全球货币空间，而如果他们没有得到公正的对待，局外人可能会削弱这个系统的道德基础，使其失去政治层面的可行性。

（四）它可能会变得腐败，并传播金钱病毒

正如我们所指出的那样，货币病毒在全球货币空间中迅速蔓延。这些金钱病毒威胁着传统的生活方式，就像人类正在破坏剩余的野生空间和自然环境那样（拉詹，2019）。人们很容易相信，这个货币体系是为别人服务，而不是为自己服务的，因此很多人对其敬而远之也不奇怪。国家对大金融机构的拯救，以及它们通常的合作方式，不可避免地导致它们注意力集中在政治上，将其作为获得巨大财富的途径。正如祖博夫所说的"没有耐心的金钱"，是导致

谷歌转变为通过兜售个人用户数据牟利的企业的核心原因，而这个做法很快被脸书和许多其他科技公司迅速效仿。"没有耐心的金钱"也反映了企业追逐快速回报的欲望。企业不再愿意花很多时间来发展企业或夯实其人才基础，更不用说发展约瑟夫·熊彼特（奥地利经济学家）建议的"制度能力"了（祖博夫，2019）。

（五）它助长了金钱恐惧症

2%的年通货膨胀率的标准是各种央行必须采纳的标准，这也是现代的货币标准。因此，每当实际通货膨胀率高于或低于这个标准时，各国的中央银行家和评论员就很容易感到恐慌。如果通货膨胀率下降（或者预计会下降）并低于2%的标准，经济学家就会问："我们有足够的储备来防止通货紧缩吗？"或"我们能印出足够的钱吗？"或"我们怎样才能说服人们增加消费？"这些常见的问题也显示了我们对货币已经变成什么，以及它可能做什么或者不做什么的恐惧。当然，个人担心没有足够的钱很正常，但整个社会会被通货膨胀率的微小变化所吓倒是不正常的。然而，中央银行家和经济学家继续吓唬我们，让我们对无法控制的通货紧缩或过度膨胀产生恐惧。许多足够成熟、足够老练或足够冷漠的人不会因此而被吓倒，但还有许多人非常脆弱，会被这种恐惧控制。然而，在这个宏观经济层面上对货币的担忧是制度性的。

（六）它没有服务于一个共同的目标

钱不是在真空中发挥作用的。本书得出的一个教训是，总的来说，当金钱被嵌入（即作为一个固有的和主要的元素）一个社会和广泛的理解，即什么是社会，它强调的重点是什么，什么想法塑造了这个社会的状态和目标，也就是一个连贯的政治和社会前景或哲学时，金钱才能发挥最好的作用。自从社会主义和自由主义消亡后——至少作为获得广泛支持的、活生生的社会哲学消亡后——人们就不再确定我们的金钱应该为哪些社会目标服务了。经济学的方法，即将金钱和社会分开的方法，只对某些有限的问题有效，但对实现我们当前的目的来说是无用的。

（七）它助长了霸权势力

约翰·洛克（John Locke）在1695年写了一篇激情澎湃的文章，谴责通过重铸货币（减少其中的贵金属含量）使英国货币贬值的提议。他这样做是为了捍卫个人的权利。货币贬值意味着欺骗那些将钱借给他人的人。如果一英镑中的白银含量减少，当借款人偿还贷款时，贷款人收到的钱将具有同等的名义金额。例如，具有相同面额的银行票据——但其中的白银含量将变低（即可兑换的白银重量减少）。洛克坚持维持货币的贵金属含量，并不是为了保证其在消费价格方面的长期相对价值。黄金的长期购买力的稳定性，经常被视为金本位制的关键优势，这的确是它的好处之一。然而，在它被引入的时候，白银（后来的金）本位制得到拥护是基于一个不同的理由，即作为一个限制国家任意权力的宪法解决方案。洛克认为，如果允许国家对货币的定义做一次手脚，它就会一次又一次地这样做，即欺骗那些借钱给国家的人。在意识到被欺骗之后，人们就不愿意把钱借给政府了。因此，为了自己的利益和社会的利益，政府应该在任何时候都保持货币和贵金属之间的固定联系。在所向无敌的货币国定论引导极权主义倾向，并刻意将其遗忘的时候，我们必须重提并挖掘洛克的这种原始洞察力。

三、助力健康社会的金钱

在这里，我将再次使用金钱的最广泛定义。

在个人方面，我们想要的是能够计划未来的金钱，可以信任金钱，能够平静地思考关于金钱的其他事情。我们想要的是一种静止金钱，一种不再督促我们、不再诱惑我们、永远也不会背叛我们的金钱。我们想要的金钱需要表里如一、让我们平静地享受，并且持久地存在。金钱应该对我们的个人动机无动于衷，因为这些动机总是复杂多变的；金钱应该是我们的朋友，站在我们这边；金钱不应该含有大量的禁令、警告、排除条款、隐藏的陷阱或者与无处不在的监控网络、面部识别相机和表格填写联系在一起。

在社会方面，我们也希望金钱能够让我们、亲朋好友和社会专注于更重要的事情，并尊重其他有助于社会福祉的非金钱活动。我们知道，无偿工作往往与有偿工作一样有价值，甚至更有价值。我们知道，为热爱而工作往往比为金钱而工作更美好，并使提供工作和接受工作的双方都更快乐。我们知道，羡慕别人的财富会使我们失去对自己拥有的财富的享受；我们用金钱来衡量一切的习惯会使人变得嫉妒、不信任、有野心、有阴谋、有攻击性。我们不想要一个垄断、渗透并把我们的社会交往变成负担的金钱。

我们希望获得一种金钱，能够让价格体系发挥应有的作用，并作为需求和供应的敏感晴雨表；一种公平和客观地调解市场的货币，以便根据提供服务或产品的成本来确定价格；一种将允许利润成为资源分配的指南的货币，并支持创业精神。我们认识到，正如亚当·斯密所教导的那样，一些商品最好是通过社会的普遍认同，进行集体融资。我们知道，公共和私营部门之间的分界线将永远是有争议的，而金钱应该是一种中立的媒介，可供两者使用。在竞争

第二十三章 应得的金钱

性的私人市场上流通的钱和通过税收筹集的公共产品的钱，应该一样好。金钱应该是一个镜头，为我们提供一个特殊的窗口，让我们可以看到社会生活的某些关键方面，但又不会被其扭曲。

我们认识到，创造好的金钱需要付出努力。我们知道，历史上的纸币通常都被国家滥用了，它们已经失去了价值。货币是通用的，这就是为什么即使是坏的、不诚实的货币也很难彻底消除的原因；这就是为什么货币贬值已经被历史证明对政府具有不可抗拒的诱惑力，因为它们成为拖欠债务的一种方式。我们想要一种可以依赖的金钱，一种可以成为"烦乱世界中唯一的静止点"的货币。T.S.艾略特在思考时间和美的本质时，这个想法突然涌现，也绝非偶然。因为好的金钱就像优秀的艺术和文学，以及杰出的科学理论那样，能够给不断变幻的经验带来秩序。与爱情和宗教一样，金钱可能使我们分裂，但也可能使我们团结。金钱是个人的，也是公共的；它是一种威胁，也是一种奇迹；它是一种公共物品，但也随时准备为私人的乐趣而服务；它是一种促进集体目标实现的个人资产，为此必须得到适当的监管。

好的金钱，应该体现一个社会的最佳价值和愿望。它应该是一视同仁的，不应该是"不耐心的金钱"，诱使我们寻求一些大而快的盈利，但最终以许多失败为代价。好的金钱应该长期保持其实际价值，哪怕在短期和中期可能会经历相当突然的价格波动，但只要人们对其恢复到长期可靠性充满信心，这种波动就没有什么影响。好的金钱，应该促进竞争性经济，提供可靠的价格信号，让长期利率由市场决定；好的金钱，应该独立于政治进程；好的金钱，应该对所有人开放；好的金钱，应该通过竞争而创造，尊重个人在金融交易中的隐私需求等。好的金钱，最好能够按照一个不变的、客观的标准回应公众的需求。只有这样，它才能再次发挥其作为自由堡垒的恰当功能。

（一）增强对金钱的认识

如果我们能够以新的眼光看待金钱及其在社会和人类关系中的功能，金钱或将不再是一种负担。我们已经在前面几章讨论过这个问题，并在第 20 到第 22 章中提出了一些建议。我们最近已经获得了证据，可以表明当舆论被用于全球变暖这样的大事时，其力量是巨大的。相信在未来，它可以表达和推动人们对金钱的健康态度和美好愿望，进而推动社会的发展。我们应该更清楚地认识到，全球货币社会的弊端是它对短期财富欲望满足的偏爱，与犯罪和腐败的权力以及其他危险技术的纠缠。我们应该反思，货币政策为何会超乎寻常地劫贫济富，剥夺那些本就没有什么的人去奖励那些本就拥有很多的人。愤怒的情绪已经无处不在，但为了有效地解决问题，我们对不平等和不公正的认识必须伴随着新的思考，这就是为什么本书最后一部分的主题是"后果催生思想"的原因。

（二）打击腐败

2017—2018 年的腐败指控颠覆了世界许多地方的政府，导致秘鲁、罗马尼亚、南非、阿根廷、巴西、哥伦比亚、危地马拉、以色列、马来西亚、亚美尼亚和韩国的总统或政府首脑锒铛入狱。腐败伴随政治而生，其历史与政治一样悠久，但公民为根除腐败所做的努力也是如此。目前，反腐败运动者已经很好地利用了由技术驱动的新工具，新一代的检察官和法官推动了腐败相关的调查和定罪。然而，同样重要的是公众的态度：宿命论正在让位给打击腐败的抵抗和行动主义，社交媒体也可以成为一种有用的反腐败手段。正如美国律师和活动家安妮-玛丽·斯劳特（Anne-Marie Slaughter）所说，社交媒体上发布的帖子、点赞和转发，都是在告诉普通公民，他们的声音被听到了，而且他们的同胞正在和他们一起努力（斯特劳，2018）。

（三）允许私人货币的竞争

21世纪初，私人发行的货币资产开始重现，这一次以数字形式出现。中央银行家认为这些私人发起的数字货币不应该被称为"货币"，并警告社会它们涉及的风险。在这一点上，银行家是正确的。然而，他们不应该在私人货币创新的道路上设置障碍。为了与国家货币相抗衡，私人货币不仅要像国家货币一样发挥货币的基本功能，还需要拥有优于国家货币的品质。这本身就很有挑战性，尤其是在从一种货币转变为另一种货币的成本可能非常大的情况下，所以新的私人货币必须表现出实质性的好处才有可能被市场和民众接受。正如第十八章所示，随着时间的推移，私人货币可能会发展出一些这样的好处，所以要让中央银行家保持警惕。

（四）找到货币的自然家园

正如我在前文所论证的那样，货币的作用能够发挥得最佳的社会，必然是货币被视为民众共享的、主导哲学的一个社会，或者这个社会至少存在民众对美好生活的共同向往，而不是仅仅考虑个人的私利。只有在这样的社会中，货币制度才能获得所需的支持，让它经受住任何制度都会经历的冲击和考验。古典自由主义的基础是不可剥夺的权利。这些权利被视为上帝赋予一个人的天性的一部分。它深深扎根于犹太教—基督教传统。但洛克和休谟等作家清楚地表明，整个社会将从自由主义制度中受益：允许个人自由地追求真理，对世界持有非传统或不受欢迎的观点，将带来好处，并流向社会。这些哲学家认为，货币是一种财产形式，它可以而且应该作为防止任意权力滥用的堡垒，不仅是国家，还包括强大的群体（或我们所说的"唯亲资本家"）利益。金本位制契合了这样一种理念，以黄金为基础的货币占据了一个重要但明确限定的角色。在社会主义和20世纪的混合经济中，货币也被用来实现最重要的社会目的。

同样，金钱潜在的破坏力也被整个社会的文化所抑制。这个社会文化对纯粹的金钱动机不屑一顾，将公共和专业服务视为最崇高的理想。这符合当时社会的偏好，但并没有推动经济增长或个人主张的实现。在20世纪末，全面的自由化项目——新自由主义对面临共产主义崩溃的一代人来说是有意义的，它使人们不再对国家计划抱有幻想。总的来说，当时的人们普遍认为，在竞争性市场中确定的价格以及不受政府干预的长期利率，将推动更有效的经济发展，使绝大多数民众受益。我们已经追溯了这种想法的思想根源（见第六章）。因此，古典自由主义、社会主义和新自由主义都以各自不同的方式利用了货币的独特力量。但我们现在已经不再相信这些东西了，它们都是20世纪的老旧事物！

然而，什么可以取代它们？近几个世纪以来，资本主义企业的发展给许多领域带来了巨大的进步，它是由一种伦理或精神所驱动的。马克斯·韦伯和梅纳德·凯恩斯都认同这一观点（斯基德尔斯基，1992）。对韦伯来说，它是新教伦理，而对凯恩斯来说，则是对金钱的热爱，但受到社会文化的约束。现在，什么精神力量的来源可以团结民众并激励他们？在我看来，它必须是一种保留了市场经济和自由社会中所有美好事物的想法，并理解基于规则的框架和公共部门的合法性和必要性（正如从亚当·斯密到F. A.哈耶克的自由主义者所承认的那样）。一个可行的选择是重振自由主义。在我们面临着来自那些倡导不受约束的国家统治的人的严峻挑战时，我们应该尝试重振自由主义。但目前的社会是否有足够的资源（包括哲学和伦理资源）来完成这项任务，仍然存疑。我希望那些做出此类尝试的人能够好运，但在我看来，古典自由主义重生的条件还没有准备好（其面临的挑战，已在第十八章和第二十章中讨论过）；2007—2009年全球金融崩溃后的幻灭感仍然太深，唯亲资本主义在许多主要国家的控制力依然太过牢固。我们需要的是一种观点，它将具备足够的力量引导社会主动创造适当的环境。社会压力应该能够自然而然地控制私人金钱利益的权力，以及对公共和私人权力的滥用。这是出于一种合适的、体面的和适当的行为的意识。前面的章节已经提供了成功做到这一点的社会实例。

但我们有一个可行的方案，能够激发改革，使金钱适合我们的时代。它是一个足够强大和有吸引力的想法，能够将社会公民的目光提升到地平线上，超越被自我利益和政治占据的前景，看向更长远的未来，这就是大自然设定的地平线。就好像在公海上的船上，一个人可以看到无穷无尽的远景，海洋和天空构成了一个完整的自然宇宙。这就是人们现在应该关心的东西——我们生活的地球、海洋和它们孕育的生物。塞缪尔·泰勒·柯勒律治（Samuel Taylor Coleridge）在他的诗《古舟子咏》（*The Rime of the Ancient Mariner*）中描述了水手的痛苦，因为他愚蠢地射杀了每天来到他船上的信天翁。他和船上的其他船员都受到了诅咒，信天翁就挂在他的脖子上。只有当他发现了对自然的热爱，即使是对最丑陋的生物的热爱，他才获得了自由。[2] 信天翁终于"掉了下来，像铅一样沉入大海"。我们的信天翁就是金钱。当我们能够把它与自然界联系起来，它就会像信天翁一样，从我们的脖子上掉下来，让我们重获自由。

为了取代凯恩斯"对金钱的热爱"和韦伯的新教伦理，我们应该接受自然伦理。事实上，到时候，这样的伦理可以为全球后资本主义的信息和服务经济提供动力。它将允许各国或各个地区在文化、观点和世界观方面，拥有巨大的区域性差异。它将使金钱保持在其自然的位置；将适用于公共服务领域的人们，以及私人空间的先驱和企业家的"颠覆者"；将允许货币执行其重要的功能，而不对其寄予过高的希望和期望（黄金将再一次成为这样一个连接，因为黄金是自然界的奇迹）。

要将货币置于其适当的、自然的位置，我们必须摆脱当前货币安排导致的重担。我们必须了解它们的特点和危险、它们是如何出现的，为什么它们会持续存在，以及为什么它们必须被一个更好的模式、一个更适合我们时代的模式所取代。社会必须指明整体的前进方向，然后我们可以把具体的问题交给经济学家，让他们做自己最擅长的事情，设计最佳手段，以便实现更广泛的社会设定的目标。这些步骤中的每一步都需要想象力以及专业知识和技术诀窍。货币可以而且应该以一种生产性的、和谐的方式，与地球和自然相联系。我们面临的挑战是如何使这种联系为货币的自然功能提供支撑，并让市场经济按照其能力和责任适当地运作。这将使货币的力量不再可怕。一旦社会明确了前进的方向，我们就可以开启一段新的旅程了。

我知道，关于这个想法——关于货币和自然界、气候变化和地球的完整性之间的联系——的讨论已经在货币改革者中进行了，但却没有给政策制定者留下任何明显的印象，但这不应该成为人们感到绝望的理由。正如我在本书中试图证明的那样，许多关于货币及其在社会中的地位的想法——包括那些后来变得非常有影响力，甚至占主导地位的想法——都必须在战胜敌对的条件和批评后，才能够获得广泛的认可。洛克关于货币是一个不变的标准的想法，在他的时代是异想天开的——同时代的人都认为货币标准本身是灵活的，因此对洛克的想法表示愤慨和不理解。马克思列宁主义关于需要压制市场和限制货币以服务于共产主义社会的想法，也经历了类似的遭遇。同样的情况，也适用于凯恩斯关于利用积极货币政策来对抗萧条的想法，以及20世纪中期欧洲新自由主义者，对世界货币空间和基于规则的货币组成框架的全球愿景等。弗里德曼认为："在任何时候和任何地方，通货膨胀都是一种货币现象，因为只有当货币数量的增长比产出的增长更快时，才会发生。"（弗里德曼，1970）但这个观点招致他人的讥讽和嘲笑。

所有这些货币观念，在他们的时代都是革命性的。而且，在这样或那样的情况下，无论好坏，它们都改变了世界。绿色环保革命也将如此，尽管我们目前还无法阐明其引导变革的方式。有趣的是，中央银行已经开始重视这个问题。[3] 各国中央银行的兴趣，目前主要局限于气候变化引起的金融稳定问题，但正如以前的货币历史一再表明的那样，货币往往以更深刻的方式，受到不断变化的社会优先事项的影响——也本应如此。事实上，在2019年9月，国际清算银行——通常被称为"中央银行家的中央银行"——通过发行绿色债券基金，满足官方机构对气候友好型投资的需求，为各个中央银行在环保领域的活动盖上了官方印章。绿色债券基金倡议，将帮助各国中央银行"将环境可持续性目标，纳入其储备管理中"。这些都被认为是变革的"预兆"，它们不仅指出了公众情绪领域可能发生的深远变革，也指出了其社会优先事项方面可能发生的深刻变化。[4]

不要责怪金钱，尽管在本书文章的某些部分，我可能会被指责为将金钱拟人化，错误地将人类的特征赋予金钱，但这种表述只是为了方便理解金钱的角色和作用，或作为一种戏剧性的手段，突出主旨含义。正如法国文学家帕斯卡尔·布吕克内（Pascal Bruckner）所指出的那样，"只有我们自己能够决定是否屈服于恶魔（金钱）；没有一个邪恶的天才能控制我们……金钱对我们发出的指令，没有哪个是我们自己没有想到的"。（布吕克内，2017）布吕克内说，拥有金钱是明智的,对它进行批判性反思也是明智的。继本杰明·富兰克林之后,布吕克内坚持认为,金钱与道德是不可分割的。这不是作为一种劝告,而是作为一个简单的事实陈述:在现实生活中,我们不能把如何使用金钱与应该如何使用金钱割裂开,所以我们应该仔细地管理金钱。我们需要接受这样的事实:使金钱运作良好的斗争,将永远不会结束。但也无需蔑视金钱,正如加尔布雷思所指出的那样:"没有什么,比完全没有钱,更能剥夺一个人的自由了。"(加尔布雷思,2000)

(五)重设金钱的地位

从某种程度上说,金钱只是一种资产,商品和服务是用它来定价的,并且可以用它来购买。[5] 然而,我在本书中使用的货币的广泛含义绝不仅限于此,而这本书论述的就是这个"更广泛"的含义。在这个更广泛意义上,金钱是我们看待生活中几乎每一个方面的核心观念,所以我们都需要谨慎地思考金钱问题。我们如何挣钱和花钱,并在社会时空的结构中发出的信息,不仅关乎我们是谁、我们的优先事项是什么,也关乎我们想要什么样的社会。当市场能够而且应该发挥作用时,每一个社会个体挣钱和花钱的行动都会影响到整个社会的资源分配方式。金钱将我们与他人联系起来。它使我们有能力根据自己的预算,从所提供的东西中选择自己想要的东西。从其他人的角度来看,金钱是一种工具,可以诱使我们为他们的利益服务,通过为我们提供奖励,让我们以市场上提供的价格或报酬率,生产他们想要的东西。金钱既是一种获得自由的工具,也是一种约束,是我们用来获得想要东西的工具,也是诱使我们生产他人想要产品的手段。虽然我们的现代货币已经失去了它应有的定位,但这个定位,可以而且应该被重新设定。

注 释

第一章 引 言

1. 斯特凡·茨威格（奥地利著名作家、小说家、传记作家），在他的回忆录（1942）中，出色地描绘了当时的时代氛围。

2. 在本书中，我使用了"文化"一词在社会学和艺术学领域的意义，即表示一个社会、社会阶层或群体的价值观、信仰、态度和实践或其创造性的成果。我相信，诸位可以从上下文中清楚地看出，我在提到它时想表达的具体意思。当我希望表达一个社会的前景或文化的最广义、最富哲学意义的含义时，会使用德语词汇 *Weltanschauung*（世界观）。

3. 在万维网和电子邮件诞生的同一时期，我创办了英国中央银行业务出版社（Central Banking Publications，CBP）。这是一家面向全世界的企业（现在已经有30年历史，而且仍在继续发展）。得益于令人惊叹的发明带来的全新通信便利和全球受众，我们的业务发展也获得了持续的动力。

4. 全球企业监测（Global Enterprise Monitor，简称GEM）的年度报告为创业活动状况提供了一个很好的指南。全球企业监测成立于1999年，由美国的巴布森学院（Babson College）和英国的伦敦商学院（London Business School）联合创办。根据全球企业监测的数据，在过去大约3年中，世界上大约45亿劳动人口中，约有10%的人正在尝试创办企业，或经营企业；其中许多人还将跨越国界采购或提供其产品和服务。

5. 如果经济学家坚持认为货币必须符合他们对货币的定义，且任何更广泛的使用都是不正当的，那么他们就犯了学科霸权主义。他们这种观点非常过分。

按照这种狭隘的定义，只能假定金钱跟桌子一样，是一种可识别的东西，具有某些基本特征。但金钱不是这样的，它不具备不可重复的、不变的、本质的东西。货币不一定是支付手段。根据许多权威人士的说法，金钱的主要特征是作为一种记账单位而存在。从古巴比伦开始，它大概有几百年甚至几千年的历史，但不一定是作为支付手段存在。此外，经济上对它的定义，看似如此清晰，却充满了未解决的复杂性。就拿"价值储藏"这个概念来说吧，这是什么意思呢？它是否意味着如果现在有人想卖给我一杯咖啡，我选择不买，而是保留我的钱，并在以后任何想买的时候，可以买到同一杯咖啡？显然不是这样。所以，我可以储存价值相当于这杯咖啡的金钱。但是，这到底是什么意思呢？原来，构成了金钱的经济学定义的三个特征，综合起来事实上变成了一个无价值的、乌托邦式的、近乎神秘的想法，参见哈达斯（2018）。因此，我们没有理由认为每一种形式的货币或作为货币的东西，都应该符合这种抽象的理念。为此，把货币作为一种抽象的理念，从其社会语境中剥离出来，把它当成显微镜下的标本来审视，甚至对它施以暴力，反而开始了将其变为一种短期主义、异化力量的过程。

关于货币"本质"的讨论，让人想起19世纪末，德国历史思想界两派之间的讨论。争议的焦点问题是，古典希腊经济与我们的经济是相同的，还是不同的。马克斯·韦伯驳斥了这个争论。他认为这个争论毫无用处。他指出，只有古希腊经济与我们不同，我们才会产生兴趣；但只有他们的经济与我们一样，我们才有可能去理解，这就是一个无解的悖论。

6. 例如，我省略了对20世纪60年代所谓的国际货币短缺威胁的辩论、"特里芬困境"、国际货币基金组织创造特别货币资产——特别提款权（SDR），使这一人为的单位成为国际货币体系中心的巨大努力、时常爆发的对"全球失衡"的忧虑、关于"国际货币体系改革"的许多辩论，以及类似问题的任何详细处理。所有这些都是失败的想法（而且往往是理应失败的），或者说后来被证明不是问题的问题。

7. 或者货币应该被中央银行用来制定利率的模型。事实上，一些中央银行家热衷于进一步淡化货币在日常工作中的作用，理由是如果民众认为中央银行"一切工作都与金钱相关"，可能会阻止一些女性申请到银行就业。

8. 关于这个问题的进一步讨论，见第十九章。

注 释

第一部分 历史时期：思想推动行动

第二章 1914年之前的欧洲货币与文化

1. 在洛克的时代，金本位制度的标准实际上是白银。"白银是世界上所有文明和贸易地区的商业工具和尺度。"它是"以其数量来衡量商业，这也是衡量内在价值的标准"（洛克，1695）。在黄金取代白银成为标准后，洛克所持立场背后的理论继续得到接受。1717年，艾萨克·牛顿（Isaac Newton）将黄金的价格定为每盎司3英镑17先令10.5便士。自此，这个根据黄金价值固定的英镑价格成为神圣不可侵犯的标准，也成为接下来200年中英国货币政策的基础。

第三章 20世纪20年代：魏玛共和国的教训

1. 一位当时家住柏林的朋友告诉我，他的母亲记得自己父亲的商店里堆满了小山一样的马克纸钞。

第五章 仇视金钱的人：货币试验

1. 圣经《新约》，提摩太前书6：6-12："敬虔与知足是大有益的……因为我们两手空空来到这世间，死去时一样也不能带走。但那些想发财的人却陷入了诱惑，受困于许多毫无意义的、有害的欲望，使人陷入毁灭和破坏。因为对钱的欲望乃万恶之源。有些人因急于致富而偏离了信仰，用许多痛苦刺伤了自己。"

第六章 两次世界大战之间的欧洲：不同思想的发酵与碰撞

1. 半个世纪后，这些问题仍然困扰着像米尔顿·弗里德曼等经历了诸多纸币管理挑战和经验的经济学家。1986年，弗里德曼说，虽然他并不主张回归金本位，但他认为"把货币和银行的安排交给市场，会比通过政府的参与取得的实际结果更令人满意"。
2. 必须指出，这种直觉有时会使凯恩斯误入歧途。例如，他非常赞赏苏联试图彻底取消货币的尝试,并事实上设定了同样的目标。虽然他认为资本主义由民众对金钱的热爱驱动,但依然希望在社会中,消除追逐金钱的动机。布尔什维主义在道德上比资本主义更有优势,正是因为它谴责个人致富,并试图建立一个不需要依赖个人致富的制度(斯基德尔斯基,1992)。

3. 这次会议,现在被视为对20世纪的自由主义思想产生深远影响的一个重要转折点。它由法国哲学家编辑路易·罗吉尔(Louis Rogier)、鲁夫和其他自由主义阵营的重要出版人组织,汇集了雷蒙德·阿隆、罗伯特·马乔林、威廉·罗普克、冯·米塞斯、哈耶克和米歇尔·波兰尼(卡尔的弟弟)等重要思想家。

4. 国际著名经济律师恩斯特·乌尔里希·彼得斯曼(Ernst-Ulrich Petersmann)在1983年写道,

新自由主义经济理论的共同出发点是这样的:在任何运作良好的市场经济中,市场竞争这只"看不见的手"必然要以法律这只"看得见的手"为补充。(斯洛波迪安,2018,第7页)

5. "新自由主义"这个术语有时候会被滥用,指代市场原教旨主义——这个主义可以简单粗暴地表达为"市场永远是对的""让市场来决定"(的观念);这些观点的出现是因为存在一群认为国家的作用应该被尽可能消除的人。

6. 哈姆雷特:"没有什么东西是好的或坏的,但思维使之如此。"

第十一章 全球货币空间的创立(1980—2000年)

1. 关于文艺复兴以来货币与美术之间的相似之处,详见第二十二章内容。

结论:思想推动行动

1. 这里指的是英国工党战略家彼得·曼德尔森。他在1998年说:"只要人们交税,我们就对他们变得极度富有感到非常放松。"但他后来改变了自己的观点。2012年,曼德尔森在BBC电台4台的《今日》节目中说:"我想我现在不会这么说。为什么这么说呢?因为我们已经看到,全球化并没有给所有人带来收入的增加。"

2. 参见戴安娜·科伊尔(Diana Coyle,2014)和大卫·皮林(David Pilling,

2018）的描述。皮林报告说，库兹涅茨对GDP作为衡量福祉标准的概念持保留态度。他问道："我们在增长什么？以及为什么？"

第二部分　现代时期：行动导致后果

第十二章　全球货币文化

1. 理想类型是由所描述现象的，在某种程度上具有典型性或代表性的特征和要素形成，但并不意味着包括其所有特征。它与道德意义上的"理想"或完美概念无关，只是用来指特定现象在大多数情况下的某些常见要素："备受热议的'理想类型'是韦伯方法论中的一个关键术语，它指的是将现实的某些要素构造成一个逻辑上精确的概念。"（格斯和米尔斯，1948）
2. 正如塞内特所指出的，这种对成长潜力而非过去成就的追求，适合灵活组织的特殊条件，但也被用来淘汰人；那些被判定为没有内在资源的人将被置于地狱之中："不管他们过去有多么伟大的成就，依然可以被判定为不再有用或有价值。"（塞内特，2006）
3. 高雅竹（Frances Ya-Chu Cowhig）所著的戏剧《阎王殿》(*The King of Hell's Palace*) 提供了一个很好的例子，说明金钱病毒同样可以传播疾病，而且是致命的疾病。

第十四章　货币作为国家工具

1. 详见第四章结尾部分内容。

第十五章　欧元：规模最大的货币实验

1. 在《国际经济》杂志2016年调查的28位经济学家中，只有7位明确地赞成将货币贬值作为一种政策工具（《货币贬值是否被高估了？》*Is Devaluation Overrated*？《国际经济》，2016）

第十六章　2010年以来的唯亲资本主义和犯罪资本主义

1. 在沃顿商学院的网站上，《时代》杂志的前商业编辑塔伯讲述了这个故事——《"唯亲资本主义"一词是如何得来的》*The Night I Invented Crony Capitalism*。

第十七章　全球货币：局内人和局外人

1. 我曾经在那里组织了一次私人会议，这次会议的参与者是主要黄金矿业公司的负责人以及主要中央银行的总裁/行长。那是在 1999 年，中央银行在市场上出售黄金，压低了黄金的价格。评论家敦促央行这样做，声称黄金是一种过时的储备资产，对美元的价格将继续下降。黄金价格的下跌正在损害世界各地生产黄金的经济体。时任南非副总统、纳尔逊·曼德拉的指定继承人塔博·姆贝基（Thabo Mbeki）主持了这次会议。对中央银行家来说，这是一个无论多么想拒绝都无法拒绝的邀请。因此，刚刚被任命为欧洲中央银行第一任行长的维姆·德伊森贝赫（Wim Duisenberg）也来了。会议室里只有大约 12 个人。姆贝基在会议上介绍说，在种族隔离制度结束仅几年后的最坏时刻，黄金价格下跌对南非造成了严重损害。中央银行家没有回应，但这次会议的确起到了一些作用。在 1999 年 9 月 26 日，德伊森贝赫亲自宣布了第一个中央银行黄金协议。参与者承诺在一定时间内，不出售超过预先规定数量的黄金。《卫报》报道了这一决定，写道："在宣布这一决定时，欧洲中央银行行长维姆·德伊森贝赫说，中央银行的此举是对世界黄金协会、南非矿业集团和稳定事业的请求做出回应。"这份协议也改变了全球黄金市场的局面。在随后的十年里，金价从每盎司 290 美元上升到每盎司 1 000 美元。

2. 20 世纪 60 年代，我在剑桥大学求学的时候，一想到毕业生要从事商业、银行或贸易等工作，我的朋友就会集体感到恐惧。他们中的许多人都是本着批评家 F. R. 李维斯的精神，来阅读英国文学的（而且他们几乎都来自公立学校）。我的大学教务长诺埃尔·安南（Noel Annan）后来对那一代人的评价是，"他们中的大多数人仍然难以理解这样一种说法，即赚更多的钱也可以是一种享受。"（安南，1990）

注 释

第三部分 未来时期：后果催生新思想

第二十章 货币与古典自由主义的衰落

1. "社会"在所有科学中，都被视为一种伙伴关系；在所有艺术中，是一种伙伴关系；在每一种美德和所有完美中，也是一种伙伴关系。由于这种伙伴关系的终结不可能在许多代人中发生，它不仅成为活着的人之间的伙伴关系，而且成为活着的人、死去的人和将要出生的人之间的伙伴关系（伯克，1790）。

第二十一章 我们可以从日本文化中学到什么

1. 该书在美军占领期间，被麦克阿瑟将军禁止，且很少被西方学者引用，但日本已经重新出版了其翻译版。

第二十二章 现代艺术：迈向"看待"金钱的新方式

1. 爱丽丝·沃尔顿（Alice Walton）在撰写本文时，被视为世界上最富有的女性，她是沃尔玛的继承人。沃尔玛的营业额相当于全球19个大国的生产总值。沃尔玛连锁店因其庞大的箱式郊区超级商店、低档产品、对廉价劳动力的依赖，以及它给数以千计的小型家庭企业带来的毁灭而闻名并受到广泛批评。沃尔玛也被广泛认为是美国发明的货币空间的可怕象征。
2. 该家族靠奥施康定（OxyContin）赚钱。据说这种药物为普渡（Purdue）这个家族企业带来了约350亿美元的收入。但奥施康定是一种有争议的药物，其唯一活性成分是羟考酮，一种类似海洛因的化学成分，威力是吗啡的两倍。自1999年以来，已有20万美国人死于与奥施康定和其他处方阿片类药物有关的药物过量。许多成瘾者发现此类处方止痛药太贵或太难购买，就转向了海洛因——见《纽约客》(*The Family That Built an Empire of Pain* by Patrick Radden Keefe，2017年8月30日）。2019年期间，许多博物馆切断了与该家族的联系。

总结：后果催生新思想

1. 我在《金钱的陷阱》（*The Money Trap*）（普林格，2012）中总结了将金钱与"锚"联系起来的方法，并给出了个人建议。

第四部分 终 章

第二十三章 应得的金钱

1. 约翰·图兹（2019）。
2. 美妙的生灵！它们的容姿怎能用口舌描述！爱的甘泉涌出我心头，我不禁为它们祝福（柯勒律治，1798/1960）。
3. 举一个例子，请看2019年4月17日的《关于与气候有关的金融风险的公开信》，其指出："作为金融政策制定者和审慎的监管者，我们不能忽视气候变化的破坏性影响及其迫在眉睫的明显风险。"
   这就是为什么34家中央银行和监管机构——代表五大洲、全球一半的温室气体排放和全球三分之二的系统性重要银行和保险公司的监管——在2017年联合起来，创建了一个意愿联盟：绿色金融体系网络（NGFS）（见卡内等人，2019）。
4. 关于这个话题的进一步阅读，奈杰尔·多德（Nigel Dodd）在《货币的社会生活》（*The Social Life of Money*，多德，2014）的第八章中，提供了一个概述。他特别论述了已故的理查德·杜斯维特（Richard Douthwaite）的方法，认为这种方法"具有天然的吸引力"，特别是杜斯维特关于不同的货币形式，满足不同的社会需求的坚定论述。杜斯维特用一种选定的稀缺资源——能源，而不是劳动或时间——来论证货币的价值。他和其他人在这一领域的研究成果正由可持续发展经济学基金会（www.feasta.org）继续推进。例如，沃伦·高茨（Warren Coats）提议将特别提款权的价值，与一篮子商品挂钩（高茨，2011，2019；https://works.bepress.com/warren_coats/25/）。雷恩娜·厄谢尔（Leanne Ussher）建议进行改革，更新关于商品储备货币的经典建议。在厄谢尔看来，这仍然是一个现实的，甚至是未来的改革目标，而不是一个过时的历史遗留物（厄谢尔，2009）。约瑟夫·波特文（Joseph Potvin）在他的"地球储备保证"（ERA）倡议中开创了一种原创性的方法。"地球储备保证"（ERA）倡议是在一个没有中央参考账户单位的多货币系统中，评估包括货币在内的资产的一个框架。"地球储备保证"本身并没有创造一个货币单位，它是一种新型的初级商品储备体系，其估值方法旨在反映一个货币地区生产初级商品的长期能力。它使用实际和可衡量的因素，如表土量、肥力和分布、淡水的可用性、质量和规律性、各种金属和矿物的矿石、物种种群、基因组多样性和完整性、当地、区域和全球生境的范围和状况、基本的生物地球化学循环，以及其他可持续生产能力的指标。以地球储备存款收据的形式，保证这种能力——由独立的认证机构审计，并由银行发行——将作为这些收据市场的抵押品。每种货币都将获得自己的地球储备指数。随着赋予货币的指数的变化，参与的货币会变得更贵或更便宜，这取决于货币区的生态系统完整性和资源可用性是在恶化还是在改善。当地球储备在使用地区受到破坏时，货币会变得更昂贵。当生态系统的完整性和资源的可用性，在使用它的地区得到加强时，货币就会变得更加实惠。波特文认为，这将在全球贸易中创造一种动态的力量。与目前的情况相反，收入和工作一般会向增强地球保护区的地区迁移（波特文，2019）。想要了解更多有关国际货币改革提案的易读摘要和背景，请参见拉里·怀特的博客：*https://lonestarwhitehouse.blogspot.com/*。

5. 我把这个提法归功于沃伦·高茨（私人信函，2019）。

参考书目

1. Global Enterprise Monitor (2019). *2018—2019 Global Report.* London: GEM.
2. Hadas, E. (2018). 'Three Rival Versions of Monetary Enquiry: Symbol, Treasure, Token'. A lecture given at Las Casas Institute, Blackfriars Hall, Oxford University on May 29. New Blackfriars (forthcoming).
3. Rajan, R. (2019). *The Third Pillar: How Markets and the State Leave the Community Behind.*
4. Weber, M. (1922—1923). 'The Social Psychology of the World Religions', in Gerth, H. H. and Mills, C.E. *From Max Weber Essays in Sociology.* London: Routledge & Kegan Paul, 1948.
5. Zweig, S. (1942—2011). The World of Yesterday: Memoirs of a European (German title, *Die Welt von Gestern: ErinnerungeneinesEuropaers*), trans. Anthea Bell. London: Pushkin Press.
6. Arnold, M. (1869). *Culture and Anarchy.*
7. Berlin, I. (1999). *The Roots of Romanticism: The A.W. Mellon Lectures in the Fine Arts* (ed, H. Hendry). Princeton: Princeton University Press.
8. Dickens, Charles (1854). *Hard Times.*
9. Kahan, A.S. (2010/2017). *Mind Vs. Money: The War Between Intellectuals and Capitalism.* Oxford: Routledge.
10. Kennedy, P. (1988). *The Rise and Fall of the Great Powers.* London: Unwin.
11. Knapp, F. (1905/1921). *Staatliche Theorie des Geldes* (The State Theory of Money), Munchen U. Leipzig, Duncker & Humblot, 1905. 3rd edition 1921.
12. Locke, J. (1695). Further Considerations Concerning Raising the Value of Money, Wherein Mr Lowndes's Arguments for it in his late Report concerning an Essay for the Amendment of the Silver Coins, are particularly examined'. London: A. and J. Churchill.
13. Marx, K. (1843). 'On the Jewish Question', In *Karl Marx: Early Writings* trans. R Livingstone and Gregor Benton, Penguin Books 1974.

14. Magee, B. (2000). *Wagner and Philosophy.* Penguin Books. Mann, T. (1918). *Reflections of a Nonpolitical Man.*
15. Martin, F. (2013). *Money: The Unauthorized Biography.* London: The Bodley Head. Radkau, J. translated by Camiller, P (2005). *Max Weber: A Biography.*
16. Stern, F. (2001). *Einstein's German World.* Princeton: Princeton University Press.
17. Simmel, Georg (1900). *Die Philosophie des Geldes* (The Philosophy of Money).
18. Toennies, Ferdinand (1887). *Community and Society.*
19. Weber, M. (1918). 'Science as a Vocation' in Gerth, H.H. and Mills, C.E., *From Max Weber Essays in Sociology.* London: Routledge & Kegan Paul, 1948.
20. Watson, Peter (2010). *The German Genius.*
21. Manifesto of Ninety-Three (October 4, 1991, New York: Harper Collins.4). Zeldin, T. (1980). *France 1848—1945: Intellect and Pride.*
22. Doerr, S., Peydro, J., and Voth, H. (2019). 'How failing banks paved Hitler's path to power: Financial crisis and right-wing extremism in Germany, 1931—1933,' VoxEU, 15 March.
23. Fergusson, Adam (1975/2010). *When Money Dies: The Nightmare of the Weimar Hyper-inflation.* 2nd edition. London: Old Street Publishing.
24. Graham, Frank (1930) 'Exchange, Prices, and Production in Hyperinflation: Germany, 1920—1923, ' available as a free download from the Mises Institute.
25. Hanke, S., and Krus, N. (2013). 'World Inflations'. In *Routledge Handbook of Major Events in Economic History* (Ed Parker, R.E. and Whaples, R.).
26. Keynes, J.M. (1923). *A Tract on Monetary Reform.* (1919). *The Economic Consequences of the Peace.*
27. Spengler, Oswald (1918—1922). *Decline of the West.*
28. Roselli, A. (2014). *Money and Trade Wars in Interwar Europe.* Basingstoke: Palgrave Macmillan.
29. Willgerodt, H., and Peacock, A. (1988). 'German Liberalism and Economic Revival', In Peacock, A. and Willgerodt, H. (eds, 1989) *Germany's Social Market Economy: Origins and Evolution.* The Trade Policy Research Centre.
30. Zmirak, John (2001). *Wilhelm Ropke: Swiss Localist, Global Economist.*
31. Adams, James Truslow (1931). *The Epic of America.*
32. Bordo, M., and Schenk, C. (2018). 'Monetary Policy Cooperation and Coordination: An Historical Perspective on the Importance of Rules', In Bordo, M., Taylor, J.B. (eds) (2017). *Rules for International Monetary Stability.* Stanford: Hoover Institution.

33. Brown, B. (2018). *The Case Against 2 Per Cent Inflation: From Negative Interest Rates to a 21st Century Gold Standard.* Palgrave Macmillan.
34. Deane, M., and Pringle, R. (1994). *The Central Banks.* London: Hamish Hamilton. 'Advertising in the 1920s', EyeWitness to History, www.eyewitnesstohistory.com(2000). Fitzgerald, Scott F. (1931). *The Great Gatsby.*
35. Friedman, M., and Schwartz, A. (1963). *A Monetary History of the United States.* Princeton: Princeton University Press.
36. Lewis, Sinclair (1920). *Main Street.*
37. Mencken, H.L. (1956). Minority Report: H.L. Mencken's Notebooks. Tarkington, Booth (1918). *The Magnificent Ambersons.*
38. Engels, F. (1847/2013). *The Principles Communism.* Prism Key Press. Graeber, D. (2011). *Debt: The First 5,000 Years.* New York: Melville House. Kureshi, Hanif (1998). *Intimacy.*
39. Ericson, Edward, E. Jr. (1985, October). *Solzhenitsyn — Voice from the Gulag, Eternity,* pp. 23—24, cited in Wikipedia.
40. Sebag-Montefiore, S. (2008). 'Holocaust by hunger: The truth behind Stalin's Great Famine', Mailonline 26 July 2008.
41. Backhouse, R.E., and Bateman, B.W. (2011). *Capitalist Revolutionary: John Maynard Keynes.* Cambridge, Mass: Harvard University Press.
42. Chivvis, Christopher S. (2010). The Monetary Conservative: Jacques Rueff and Twentieth-century Free Market Thought.
43. Friedman, M., and Shwartz, A. (1963). *A Monetary History of the United States.*
44. Friedman, M., and Rose, D. (1998). *Two Lucky People: Memoirs.* University of Chicago Press.
45. Keynes, J. (1930). *Economic Possibilities for our Grandchildren.* In J.M. John Maynard Keynes (2015). 'The Essential Keynes', p. 534, Penguin, UK ; (1931) 'The Future', Essays in Persuasion.
46. Harrod, R.F. (1951). *The Life of John Maynard Keynes.* London: Macmillan. Hayek, F.A. (1944). *The Road to Serfdom.* London: George Routledge & Sons. Macmillan, Harold (1938). *The Middle Way.* London: Macmillan and Sons.
47. Polanyi, K. (1944). *The Great Transformation.* New York: Amareon House.
48. Schmitt, C. (2003). *The Nomos of the Earth in the International Law of the Jus PublicumEuropaeum.* New York: Telos Press, 2003, cited By Slobodian (2018).
49. Shackle, George (1967). *The Years of High Theory: Invention and Tradition in Economic Thought 1926—1939.* Cambridge University Press.
50. Skidelsky, R. (1992). *John Maynard Keynes: The Economist as Saviour, 1920—*

1937 London: Macmillan.
51. Slobodian, Q. (2018). *Globalists: the end of empire and the birth of neoliberalism.* Cambridge: Harvard University Press.
52. Tawney, R.H. (1926). *Religion and the Rise of Capitalism.*
53. Vanberg, V. (2004). 'The Freiburg School: Walter Eucken and Ordoliberalism', FreiburgerDiskussionspapierezurOrdnungsokonomik, No. 04/11. Paper is available at: http://hdl.handle.net/10419/4343.
54. Crowther, G. (1940). *An Outline of Money.* London: Thomas Nelson Sons. Dostoyevsky, F. (1861). *The House of the Dead* translated by Constance Garnett. Hesse, H. (1943). *The Glass Bead Game.*
55. Hobson, O. (1955). *How the City Works.* News Chronicle Books
56. King, W.T.C. (1936). *History of the London Discount Market.* London: Routledge. Lewis, A., and Maude, F. (1950). *The English Middle Classes.*
57. Lewis, C.S. (1942). *The Screwtape Letters.* . (1943). *The Abolition of Man.* Orwell, George (1945). *Animal Farm.* (1949). *Nineteen Eight-Four.*
58. Ropke, W (1945). The Solution to the German Problem. Solzhenitsyn, A. (1962). *One Day in the Life of Ivan Denisovic.* Waugh, Evelyn (1945). *Brideshead Revisited.*
59. Samuelson, Paul (1948). *Economics: An Introductory Analysis.*
60. Galbraith, J.K. (1958). *The Affluent Society.*
61. Hemingway, Ernest (1940). *For Whom the Bell Tolls.* Huxley, Aldous (1959). *Brave New World Revisited.*
62. Levitsky, S., and Ziblatt, D. (2018). *How Democracies Die.* Miller, Arthur (1949). *Death of a Salesman.*
63. O'Neil, Eugene (1940—1941). *A Long Day's Journey into Night.*
64. Packard, Vance (1957). *The Hidden Persuaders.*
65. Riesman, David with Nathan Glazer and Reuel Denney (1950/1953). *The Lonely Crowd: A Study of the Changing American Character.*
66. Whyte, W.H. (1956). *The Organization Man.*
67. Williams, Tennessee (1947). *A Streetcar named Desire.*
68. Club of Rome (1972). *Limits to Growth.*
69. James, Harold (2018, March 2). *Europe's Bretton Woods Moment.* Project Syndicate. Pringle, R. (1976). *The Growth Merchants: Economic Consequences of Wishful Thinking.* London: Centre for Policy Studies.
70. Rand, A. (1957). *Atlas Shrugged.* New York: Random House.
71. Sampson, Anthony (1962). *Anatomy of Britain.* London: Hodder and Stoughton. (1971). *The New Anatomy of Britain.* London: Hodder and Stoughton.

Schumacher, Kurt (1973). *Small is Beautiful: Economics as if People Mattered.* Blond and Briggs.
72. Servan-Schreiber, Jean-Jacques (1967). *Le Defi Americain.*
73. Fukuyama, F. (1992). *The End of History and the Last Man.* London: Hamish Hamilton.
74. Coyle, D. (2014). *GDP: A Brief but Affectionate History.* Princeton: Princeton University Press.
75. Pilling, D. (2018). *The Growth Delusion: The Wealth and Well-Being of Nations.* London: Bloomsbury Publishing.
76. Carney, M. (2019). 'Pull, Push, Pipes: Sustainable Capital Flows for a New World Order'. Speech at Institute of International Finance Spring Membership Meeting, Tokyo 6 th June.
77. Gerth, H.H., and Mills, C.WC (1948). 'Intellectual Orientations' in Gerth, H.H. and Mills, C.E. (eds): *From Max Weber Essays in Sociology.* London: Routledge & Kegan Paul.
78. Hobbes, T. (1651/1968). Leviathan, The First Part, Chapter 11, p. 161 (ed. C.B. Macpherson, 1968). Middlesex: Penguin Books.
79. Orwell, George (1949). *Nineteen Eighty-Four.*
80. Sennett, R. (2006). *The Culture of the New Capitalism.* New Haven: Yale University Press. Slaughter, A., and Chedade, F. (2019). How to Govern a Digitally Networked World.
81. *Project Syndicate*, March 25.
82. Weber, M. (1918). 'Science as a Vocation' in Gerth, H.H. and Mills, C.E.: *From Max Weber Essays in Sociology.* London: Routledge & Kegan Paul, 1948.
83. Amis, M. (1984). *Money.* London: Jonathan Cape.
84. Bernstein, P. L. (1996) *Against the Gods: The Remarkable story of Risk.* New York: John Wiley.
85. Brown, B. (2018). *The Case Against 2 Per Cent Inflation: From Negative Interest Rates to a 21st Century Gold Standard.* Palgrave Macmillan.
86. Browne, J. (2010). Securing a sustainable future for higher education: an independent review of higher education funding and student finance［Browne report］.
87. Carney, M. (2017). 'Opening remarks to the Bank of England Independence — 20 years on'. Conference Remarks, 28 September 2017.
88. Collier, P (2019). *The Future of Capitalism: Facing the New Anxieties.* London: Penguin Books
89. Dawkins, R. (2006). *The God Delusion.* London: Bantam Press.

90. Denning, S. (2017). 'Making Sense Of Shareholder Value: The World's Dumbest Idea', Forbes magazine, July 17, 2017.
91. Elson, A. (2015). *The global financial crisis in retrospect.* Palgrave Macmillan
92. Fligstein, N., Brundage, J.S., and Schultz, M. (2017). 'Seeing Like the Fed: Culture, Cognition, and Framing in the Failure to Anticipate the Financial Crisis of 2008.' American Sociological Review September 7, 2017.
93. Franzen, J. (2001). *The Corrections.*
94. Jensen, M.C., and Murphy, K.J. (1990). CEO Incentives—It's Not How Much You Pay, But How. Harvard Business Review, 1990.
95. Kay, J. (2015). *Other People's Money: The Real Business of Finance.* New York: Public Affairs.
96. Mishra, P. (2014). 'How Has Fiction Handled the Theme of Money?' New York Times, Bookends APRIL 8, 2014.
97. Putnam, R.D. (2000). *Bowling Alone: The Collapse and Revival of American Community.* New York: Simon and Schuster.
98. Rice, M. (2000, October 15). 21st century money, *The Guardian.*
99. Robbins, L. (1963). Report of the Committee on Higher Education
100. Sennett, R. (2006). *The Culture of the New Capitalism.* New Haven: Yale University Press.
101. Smithers, Andrew (2019). *Productivity and the Bonus Culture.* Oxford University Press. SunTrust Bank, Survey reported by Kelley Holland for CNBC, February 4 2015.
102. Greenspan, A. (2008). 'The Financial Crisis and the Role of Federal Regulators: At a hearing of the US House of Representatives Committee on Oversight and Government Reform', October 23, 2008.
103. Meltzer, A. (2016). Remarks at Jackson Hole Symposium, 2016.
104. White, William (2017). *Federal Reserve Bank of Dallas, Dallas Fed, How False Beliefs About Exchange Rate Systems Threaten Global Growth and the Existence of the Eurozone.* Working Paper No 250 Subsequently published as a Chapter in 'The Political Economy of the Eurozone' Edited by A Cardinale, D'Maris Coffman and R. Scazzieri. Cambridge: Cambridge University Press.
105. White, William (2019). 'The Limits of Macroprudential Policy'. *International Economy*, Winter.
106. Barber, J., and Jones, C. (2019). 'Draghi Backs Calls for Fiscal Union to Bolster Eurozone'. *Financial Times,* 29 September 2019.
107. International Economy (2016). 'Is Currency Devaluation Overrated? A Symposium.' International Economy, Winter.

108. Issing, O. (2008). *The Birth of the Euro.*
109. Judt, T. (2005). *Postwar: A History of Europe since 1945.*
110. Marsh, D. (2009). *The Euro: The Politics of the New Global Currency.* New Haven and London: Yale University Press.
111. Monnet, J. (1976). *Memoires.* Paris: Fayard.
112. Roth, F., Jonung, L., and N. owak-Lehmann, F. (2016). Public support for the euro Vox EU 11 November.
113. Rueff, Jacques (1950). Revue Syntheses, no. 45.
114. Obama, B. (2010, February 9). Interview. Bloomberg Business Week. Buchanan, James (1975). *The Limits of Liberty: Between Anarchy and Leviathan.*
115. Bullough, O. (2019). *Moneyland: Why Thieves and Crooks Now Rule the World and How to Take It Back.* London: Profile.
116. Cecchetti, S., and Schoenholtz, K. (2017). 'The US Treasury's missed opportunity'. Vox EU 14 July 2017. An earlier version of this column appeared on www.moneyandbanking.com.
117. Freedom House (2019). Freedom in the World.
118. Glenny, Misha (2008). *McMafia: Seriously Organised Crime.* London: Vantage
119. Goodhart, Charles (2017). 'Why regulators should focus on bankers' incentives'. Bank Underground blog post, April 5.
120. Hart, Keith (ed). (2017). *Money in a Human Economy.* New York: Berghahn.
121. Klitgard, R. (1991). *Tropical Gangsters: One Mans Experience of Decadence and Development in Deepest Africa.* New York and London: Bloomsbury.
122. Levitsky, S., and Ziblatt, D. (2019). *How Democracies Die: What History Reveals about our Future.* London: Penguin Books.
123. Moyo, Dembisa (2010). *Dead Aid: Why aid is not working and how there is another way for Africa.* London: Penguin Books.
124. Persaud, A. (2017). *London: The money laundering capital of the world. Prospect*, April 27, 2017.
125. Pew Research Centre (2019, April). 'Public Trust in Government: 1958—2019'.
126. Transparency International (2013 and 2019). Global Corruption Barometer. https://www.transparency.org/gcb2013.
127. Vogl, F. (2012). *Waging War on Corruption.* Lanham, Maryfield: Rowman and Littlefield. (2019, January 4). 'The Danske Bank Money Laundering Trail'. *The American Interest.*
128. Zingales, Luigi (2012). *A Capitalism for the People.* New York: Basic Books.

129. Anderson, G. (2009). *City Boy: Beer and Loathing in the Square Mile.* London: Headline. Annan, N. (1990). *Our Age: The Generation that made Post-war Britain.* London: Weidenfeld and Nicholson.
130. Orwell, G. (1949). *Nineteen Eighty-Four.* London: Penguin Books.
131. Polk, S. (2016). *For the Love of Money: A Memoir.* New York: Scribner.
132. Smith, G. (2014). *Why I Left Goldman Sachs: A Wall Street Story.* New York: Grand Central Publishing.
133. Coats, W. (2019). 'Modern Monetary Theory: A critique.' Cato Journal, Vol. 39, No. 3 (Fall 2019).
134. Coeure, Benoit (2019). Digital Challenges to the International Monetary and Financial System.
135. Nakamoto, S. (2008). Bitcoin: A Peer-to-Peer Electronic Cash System, October 31, 2008, from https://nakamotoinstitute.org/bitcoin/.
136. Portes, J. (2016) *50 Ideas you really need to know about capitalism.* London: Quercus Books.
137. The Times (2009). Chancellor on Brink of Second Bailout of Banks, January 3.
138. White, Larry (2017). 'Money Isn't a Gift from the State', Foundation for Economic Education (August 27).
139. Wray, L.R. (2012). *Modern Money Theory.* Basingstoke: Palgrave Macmillan.
140. Dodd, N. (2014) *The Social Life of Money.* Princeton: Princeton University Press. Fitzgerald, Scott F. (1931). *The Great Gatsby.*
141. Graeber, David (2011). *Debt: The First 5 000 Years.* New York: Melville House Publishing.
142. Hart, K. (1986). 'Heads or Tails? Two Sides of the Same Coin.' *Man* New Series 21(4): 637–656.
———. (2000/2001). *Money in an Unequal World.* London: Profile Books.
———. (2017). Hart, K (ed) *Money in a Human Economy.* New York: Berghahn Books. Ingham, G. (2004). *The Nature of Money.* Cambridge, UK: Polity Press.
———.(2008, with a new Postscript, 2011) Cambridge, UK: Polity Press.
———.(2013) 'Reflections' in Pixley, J and Harcourt, G.C. (eds) (2013). *Financial Crises and the Nature of Capitalist Money.*
143. Minsky, H.P. (1986). *Stabilizing an Unstable Economy.* Yale University Press.
144. Tett, G. (2019). 'Belt and Road Initiative: China grapples with its BRI lending binge' *Financial Times,* May 2, 2019.
145. Zelizer, V.A. (1997). *The Social Meaning of Money.* Princeton: Princeton University Press.
146. Yuran, N. (2014). *What Money Wants: An Economy of Desire.*

147. Burke, E. (1790). 'Reflections on the Revolution in France,' 1790, The Works of the Right Honorable Edmund Burke, vol. 3, p. 359 (1899).
148. Gray, J. (2002). *Straw Dogs: Thoughts on Humans and Other Animals.* Granta Books. Harari, Y. (2015). *Homo Deus: A Brief History of Tomorrow.* Harvill Secker.
149. Hume, D. (1777). *Essays Moral, Political, Literary.*
150. Norman, Jesse (2018). *Adam Smith: What He Thought and Why it Matters.* Penguin Books.
151. Pringle, R. (1992). *The Contemporary Relevance of David Hume.* The David Hume Institute. Hume Occasional Paper No 34. Available online from the David Hume Institute archive.
152. Pinker, S. (2018). *Enlightenment Now: The Case for Reason, Science, Humanism, and Progress.* Penguin Books.
153. Tawney, R.H. ed. (1927). Introductory Memoir to Studies in Economic History: the Collected Papers of George Unwin.
154. Bird, Isabella L. (1881). *Unbeaten Tracks in Japan.* John Murray.
155. Carlson, M.T., and Reed, S.R. (2018). *Political Corruption and Scandals in Japan.* Cornell University Press.
156. Fridenson, Patrick, and Takeo, Kikkawa (2017). *Ethical Capitalism: Shibusawa Eiichi and Business Leadership in Global Perspective.* Toronto: University of Toronto Press. Harding, C. (2019). *Japan Story: In Search of a Nation, 1850 to the Present.* Penguin. Mears, Helen (1944). *Mirror for Americans: Japan.* New York: Houghton, Mifflin. Inamori, Kazuo (2004). *A Compass to Fulfilment,* trans. David A. Thayne, 2005.
157. New York: McGraw Hill.
158. Satow, E. (1921). *A Diplomat in Japan.* Yohan Classics, and Stone Bridge Press.
159. Adam, G. (2014). *Big Bucks: The Explosion of the Art Market in the 21st Century.*
160. Farnham: Lund Humphries.
    ———. (2018). *Dark Side of the Boom: The Excesses of the Art Market in the 21st Century.* Farnham: Lund Humphries.
161. Berger, J. (1972). *Ways of Seeing.* London: Penguin Books.
162. Bridle, J. (2019, May). BBC Radio 4 series: 'New Ways of Seeing'.
163. Bridle, J. (2018). *New Dark Age: Technology and the End of the Future.* Verso.
164. Cohen, R. (2012, November-December). 'Gold, Golden, Gilded, Glittering'. *The Believer,* Issue 94.
    ———. (2013). *Bernard Berenson: A Life in the Picture Trade.* Yale University

Press. Hughes, Robert (1984). Art & Money.
165. Schama, S. (2007, 20 January). 'Trouble in Paradise' *The Guardian.*
166. Wetzler, R. (2018, February 26). 'How Modern Art Serves the Rich' *New Republic.*
167. Pringle, R. (2012). *The Money Trap.* Palgrave Macmillan.
168. Robbins, L. (1932). *An Essay on the Nature and Significance of Economic Science.* London: Macmillan.
169. Samuelson, P. A. (1948). *Economics.* New York: McGraw-Hill.
170. Barber, L., and Foy, H. (2019). Vladimir Putin: liberalism has 'outlived its purpose' June 27. *Financial Times.*
171. Bruckner, P. (2017). *The Wisdom of Money.* Harvard: Harvard University Press.
172. Carney, M., Villeroy de Galhau, F., Elderson, F. (2019). 'Open letter from the Governor of Bank of England Mark Carney, Governor of Banque de France Francois Villeroy de Galhau and Chair of the Network for Greening the Financial Services Frank Elderson'. 17 April. See Bank of England announcement at https://www.bankofengland.co.uk/news/2019/april/open-letter-on-climate-related-financial-risks.
173. Coats, W. (2011). 'Real SDR Currency Board'. Central Banking Vol. XXII Iss. 2 (2011). Available at: http://works.bepress.com/warren_coats/25/. (2019). 'The IMF should adopt a Real SDR'. *Central Banking,* August 2019.
174. Coleridge, S.T. (1960/1798). *The Poems of Samuel Taylor Coleridge.* London: Oxford University Press.
175. Friedman, M. (1970). *The Counter-Revolution in Monetary Theory.* First Wincott Memorial Lecture, IEA.
176. Galbraith, J.K. (2000, April 13). Interview in *The Progressive,* by Amitabh Pal.
177. Potvin, J. (2019). 'Earth Reserve Assurance: A Sound Money Framework'. Pre-submission request for comment, Version 0.5. Dissertation article in partial fulfilment of a Doctorate in Administration (Project Management). Universite du Quebec. Canada. Rese archGate, pp. 1—22. https://doi.org/10.13140/RG.2.2.21652.86402.
178. Rajan, R. (2019). *The Third Pillar: How Markets and the State Leave the Community Behind.* London: Penguin Press.
179. Runciman, D. (2018). *How Democracy Ends.* Basic Books.
180. Skidelsky, R. (1992). *John Maynard Keynes: The Economist as Saviour, 1920—1937.* London: Macmillan.
181. Slaughter, Anne-Marie (2018, May 24). "Social media can help fight corruption one 'like' at a time". Financial Times.

182. Tooze, A. (2018). *Crashed: How a decade of financial crises changed the world.* Allen Lane.
183. Tooze, A. (2019). 'Democracy and its Discontents' *New York Review of Book,* June 6. Ussher, Leanne (2009). 'Global Imbalances and the Key Currency Regime: The Case for a Commodity Reserve Currency'. *Review of Political Economy* 21 (3): 403–421.
184. Weber, M. (1918). 'Science as a Vocation' in Gerth, H.H and Mills, C.E., *From Max Weber Essays in Sociology.* London: Routledge & Kegan Paul, 1948.
185. World Bank (1989). *World Development Report.*
186. Zuboff, S. (2019). *The Age of Surveillance Capitalism.* Profile Books.